人口负增长时代

中国经济增长的挑战与机遇

蔡昉

- 著 -

中信出版集团 | 北京

图书在版编目（CIP）数据

人口负增长时代：中国经济增长的挑战与机遇 / 蔡昉著 . -- 北京：中信出版社，2023.3
ISBN 978-7-5217-5359-2

Ⅰ.①人… Ⅱ.①蔡… Ⅲ.①中国经济－经济增长－研究 Ⅳ.① F124

中国国家版本馆 CIP 数据核字（2023）第 028481 号

人口负增长时代：中国经济增长的挑战与机遇
著者： 蔡昉
出版发行：中信出版集团股份有限公司
（北京市朝阳区东三环北路 27 号嘉铭中心　邮编　100020）
承印者： 北京盛通印刷股份有限公司

开本：787mm×1092mm　1/16　　　印张：22　　　字数：227 千字
版次：2023 年 3 月第 1 版　　　　　印次：2023 年 3 月第 1 次印刷
书号：ISBN 978-7-5217-5359-2
定价：79.00 元

版权所有·侵权必究
如有印刷、装订问题，本公司负责调换。
服务热线：400-600-8099
投稿邮箱：author@citicpub.com

目 录

●●● 前　言 · VII

第一部分
中国经济的新起点和新挑战

●●● 第一章 | 从警钟长鸣到紧迫挑战 · 003
　　人口趋势：普查、预测和现实
　　失去第一人口大国的头衔意味着什么
　　人口问题的错置、忽略和再发现
　　经济增长的舵和锚

●●● 第二章 | 认识外部发展环境的变化 · 025
　　全球老龄化：是通货膨胀，还是长期停滞
　　如何重塑经济全球化
　　引领全球化新格局的战略博弈

第三章 | 发展阶段变化中的中国经济 · 043

跨越中等收入阶段

发展阶段变化提出的新课题

从三个维度认识宏观经济

第四章 | 定义发展阶段的人口转折点 · 059

两个人口转折点及之后

从"生之者众"到"生之者寡"

从"食之者众"到"食之者寡"

人口负增长的国际经验

第五章 | 更严峻的供给侧增长挑战 · 083

影响潜在增长率的新因素

预测的启示：取乎其上，得乎其中

积极就业政策的更高版本

制造业早熟的代价

在结构转变中创造经济增量

第六章 | 需求侧制约的新常态 · 109

需求"三驾马车"的变化方向

高质量发展与比较优势转换

发展阶段变化与投资回报率

影响居民消费的经济社会因素

第七章 | 发展模式转变与认识范式转换 · 131

防止未富先老变为慢富快老

需求视角：增长理论的范式转变

从索洛悖论到凯恩斯悖论

破解数字经济的"双刃剑效应"

认识地区差距的新致因

政策选择：是"取其轻"，还是"取其重"

第二部分
三个分配领域的改革红利

第八章 | 消除城乡二元结构 · 163

抓住消除差距的窗口期

乡村振兴的产业抓手

存在"城市化陷阱"吗

农业农村的要素供给和配置

真实的需求侧改革红利

第九章 | 提高社会流动性 · 189

橄榄型社会结构为什么重要

人口老龄化与社会流动性

拓宽家庭预算曲线：职业与照料

数字经济时代的劳动力内卷

阻断贫富分化的代际传递

第十章 | 再分配与基本公共服务供给 · 213

实现共同富裕的终极手段

以人类发展破解"生育率悖论"

人力资本积累的机会窗口

覆盖全民全生命周期的社会保障

劳动力市场制度建设

第十一章 | 创新向善的民生效应 · 239

如何实现创新与共享的统一

改变企业发展的目标函数

数字化、算法与向善

理念红利与善意助推

第三部分
建设中国式福利国家

- **第十二章 | 发展阶段与社会福利水平** · 261
  人口冲击是福利国家催化剂
  "老人之老"和"幼人之幼"
  尽力而为和量力而行的统一
  社会福利支出恒等式

- **第十三章 | "瓦格纳加速期":规律与机遇** · 281
  打破"弗里德曼周期律"
  国家竞争力的新制高点
  中国语境中的瓦格纳法则
  为人民群众的幸福感买单
  公共财政的可持续保障

第四部分
人口负增长时代的发展机遇

● ● ● **第十四章 | 更高发展阶段的政府作用** · 305

经济社会发展的更高水平均衡

发展内涵转变：超越 GDP

从"做大蛋糕"到"分好蛋糕"

如何兼顾"创造"与"破坏"

● ● ● **第十五章 | 把握正在发生的大趋势** · 323

认识、适应和引领发展阶段

不确定性的经济学

政府政策、企业抉择和个人机会

短期与长期对接：如何回归常态轨道

前　言

习近平总书记在党的二十大报告中指出："中国式现代化，是中国共产党领导的社会主义现代化，既有各国现代化的共同特征，更有基于自己国情的中国特色。"本书以中国面临的经济发展阶段变化，特别是即将进入的人口负增长时代为背景，结合现代化的一般规律和中国特色，运用经济学的分析方法，探索中国在基本实现现代化的征途中面临的全新挑战、预期完成的任务和实现的目标、发展模式和范式的转变要求，以及与此相关的政策抉择。

本书从中国经济面临的紧迫问题和特殊挑战出发，分四个部分、用15章的篇幅阐释长期的经济和社会发展问题。第一部分，着眼于人口负增长和老龄化的深化，揭示这个人口转变结果作为崭新国情的性质、对于经济发展的转折点意义，以及对未来经济增长发起的挑战。第二部分，在继续关注经济增长供给侧挑战的同时，特别突出人口转变因素带来的全新挑战——迄今我们仍然准备不足的需求侧冲击，尤其是居民消费弱化对经济增长可能产生的制约。在这个部分还讨论了三个分配领域的改革红利。第三部分，重点论述了中国式福利国家建设这一主题，揭示这项制度建设任务的不可回避性和紧迫性。第四部分，从供需两侧的挑战出发，结合现代化的目标和发展的任务，分析人口负增长时代的发展机遇。

随着中国经济进入一个崭新的发展阶段，传统的理论认识和政策理念需要与时俱进，以往成功的做法也许不再奏效。着眼于未来，本书试图澄清一些传统的观念，反思一些过往的经验。本书的初衷和意图也必然在写作的构思、框架结构和行文风格上得到体现。本书包含的内容既是我从事中国经济研究的理论成果，也力图使其在政策上具有启示意义。有鉴于此，我在写作中更多地着墨于理论问题，也用了较大的篇幅进行国际比较。与此同时，我特别希望本书为更广泛的读者群理解中国经济提供学理上和经验上的帮助。因此，在保证结论准确、论证严谨和写作规范的同时，我尽可能地减少使用生僻的专业术语，避免烦琐的印证、晦涩的表达和过度的注释。

鉴于本书需要体现学术性，为了恪守学术规范，在引证前人和他人的研究成果时，我努力遵循这样的原则：对于那些众所周知的人物和作品点到为止，对于那些只在专业领域为人所知的作者及其成果，我则注释得详细一些，以便感兴趣的读者能够深入查询。对于书中引用和展示的数据，凡属他人的研究成果或涉及专门来源的内容，均按照一般规范进行注释，而对于那些在媒体上广为传播及有公开权威出处的内容，我一般不再注释。此类数据来源有两个，分别是国家统计局"国家数据"（https://data.stats.gov.cn）和世界银行公开数据库（https://data.worldbank.org）。

我在本书中表达的主要是自己作为经济学家的观点、论证和政策建议，均为近年来的研究成果，有些观点和论证也分别通过发表论文、出版专著、会议发言和各种讲演进行过传播。在这里，我要对一贯支持和启发我的同事和朋友们表示感谢，包括研究中的合作者、中国社会科学院的同事、经常在各种论坛中交流的学界同人、一起参与各类实际调研的同事，以及作为我的研究对象和服务对象的相关单位、市场主体和个人，还有出版社的编辑和媒体朋友。感谢国家自然科学基金专项项目"中国人口转变的独特性、经济影响及政策研究"（批准号：72141310）的资助。当然，本书中存在的任何错误和不妥之处，责任都由我本人承担。

2022 年 12 月 20 日

第一部分
中国经济的新起点和新挑战

第一章
从警钟长鸣到紧迫挑战

最新的统计数据显示，中国人口发展正在经历一个关键的转折，即人口总量达到峰值，随后常态化地转入负增长。人口是一个国家经济社会发展的重要层面，对经济增长来说，人口增长既是舵也是锚。说它是舵，是因为在特定的人口转变阶段，人口的动态和结构为经济增长的方向设定了既定的路径，只要把体制和激励搞对，经济增长终究可以在这个路径上推进。说它是锚，是因为人口增长为宏观经济确定了基准，即使宏观经济遭遇周期性波动，因一时的扰动处于下行态势，经济增长也尚有机会回归既往的轨道。

然而，一旦人口转变进入一个不同的阶段，特别是发生了重大的转折，经济增长路径就可能改变，短期的扰动也可能成为新常态。例如，人口总体或者特定年龄组的变化趋势——从增长变为缩减，就意味着人口总体或局部的增长率发生符号从正数到零及至负数的变化。相应地，经济发展阶段也必然转向另一种格局，经济增长的稳态也将发生变化。本章将描述中国人口的转折性变化，阐释其背后的政策含义。

人口趋势：普查、预测和现实

近年来，人口问题始终是中国社会舆论关注的焦点，大众对人口的认知也因披露和更新的有关人口发展数据而不断刷新。2007年，权威的《国家人口发展战略研究报告》提出，中国的总和生育率为1.8左右，按照这个生育率水平来预测，中国人口总量将在2033年前后达到峰值，届时人口总量为15亿左右。[①] 联合国于2019年主要依据中国官方提供的数据和参数，根据1.6～1.7的总和生育率假设进行了一次预测，把中国人口总量达到峰值的年份提前到2025—2030年期间。

简单来说，一个国家的总和生育率是指妇女在适龄阶段平均生育的孩子数量。不难理解，在一位女性或一对夫妻至少生育两个孩子的情况下，人口才能保持增长。因此，考虑一些统计因素后，人口学家把2.1这个水平设定为更替水平的总和生育率。既然我在前面提到的人口预测所依据的总和生育率显著低于更替水平，那么经过一个增长的惯性期后，人口总量必然达到峰值，进

---

① 参见《国家人口发展战略研究报告》，http://www.nhc.gov.cn/guihuaxxs/s3585u/201502/c62a5d1a5ad54ea3b4b268777d3ae6ff.shtml，2022年8月7日浏览。

而转为负增长。可见，一个国家的人口总量什么时候达到峰值，关键在于对总和生育率的估算和判定。

早在20世纪90年代初，中国的总和生育率即降低到2.1以下。在学术界和政策研究领域，人们对此均没有什么争议。对于那以后总和生育率的变化，则既没有正式发布的信息，在理论和政策讨论中也缺乏共识。尤其是对于进入21世纪以来的总和生育率究竟处在什么水平，人们常常做出大相径庭的判断。根据2000年第五次全国人口普查统计的数据，计算得出的总和生育率为1.22；根据2010年第六次全国人口普查统计的数据，计算得出的总和生育率为1.19。很多学者在对普查统计的数据进行一定的误差修正后，计算得出的总和生育率为1.4~1.5。但是，正如《国家人口发展战略研究报告》和联合国预测的依据所表明的，官方认可的总和生育率长期停滞在1.6~1.8的范围内。

正是由于对总和生育率的莫衷一是，当2020年第七次全国人口普查公布总和生育率仅为1.3时，人们颇感震惊，原因之一是这是一个极低的生育率水平。人口学家通常认为，总和生育率低于2.1这个更替水平便属于低生育率，低于1.5为很低生育率，低于1.3则为极低生育率。从国际比较来看，2020年联合国把各国分成"最不发达国家"、"不含最不发达国家的欠发达国家"和"较发达国家"三组，从平均数来看，总和生育率分别为4.02、2.16和1.51。根据该口径，中国2020年的总和生育率低于任何一个国家分组的平均水平。

另一个让人对总和生育率1.3感到震惊的原因是，冰冻三尺非一日之寒，如此低的总和生育率绝非一朝一夕达到的，也就意味着中国的总和生育率多年来一直处于很低的水平，而一些研究者做出总和生育率早已降到 1.4~1.5 的估计无疑是可靠的。由此推论，中国人口总量达到峰值已近在咫尺。不出所料，国家统计局发布的 2021 年的数据显示，人口自然增长率仅为 0.34‰。[①] 在统计意义上，可以说人口增长已经极不显著，由此人们有理由做出 2022 年或 2023 年人口达峰的判断。

人口数据出乎人们的意料，还在于实际发布的情况与联合国的预测差异颇大。联合国下设的经济和社会事务部人口司专门负责对各国进行人口预测，根据其于 2019 年预测的结果，2020 年中国的人口总量为 14.4 亿，而 2020 年第七次全国人口普查结果显示，2020 年中国的实际人口总量仅为 14.12 亿。此外，国家统计局发布的 2021 年人口数据中的人口老龄化水平高于联合国当时的预测，并且可以预期的人口总量达峰时间也早于联合国当时的预测。

2022 年，联合国适时地更新了对各国人口的预测，其中正合时宜且与时俱进的部分无疑是对中国人口进行的最新预测，增强了其关于中国的人口预测数据与实际数据之间的一致性。换句

[①] 国家统计局局长康义在 2023 年 1 月 17 日公布，2022 年年末全国人口为 141 175 万人，比上年末减少 85 万人，人口自然增长率为 -0.60‰。为了论述逻辑的完整、统一，本书的讨论仍将以联合国的最新预测为依据。

话说，这两套数据之间的差异已经细微到可以忽略不计。① 用联合国的最新预测数据和中国已发布的截止到 2021 年的人口数据相互印证，得出的结论是，中国的人口总量在 2022 年达到峰值，从 2023 年便开始统计意义上的负增长。换句话说，从此中国将不可逆转地在人口负增长条件下发展。与历史上因天灾人祸或疆域变化引起的人口减少不同，这是中国在正常发展的条件下因人口转变阶段变化而形成的人口负增长。所以，这一转变既是水到渠成的，也可以说是史无前例的。

按照国际惯例，一个国家的人口老龄化率一旦超过 7%，就标志着进入了老龄化社会，超过 14% 标志着进入老龄社会，超过 21% 则标志着进入高度老龄化社会。根据中国的实际人口数据，65 岁及以上人口比重（即老龄化率）在 2000 年就达到 7%，中国进入老龄化社会；2021 年已经达到 14.2%，进入老龄社会。根据 2021 年中国人口自然增长率判断，2022 年或 2023 年人口总量将毫无悬念地达到峰值。人口负增长必然进一步加快老龄化，预计 2030 年中国的老龄化率将达到 21%，进入高度老龄化社会。

---

① 更详细的联合国最新人口预测信息，参见 United Nations, Department of Economic and Social Affairs, Population Division.World Population Prospects 2022, Online Edition, 2022；关于中国人口的最新统计信息，参见国家统计局网站 https://data.stats.gov.cn。

失去第一人口大国的头衔意味着什么

至少在过去的 300 多年时间里，印度作为世界上的第二号人口大国，在人口总量上一直紧追中国，因此，中国人口总量达峰和负增长的必然结果便是几乎没有丝毫时间迟滞地把"世界第一人口大国"的头衔拱手让给印度。联合国最新的人口预测的确显示，这个变化的发生只在转瞬之间——2023 年（见图 1-1）。"世界第一人口大国"这个头衔并不重要，对中国的发展前景进行展望的恰当参照系也不是印度。不过有比较才有鉴别，把中国的人口转变及受其影响的经济增长表现置于与印度的比较中来认识也是有意义的，更有助于理解中国自身发展阶段的变化及相关挑战。

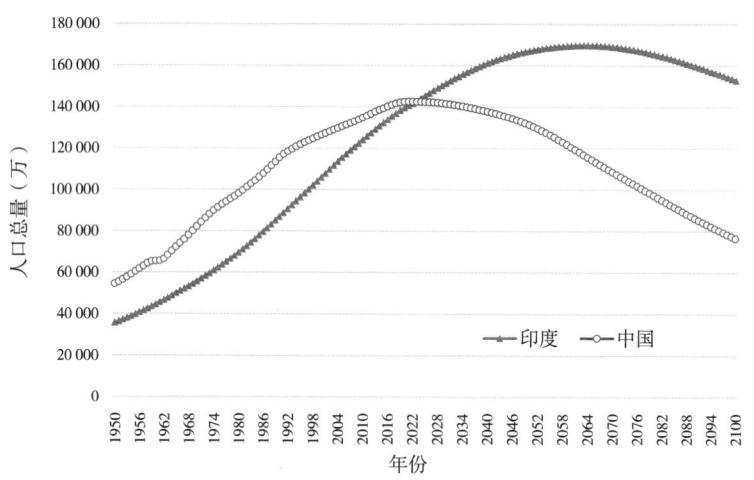

图 1-1　印度对中国的人口赶超

资料来源：United Nations, Department of Economic and Social Affairs, Population Division. World Population Prospects 2022, Online Edition, 2022.

其实，中国并不是自古以来就拥有"世界第一人口大国"的称号。根据英国经济史学家安格斯·麦迪森整理的历史数据，从公元元年至1500年，印度的人口规模都大于中国；直到1600年，中国才取得了世界第一人口大国的地位。虽然此后也有一段时期，两个国家在人口规模上交替领跑，但是至少自1700年起，中国便牢牢地占据着世界第一人口大国的位置。[①] 然而，如图1-1所示的1950年以来的人口变化可见，中华人民共和国成立和印度独立以来，两国经历了不尽相同的人口发展，并且在中国的总和生育率持续下降的同时，印度在相当长的时间里保持着更高的生育水平。

例如，中国的总和生育率早在1991年就降到更替水平之下，当年为1.93，而印度的总和生育率直到2020年才降到更替水平之下，这一年为2.05。且不说在两国的总和生育率降到更替水平之下后继续下降的相对速度存在怎样的差异，仅从总和生育率首次降到更替水平之下的时间来看，两国的人口转变过程之间就有至少30年的时间差。

中印两国之间的经济发展差距也是有目共睹的。根据世界银行的数据，按2015年不变美元计算，2021年印度的人均GDP（国内生产总值）为1 961美元，仅相当于中国1998年的水平。事实上，总和生育率降到更替水平之下的时点在中国和印度之

---

① 安格斯·麦迪森. 世界经济千年统计 [M]. 伍晓鹰，施发启，译. 北京：北京大学出版社，2009：263.

间有长达29年的时间差,这期间两国的经济发展表现迥然不同。按照可比口径,1991年中国的人均GDP是印度的1.8倍,2020年升至5.7倍。

与包括印度在内的许多发展中国家相比,中国高速增长时期的经验表明,不管人口格局是怎样的(譬如潜在地有利于或不利于经济增长),无论是收获人口红利还是克服人口阻力,都需要依靠一系列其他条件,包括经济体制的激励水平、劳动力整体受教育水平、配置资源的市场化水平、对外开放水平及经济发展的分享水平等。如果不具备这些发展的必要条件,人口只能成为一种负担,而不会被转化为加速经济增长的红利。

从早期中国和印度人口总量交替领先的漫长历史也可以看到,"世界第一人口大国"这个头衔与发展绩效和发展水平并无直接关联。例如,麦迪森整理的历史数据显示,从公元元年起,至今两千余年的绝大部分时间里,在中国与印度之间,以人均GDP衡量的发展水平并无实质性差异[1],真正显著拉开两国之间发展差距的是中国20世纪70年代末开始实行的改革开放。40余年的改革开放效果某种程度上超越了以往的全部历史。

不过话说回来,中国改革开放的主要时间段(1980—2010年)确实是与有利的人口转变阶段相交汇,高速经济发展的确得益于人口红利,并且2010年以来,中国人口红利加速消失,

---

[1] 安格斯·麦迪森. 世界经济千年统计[M]. 伍晓鹰,施发启,译. 北京:北京大学出版社,2009:271.

经济增长速度也确实从高速转变为中高速。例如，中国的实际GDP年均增长率在1980—2010年这个典型的人口机会窗口期高达10.1%，在2010—2021年人口红利加速消失的阶段则显著降低至6.9%。

由此我们应该得出的结论是，经济增长表现会受人口转变因素的影响，或正面或负面，然而人口发展趋势的变化并不是宿命或极限，不应该成为经济增长的终极决定因素。任何国家，无论人口转变处于哪个阶段，在既定的内外部经济环境中，只要具备恰当的经济体制和机制，足以充分动员资源和要素，并对资源和要素进行有效的配置，就能够克服不利的人口因素干扰，实现良好的经济增长表现。至此，我们可以转换一个比较对象，即从同印度比较转向同美国比较，加深对人口作为重要因素但不是宿命这个论断的理解。

党的十九届五中全会以定性和定量相结合的方式，擘画了2025年和2035年的经济发展目标。从定性的角度，该目标被分别表述为"十四五"期末中国达到现行的高收入国家标准，2035年基本实现现代化之际达到中等发达国家水平。从定量的角度，实现这两个目标要求从"十四五"期间开始，GDP年平均增长5%左右。按照这个增长速度，预计在2030年前后，中国经济总量将赶超美国。从事预测的学者们普遍认为这是一个可行的增长速度，相应地，中国于2030年前后成为世界第一大经济体的预期也是合理的。

现在来看，这个预测是科学且客观的，本身并无瑕疵。应该有信心的是，人口负增长的事实也不会改变中国成为世界第一大经济体的预期。然而，也需要指出，学者们预测未来经济增长速度时，隐含的假设是中国人口总量将在 2030 年达到峰值。换句话说，当时的预期是在中国人口总量达峰之时，经济总量超越美国，即两个重要的转折预计同时到来。

这种同步预期也不无道理。我们不妨回想一下，2010 年，正是在中国 15～59 岁劳动年龄人口数量达到峰值时，中国经济总量超过日本，取得了世界第二大经济体的地位。更有意思的是，这一年也恰好是日本的人口总量达峰之年，随后的人口负增长在日本触发了严重的经济衰退。这似乎表明，在人口转折点与经济转折点之间存在统计上的相关关系，虽然背后的逻辑比表面看上去更复杂，有待深入探讨，但可以确定的是两者之间绝非无关。

我们将在以后的章节中以适当的篇幅讨论这种关系。这里，我们先来注意一个已经显现的事实，即中国人口总量达峰的时间先于经济总量超越美国的时间。2021 年，中国 GDP 为 17.73 万亿美元，占全球经济总规模的 18.5%，同年美国 GDP 为 23.00 万亿美元，在全球经济中的占比为 23.9%。美国的经济体量仍比中国高出 29.7%。

这是中国特有的"未富先老"特征的一种表现。以往我们对中国人口老龄化这个独特表现的认识，仅限于把老龄化程度与经济发展阶段进行比较。例如，我们往往观察到，在相同的人均收入水平上，中国比其他发展中国家的老龄化率更高、总和生育率更低、人口增长速度更缓慢等。由此揭示出的很多信息，对于我们认识中国的新国情无疑大有裨益。

然而，如今出现的这个新的事实，即中国人口转变的速度具有不断超出预期的性质，应该帮助我们认识到"未富先老"这个特征不是静态的，而是动态变化的，在一定条件下具有与日俱增的性质，对经济增长的影响常常超出预期。这说明需要及时且准确地把握不断变化的人口数据及其揭示的发展趋势，遮遮掩掩或判断失准都可能误导宏观决策。更进一步，无论数据揭示出怎样的趋势，决策者和研究者还是需要有超前的思维，不仅密切注意"灰犀牛事件"的动态趋势，还要足够警惕"黑天鹅事件"。

人口问题的错置、忽略和再发现

在托马斯·罗伯特·马尔萨斯的《人口原理》出版后的200多年里，这本书被无数次再版，被翻译成几乎所有的主要语言。哈佛大学经济学家罗伯特·巴罗观察到，在20世纪90年代伦敦的市场上，几位著名的古典经济学家的代表作第一版的售价："现代经济学之父"亚当·斯密的《国富论》为2万英镑，伟大的古典政治经济学家大卫·李嘉图的《政治经济学及赋税原理》仅为6 500英镑，而马尔萨斯的《人口原理》高达3万英镑。

或许有某种特殊背景或不为人知的原因造成这种现象，不过我倾向于认为，主要原因在于人口问题同任何时代国家的发展及普通人的生活都是息息相关的。特别是关于人口与经济发展的关系，在经济学家和其他社会科学家中存在旷日持久的争论，各种观点的交锋和莫衷一是从马尔萨斯出版这部著作的时代一直延续至今。

不过，世界和各国毕竟经历了漫长的经济史，无论是圈外的观察者还是圈内的理论和政策研究者都见证了大量的经验和教训，其中不乏可以检验某种人口与经济关系的直接或间接的证据。因此，通过把学术争论和经济史实结合起来，如今有可能对人口在经济发展中的作用做一个简洁的梳理，以帮助我们得出尽可能有共识的结论。同时也希望这可以增进我们对中国面临的人口负增长挑战的认识，以便制定更有针对性、更有效力的应对政策。

人口呈几何级数增长，而食物等生活资料只能以算术级数增长，这是马尔萨斯具有标志性的论据，并流传至今。从数学的意义上说，这种假设不太可能在现实中存在。不过，马尔萨斯的本意是说食物永远不能满足人们的温饱需求，人口增长自然成为贫困、饥馑、自然灾害乃至战争和杀戮之源。所以，在马尔萨斯及其追随者看来，人口增长对经济发展乃至人民福祉的提高具有无可争议的负面作用。然而，这种看待人口与经济关系的范式被工业革命之后的现实证明是错误的，而且现代经济增长，特别是农业革命和一轮又一轮的科技革命，更是反复证明其谬误。那么，为什么马尔萨斯的理论和范式还能如此流行并源远流长呢？

纵观人类经济活动的历史，至少有两个原因可以解释马尔萨斯的人口理论为何同现代经济增长的经验如此不符，却又如此为人们津津乐道、念兹在兹。其一，在工业革命之前数千年的人类经济史中，整个世界及其每个角落确实始终处于马尔萨斯式的贫困陷阱之中。无论是作为知识存档还是基因记忆，马尔萨斯学说都是最值得被记住的。其二，工业革命之后，世界经历了工业化国家与未实现工业化国家之间的"大分流"，并且直至今日，世界各国的发展水平仍然存在巨大的差距。以两分法的角度来看，落后的一极仍然保持着马尔萨斯陷阱的特征。所以，研究贫困问题或者发展问题，不应数典忘祖。

在后马尔萨斯时代，特别是在现代经济增长时代，涌现出众多研究者和汗牛充栋的成果，对马尔萨斯的人口范式提出挑战。这类研究有的以发达经济体保持增长的可持续性为对象，有的以发展中经济体赶超发达国家的过程为对象，其中不乏有巨大影响力的经济学家在不同时期占据过经济学的主流地位，围绕他们的代表性理论也产生了一些有影响的经济学流派。

早在20世纪30年代，以英国的凯恩斯和美国的阿尔文·汉森为代表的经济学家就预言，在工业化过程中出现的人口增长减速乃至停滞现象对经济增长构成巨大的威胁。他们主要是从经济增长的需求角度考虑问题，设想人口增长的停滞将大大降低生产者的投资回报和意愿，也会减少消费者数量，从而降低消费的增长速度。虽然那个时代的经济学家并不像如今的同行这样，可以随手写出 $Y = C + I + G + (X - M)$ 这个国民经济恒等式，或者把出口、投资和消费"三驾马车"挂在嘴边，但是把人口增长看作经济增长的需求侧因素，纳入社会总需求分析，业已成为凯恩斯及其追随者的研究尝试，也是对经济学的重要贡献之一。

众所周知，凯恩斯把资源不能获得充分利用的根源归结为社会有效需求不足，并从经济学范式上打破了迷信市场机制"看不见的手"的传统信条，主张政府干预经济活动，特别是以财政刺激的手段拉动总需求。正是在凯恩斯理论的基础上，新的经济学分支（宏观经济学）逐渐发展并成熟。殊不知，凯恩斯把人口增长作为需求侧影响因素与长期经济增长联系起来，几乎奠基了一门迄今尚不存在的经济学分支——基于需求侧的经济增长理论。①凯恩斯主义经济学家汉森当时担心出现的"长期停滞"现象，最终在21世纪第二个10年以后，在面临人口老龄化困扰的世界经济，以及日本这样的人口负增长国家，成为经济增长的新常态。主要表现可以用"三低两高"来概括，即低通胀、低利率、低增长、高储蓄和高负债。

以哈佛大学经济学家为主体形成的人口红利学派采用了另一种新的研究范式，突破了人口与经济关系研究中主要关注人口规模和增长率的传统，转而把关注点放在人口转变过程中受生育率和预期寿命影响的年龄结构特征。在劳动年龄人口增长快且占比高的情况下，年龄结构有利于经济增长。这种独特的增长源泉就是所谓的人口红利。这些研究者的观察对象一般是经济史上后起经济体对早期工业化国家的赶超过程。相关的成果表明，在人口转变的一定阶段发生的劳动年龄人口比重提高和抚养比降低，产

---

① 蔡昉. 万物理论：以马尔萨斯为源头的人口-经济关系理论 [J]. 经济思想史学刊，2021（2）.

生了支撑经济增长的额外源泉或人口红利，使经济增长得以在更高的速度上、在较长的时间里得以持续，因而成为赶超成功的关键因素。①

人口红利理论也被用于分析改革开放时期中国经济的高速增长，并且表现出不凡的理论解释力和经验说服力。特别是这种理论范式与刘易斯二元经济理论形成相互印证的关系，可以很好地刻画这个时期的经济增长特征。从中国的经验来看，劳动力供给、人力资本改善速度、储蓄率和资本回报率、资源重新配置效率及生产率等变量，对经济增长究竟起促进作用还是阻碍作用，或者是无关宏旨，归根结底取决于特定的人口结构特征。

例如，2010年前的中国经济增长，劳动年龄人口规模大、增长快、比重高等因素就帮助形成了受益于人口红利的良好经济增长表现，具体表现为这一时期格外高的 GDP 潜在增长率。与此相反，2010年前后劳动年龄人口达到峰值，随后进入负增长时代，标志着人口红利在中国的消失，潜在增长率也就逐年降低。

基于马尔萨斯研究范式和传统观念，人们常常把过快增长的人口视为对经济社会发展的潜在威胁，用悬在头上的"达摩克利斯之剑"这一隐喻来形容。然而，如果一项研究基于凯恩斯-汉森范式或者人口红利范式，得出的结论必然是相反的，也就是说，人口增长日渐放缓及老龄化程度不断加深的趋势更像高悬的

---

① 关于人口红利的既简洁又权威的文章，参见 Ronald Lee, Andrew Mason. What Is the Demographic Dividend? [J]. Finance and Development, 2006, 43(3): 16-17。

"达摩克利斯之剑",对经济增长的长期可持续性造成威胁。不过,至少从长期来看,无论怎样的人口趋势,本身并不决定经济增长的宿命。如果人口变化趋势能使我们更清晰地认识经济增长的制约因素,反倒有助于与时俱进地做出恰当的政策选择。

经济增长的舵和锚

鉴于特定时期形成的有利人口特征,譬如可以用"生之者众,食之者寡"来形容的年龄结构,从生产要素积累和配置的角度,帮助一国经济形成更高的潜在增长率。所以,认同人口红利理论的研究者往往倾向于把人口红利比喻为经济增长的特定引擎。不过,既然人口红利并非永恒,人口特征也不会总是有利于经济增长,因此,仅仅把人口因素与经济增长的引擎或源泉相提并论,一旦人口红利消失,人口与经济增长的关系就变得难以把握,基于这种关系的人口红利理论似乎也就无话可说了。

因此,我们应该努力找到一个统一的认识框架和一种恰当的表述,无论人口对经济增长起促进作用还是阻碍作用,这个框架所表达的关系可以始终存在,并且能够始终保持逻辑上的一致性。我不揣冒昧地把人口比喻为经济增长的舵与锚,或许能够符合这个预设标准,有助于我们在中国人口特征的不断变化中理解人口与经济增长的关系,并且使人口红利理论的生命力常在。

如同舵是大海航行中不可或缺的控制航向的装置,当我们说人口是经济增长的舵时，比喻的本意在于，由特定的人口特征及其变化所导致的长期人口动态，总体上规定了经济增长的基本方向、主要路径和独特方式。也可以说，在人口转变的不同阶段，经济增长动力分别来自不尽相同的源泉，经济增长方式通常也大异其趣。实际上，在经济学说史中，几种耳熟能详的发展理论及其代表的经济发展阶段或形态，就是经济增长以人口为舵的最佳案例。我们选择以下三种发展类型，不仅由于其最为著名和源远流长，而且它们足以覆盖迄今为止人类经济发展的整个过程。

首先，马尔萨斯陷阱。在工业革命发生之前漫长的时间里，人类经济活动最突出的特点是生活资料的增长难以跟上人口的增长，意味着任何产出的增加终会招致人口的更快增长，那部分增加的产出被更大的人口分母所稀释，人均拥有的生活资料再次回到仅够维持生存的水平。由于这个时代的特征是经济发展始终无法摆脱贫困的恶性循环，正是马尔萨斯的人口理论，为解释这个人类历史上的漫漫长夜提供了理论依据，所以经济学家通常称之为马尔萨斯陷阱。在技术进步不足以达到"临界最小"的程度，因而无法打破这种低水平均衡的情况下，人口数量的消长就充当了这个恶性循环得以发生的舵。

其次，二元经济模型。在美国经济学家威廉·阿瑟·刘易斯提出的经济发展模型中，人口结构通常呈现劳动年龄人口增长快、数量多、占比高的特征，如果具备必要的体制条件，将农业剩余劳动力转移到非农产业，使其成为经济增长的重要动力，就可以把人口特征转化为人口红利。在经济史上，可以发现不少此类案例，即后起国家依靠人口红利实现经济起飞，继而形成比先行国家更快的增长速度，因此可以实现对发达国家的成功赶超。也就是说，在一定的发展阶段，有利于经济增长的人口因素确保了可以实现趋同的增长速度。同时，一旦人口转变进入更高的阶段，人口红利则趋于式微乃至消失，经济增长也就回归到常规的速度。

最后，新古典增长模型。诺贝尔经济学奖获得者罗伯特·默顿·索洛提出的这个模型主要依据的是发达国家的经验。该理论假设，在现代经济增长过程中，资本积累至关重要，但是由于劳动力短缺成为常态，所以会出现资本报酬递减现象。于是，经济增长长期可持续的源泉不再是资本、劳动力和其他有形要素，而是这些要素投入本身所不能解释的那部分产出增长来源，即全要素生产率的提高。这里，人口转变处于相当平稳的状态，劳动力数量不再对经济增长做出重要贡献，通过应用新技术等创新活动，并通过竞争实现优胜劣汰，是经济增长得以持续的关键。因此，这种类型的经济增长不以速度取胜。

如同锚是船只停泊不可或缺的稳定装置，把人口比喻为经济增长的锚，意味着人口特征及其变化所导致的长期人口动态总体上规定了一个既定时期经济增长的稳态，即经济增长能够达到的常规速度。在这个稳态下，宏观经济处于充分就业状态，也不存在加速的通货膨胀。一般来说，我们总是希望经济增长越快越好，但是现实中的经济增长速度总是受到客观因素的制约，或者来自供给侧，或者来自需求侧。这种制约因素中最重要的，也是具有最恒久作用的因素就是人口。另外，也正是人口因素发挥着把偏离轨道的增长速度拉回到稳态的作用。

从经济增长的供给侧来看，人口特征（特别是年龄结构特征）在相当大的程度上影响一个国家潜在增长能力的形成。实际上，当我们说到人口红利的时候，就是指因劳动年龄人口增长快、比重大而形成的一系列有利条件，为经济增长添加额外动力，最终表现为更高的潜在增长率。例如，有利的劳动年龄人口增速和占比确保劳动力供给充足，新成长劳动力规模大、受教育程度高有助于改善劳动者整体人力资本，人口抚养比（非劳动年龄人口与劳动年龄人口的比率）的下降有利于储蓄率和资本积累率保持高位，劳动力无限供给特征延缓资本报酬递减现象发生，农业劳动力转移产生资源重新配置效率（即生产率），等等。

自改革开放以来，直到2010年，无论进行自身的历史考察，还是进行跨国比较，甚至结合横向和纵向两个维度进行观察，都可以得出这样的结论：中国在这一时期实现了史无前例的高速经济增长。诚然，这个中国奇迹的产生，归根结底在于改革开放从体制机制上解放了生产力。但是，之所以具有高速增长的源泉，也在于中国恰好处于有利的人口机会窗口期，收获了人口红利，因此具有超越常规水平的潜在增长能力。

我们可以根据潜在增长率的定义，以及在与之相关的宏观经济运行机理上，理解人口的锚定效应。潜在增长率一般是指由特定生产要素供给能力和配置能力（即生产率）所决定的、在一段时期内相对稳定的经济增长速度。诚然，实际增长率并不总是等于潜在增长率。短期的需求冲击会导致实际增长速度偏离潜在增长率，造成经济周期性波动。这时就要动用宏观经济政策工具，旨在熨平经济周期，使经济增长回归潜在增长率。

事实上，每个经济周期过后，增长速度一般来说总是能够回到常规的轨道上。不过也有意外情形：周期过去了，经济增长速度未能回归原来的水平，而是降低到一个新的常态。这种情况通常就发生在人口动态发生重大变化之际。也就是说，人口转变的方向已经决定经济增长常态的趋势性变化，只不过经济周期加快了这个过程。

从经济增长的需求侧来看，人口总量和年龄结构等因素也会对社会总需求（特别是其中的居民消费）产生影响。从人口总量来看，一个国家的人口就是该国消费者的总和。假设其他因素不变，有人口增长就有消费增长，人口增长停滞就会导致消费增长停滞，一旦人口转为负增长，消费必然陷入低迷。从人口年龄结构来看，鉴于中国老年人的收入普遍偏低，并且有消费的后顾之忧，因而消费能力和消费倾向都比较低。因此，人口老龄化也产生了抑制消费的效应。在宏观经济（特别是就业）受到短期冲击的情况下，居民收入和消费均有所减少，不仅影响经济的及时复苏，从长期来看，也有可能弱化需求对经济增长的支撑能力。

从作为舵和锚的角度理解人口对经济增长的作用，关键是认识人口的变化特征如何影响经济增长的方向和方位。固然，舵的领航功能本来就是调整方向，自然是与变化紧密相关的，锚也不应该在一个固定不变的位置发挥作用。虽然锚位的变化特点既不在于常变，也不在于快变，但是变化终究是要发生的。因此，无论是将其作为舵还是将其作为锚，或者说，无论是强调前者瞻予马首的引领作用，还是着眼后者的定海神针功能，研究人口对经济增长的影响，都需要把关注点放在其变化上，才能够做出准确预判，进而适应且引领这种变化。由此也可以认识到，相比于其他影响经济增长的因素和变量，人口是一个更为综合、全方位且纲举目张的变化因素。抓住人口变化就可以获得主动权，在微观上把握先机，在宏观上下好先手棋。

第二章
认识外部发展环境的变化

中国已经成为高度开放的国家，人口规模和经济总量在全球拥有至关重要的地位，这使中国面临的内部环境与外部环境之间存在紧密的关联性和内生性。一方面，在改革开放过程中，中国从低收入阶段到高收入阶段的成功跨越显著影响着世界经济的走向，也为发展中国家提供了可供借鉴的经验和方案；另一方面，中国积极参与国际经贸规则和机构的改革，特别是坚持自由贸易原则和世界贸易组织规则，也是为完善全球经济治理、维护广大发展中国家利益提供的国际公共品。本章将结合中国经济发展阶段的变化，分析中国面临的外部环境的新特点，特别关注全球老龄化的影响和经济全球化的命运，揭示中国应对挑战过程中的主动引领作用。

全球老龄化：是通货膨胀，还是长期停滞

中国经济不仅面临自身发展阶段的变化，也面临崭新的国际经济政治环境。而且在很大程度上，对中国来说，国际环境不再像以往那样，纯粹是外生的变量。随着中国在世界经济中的地位和地缘政治影响力大幅提升，国际环境不仅在更大的程度上影响中国的发展，也越来越多地成为中国自身发展的内生结果。也就是说，中国的发展在受到国际环境影响的同时，也在重新塑造全球经济和政治格局，反过来影响国际环境的变化。我们基于中国人口规模和经济总量在全球的显著性来观察，就可以形成关于全球老龄化与中国老龄化的相互关系，以及世界经济新常态与中国经济最新发展阶段特征相互关联的认识。

长期以来，中国都是以人口总量及其占世界人口比重的独特地位对世界产生影响。在中国人口占世界人口比重趋于下降，甚至不再是世界第一人口大国的情况下，中国人口结构特征仍将具有显著的全球影响。把2020—2022年的平均水平与2033—2035年的平均水平相比较，中国在联合国会员国人口总和中的比重，预计从18.4%降低到16.3%；65岁及以上人口占比，预计从25.3%提高到27.3%；在65岁及以上人口的年度增量中的比重，预计从37.4%略微下降到35.8%。

从经济总量和增量来看，中国在世界经济中的地位日益增强，2021年中国GDP占全球GDP的18.5%，此前5年中国GDP的增量占全球经济增量的33.1%。尽管中国经济增长将延续下行趋

势，中国对世界经济总量和增量的贡献仍将保持显著。中国庞大的人口规模，特别是日益壮大的中等收入群体，更是重要的消费支出群体及消费升级换代的引领者，在很长时间里将扮演全球消费需求支柱的角色。此外，中国以庞大的规模作为进口国和出口国，以及对外直接投资的接受地和输出地，都会对世界经济潜在增长率和总需求产生巨大的影响。

那么究竟应该从哪些方面着眼进行观察，才能深刻地认识中国所处的国际环境，特别是这种环境的形成原因、组成部分和政策含义呢？需要研究的问题应该符合下列三个标准：第一，这些问题必须是全球性的，从而具有足够显著的重要性，而非无关紧要的；第二，所涉问题与几乎所有国家和地区有关，事件发生和问题存在的范围无远弗届；第三，在问题的产生和表现中，中国既是重要的影响因素，也是受影响最显著的对象。按照这三个标准的要求，我们至少应该从以下几个方面着眼，认识和概括中国所处的国际环境。

首先，人口老龄化作为世界范围的现象和全球性的挑战影响到世界经济的性质和走向。联合国会员国作为一个整体，65岁及以上人口占人口总量的比重（即老龄化率）已经从1980年的5.9%升至2021年的9.6%，预计在2035年和2050年分别达到13.2%和16.5%。高收入国家的老龄化程度无疑是最高的，但是中等收入国家（特别是中等偏上收入国家）也在加快追赶。即便是低收入国家，终究也会在不太遥远的将来走向老龄化。鉴于高收入国家和中等偏上收入国家的经济总量在世界经济的占比高达 90.1%，这两个收入组的老龄化对世界经济的影响是决定性的。

全球性人口老龄化对世界经济的影响既表现在供给侧，也表现在需求侧，并且供需两侧出现的不利影响具有相互强化的效应。一方面，很多国家人口红利的式微乃至消失，不仅产生降低本国潜在增长率的效应，还对世界经济的增长能力产生负面影响；另一方面，在人口增长停滞和老龄化的大趋势下，社会有效需求不足日益成为经济增长的制约因素，甚至可能削弱需求因素支撑潜在增长率的能力。在一些国家，这就表现为实际增长率低于潜在增长率，导致经常出现增长缺口。

人口老龄化不利于经济增长，这个结论在经济学家中越来越具有共识，也可以从丰富的经验研究中得到证明。然而，在现实中及在诸多具体的结论方面，人们还是常常做出不尽相同，甚至大相径庭的判断，并由此阐释出大异其趣的政策含义。

以美国经济学家劳伦斯·亨利·萨默斯为代表的一种宏观经济学观点最具影响力，其认为世界经济正深陷被称为"长期停滞"的常态之中，最具标志性的表现便是低通胀、低利率、低增长、高储蓄和高负债等现象同时存在。围绕这个判断进行的讨论热度之强，使得身处宏观经济学前沿的学者纷纷涉猎其中。不出所料地，持不同观点的研究者也大有人在。例如，随着畅销书《人口大逆转》于 2020 年问世，查尔斯·古德哈特和马诺吉·普拉丹的另类观点引起人们的关注，他们特别强调了中国人口转变的新阶段，特别是劳动力短缺因素的重要影响，预计人口老龄化将使全球性的通货紧缩逆转为通货膨胀。①

新冠疫情确实导致高通胀在很多国家重新出现，为因应这种情况，各国中央银行转变政策方向，特别是美联储的连续加息，对世界经济已经产生负面影响，在这些国家本身也可能造成通货膨胀与经济衰退并存的滞胀现象。无疑有人会认为通货膨胀高企这一事实恰好验证了古德哈特等人的观点，然而，另一部分经济学家则只承认过渡性通货膨胀的存在，认为世界经济终究会回到以前的长期停滞轨道，并且既然老龄化将日趋严重，全球经济增长甚至可能陷入更低迷的常态。

其次，随着国际贸易和跨国投资的套利空间渐趋缩小，经济全球化的动力确实有所减弱。从20世纪90年代开始，随着大批发展中国家和转型国家开始拥抱全球化，世界经历了一轮经济全球化高潮。也恰恰在此期间，中国的改革开放促进了高速经济发展和减贫成就。在中国贡献因素的带动之下，其他很多低收入国家的贫困发生率也大幅度降低，发展中国家与发达国家的发展差距有所缩小。

以1980年为起点，低收入和中等收入国家人均GDP年均增长率在第一个10年期间仅为1.3%，在第二个10年即有所提高，达到2.0%，第三个10年更高达4.9%，第四个10年为3.0%。与此同时，高收入国家在这四个10年期间的人均GDP年均增长率

---

① 查尔斯·古德哈特，马诺吉·普拉丹. 人口大逆转：老龄化、不平等与通胀[M]. 廖岷，缪延亮，译. 北京：中信出版集团，2021.

则呈现递减的趋势，分别为2.4%、2.1%、1.1%和0.8%。发展中国家人均GDP增长率显著高于发达国家，无疑表明经济发展和人均收入的国际差距趋于缩小，在增长理论中被称为趋同。

对于这个世界经济趋同和全球减贫成效，全球化功不可没。然而，以2008—2009年国际金融危机为开端，诸多推动世界经济一体化的因素都出现断层线，经济全球化遭遇了强劲的逆流。不过，全球化不再以金融危机前的速度高歌猛进，并不应该在意料之外。从20世纪90年代开始，更多的国家参与世界经济分工，特别是中国2001年加入世界贸易组织（WTO），产生了促进全球化的巨大效应。然而，这个效应固然具有自我持续的特性，其显著的作用却具有一次性释放的性质。既然诸如此类的新机会并不能常态化地出现，全球化的动力总体上是边际递减的。

此外，全球化放缓还受到其他多种因素的影响。其中，中国因素的影响最为突出，也就是说中国经济对世界经济的影响恰好呈现一定程度与此前趋势相反的特点。例如，由于人口红利式微且加速消失，中国劳动密集型制造业的比较优势和国际竞争力均趋于弱化。作为开放程度最高的庞大经济体，中国一些与贸易相关的指标从方向上呈现出逆转性的变化，也是合乎发展阶段逻辑的。

最后，在全球范围内，越来越多的风险和不确定性因素，以及一些利益集团对全球化的诟病，都或多或少增强了各国内向发展的倾向。虽然冷战的结束给众多国家带来和平红利，但是冷战思维并没有销声匿迹，地缘政治冲突的土壤仍在。此外，对于国家内部长期累积的难解矛盾，一些国家的政治家也习惯于诉诸民粹主义和民族主义的叙事，尝试转移政治焦点和舆论热点，表现为在国际经贸关系中奉行单边主义和保护主义政策。这类做法加大了地缘政治冲突的风险，导致贸易摩擦乃至贸易战，使技术和供应链的片面脱钩大行其道。此外，新冠疫情造成的供应链断裂、全球气候变化推动的发展模式转型，以及极端灾害性天气和军事冲突造成的能源、粮食等瓶颈制约，都不啻雪上加霜，在现实意义上加大了风险，从心理上自我强化了不确定性。

如何重塑经济全球化

上述国际环境表现出的种种现实无疑给中国的发展带来诸多风险，提出严峻挑战。然而，外部环境不是宿命，也并非不可改变。这个说法对于任何国家都是成立的，对中国来说更是如此。为了使关于全球化前途的认识少一点儿莫衷一是，多一些求同存异，我们有必要在讨论中更多地诉诸科学和理性，而不是意识形态和情绪。唯其如此，才能避免把全球化前途当作一个大而化之的概念，就此得出笼而统之的结论。具体来说，我们需要加强的是全球化判断中的辩证思维、历史视角和经验分析。

首先，全球化从来就不是直线前进、一往无前的过程。在全球化的历史上，不仅有低潮、逆流和倒退，即使在上升期也常常遭遇逆风。所以，站在历史的视角，做出现实中的经济全球化已经死亡的判断，既不符合规律也缺乏证据。不仅如此，全球化甚至尚未处于垂死状态，更难以想象任何国家能够聚积足够的力量促使其寿终正寝。

这里，我们可以回顾一个经济学界的逸事。美国第一位诺贝尔经济学奖获得者萨缪尔森在学生时代曾被问到一个问题：在社会科学中有没有一种理论，可以算得上既正确又重要。他迟至30年后才给出自己的答案，认为比较优势理论正是这样一个既正确又重要的社会科学理论。

萨缪尔森给出这个答案迄今已经超过半个世纪，事实上，他本人也结合变化了的情形，对国际贸易中比较优势的作用条件进行了新的思考。[1] 今天，我们仍然认同比较优势理论的正确性和重要性，不是由于把比较优势理论作为一个无须证伪的原理看待，而是作为一个反复自证的特征化事实。实践表明，国际贸易也好，生产要素（特别是资金的跨境流动）也好，对于这个世界都不是可有可无的，而是会给所有参与者带来实实在在的发展红利。在所能容纳的效率增进和收益提高潜力得以全部发挥以前，全球化既不会死亡也不应该发生实质性的倒退。

其次，全球化并非普照之光，从来不曾以同等的程度覆盖和惠及所有国家、所有产业和所有人群。更经常发生的情形恰恰是，

---

[1] Paul Samuelson. Where Ricardo and Mill Rebut and Confirm Arguments of Mainstream Economists Supporting Globalization[J]. Journal of Economic Perspectives, 2004, 18(3): 135-146.

全球化的影响和对全球化的感受因时、因地、因人而异。我们之所以关心全球化，正是由于它给国家和人口带来各种影响，所以人们不无道理地把全球化与全球化影响同日而语。所以，全球化不是空洞的概念，也不是所有国家、所有产业或所有人的全球化，而是具体的、特指的全球化。

从这个逻辑出发，20世纪两次世界大战之前的全球化相当于英国作为集中代表的殖民主义全球化，战后冷战时期的全球化则可视为东西方分裂和南北方脱钩的狭隘全球化，而1990年以后的全球化可以说是有史以来最具包容性的全球化。所以，在坚信全球化不会消亡的同时，我们更应该做出这样的预判：未来的全球化在内涵和形态方面都将发生巨大的变异。虽然此时就尝试刻画未来全球化的典型特征还为时尚早，但可以肯定的是，全球化得以生存甚至再创辉煌，必然需要更精心的设计和更悉心的呵护。

最后，无论是主张全球化终结的论调，还是主张全球化持续的观点，任何人得出任何结论都需要有必要的经验证据来支持。既然一般认为全球化的倒退趋势始于国际金融危机，我们不妨选择几个标志性的全球化指标，进行一个从那时以来的时间序列比较。从我们将给出的一些数据来看，证据是略显复杂的。一方面，我们并未发现世界整体的经贸活动出现明显的式微；另一方面，受发展阶段变化和比较优势变化的影响，中国在参与全球化的程度和方式上确有变化。与此同时，中国与全球化之间也存在相互影响、互为因果的关系。

如果不做特别说明，我们使用的数据均系名义值，来自世界银行公开数据库，主要反映2006—2021年的变化。在这期间，全球货物和服务出口总规模提高了85.5%，中国不同寻常地提高了2.58倍；全球货物和服务出口额占GDP的比重保持在29.1%的水平不变，中国却从36.0%降低到20.0%；全球对外直接投资净流入额在2006—2020年下降了43.0%，中国则逆势增长了1.04倍；全球外商直接投资净流出额占GDP的比重显著下降，即在2006—2020年从4.13%下降到1.21%，中国则从0.87%小幅提高到1.05%；全球制造业占GDP的比重从16.3%略微提高到17.0%，中国却从32.5%下降到27.4%；与此同时，中国制造业增加值在全球占比从10.6%大幅度提高到29.8%；制造业出口占全部商品出口的比重，全球和中国都呈现不显著的提高，分别从70.1%提高到72.0%，以及从92.4%提高到93.6%。

鉴于全球化本身及相关国际经贸活动和组织框架仍然具有内在生命力，一些国家把经贸关系政治化的政策和行为虽然破坏性极强，却终究阻挡不了发展的大势。实际上，历史上每一次全球化高潮的到来，总是伴随着挫折之后的大变革和大变动。面对世界百年未有之大变局，全球化受到的挑战越是严峻，也就意味着重塑全球化的任务越紧迫。经济全球化不是一个空泛的概念，而是基于规则的全球经贸秩序，以及在这种秩序中进行的国际经贸活动。因此，与其他制度和行为一样，经济全球化的消与长、存与亡取决于制度需求。现实中的严峻挑战恰恰是重塑全球化的强烈的需求信号，而不是让全球化死亡的理由。随着这种制度需求的与日俱增，全球化必然得到再生和重塑。

在特定的国际政治经济环境中，全球化演变的方向通常受到两种制度需求的影响：一是，全球化的大潮流对更开放、包容的全球化新版本提出根本性需求，以数字技术为特征的技术革命为全球化提供了新的框架和形式；二是，为了应对全球化的挫折，阻挡和对冲全球化逆流，做出一些带有权宜之计性质的制度安排，或者采取此类性质的举措，也在所难免。这两种在方向上不尽相同的制度需求，决定了重塑中的全球化具有一些新的特征。当然，在这些新特征呈现出来并争取获得主导地位的过程中，也难免生出诸多歧途和风险。

在这些新特征中，以下三个方面值得特别强调。首先，远程办公和数字货币的普遍化使劳动力实现全球范围配置，日益替代以不受限制的资本跨境流动为特征的旧版全球化。其次，气候危机、地缘政治冲突、供应链断裂和全球债务等巨大风险的存在和强化，使得安全问题在新版本的全球化中获得前所未有的优先考虑地位。最后，全球化新旧版本转换的过程也将是从单极走向多极的过程，包括打破国际经贸规则制定和执行话语权的一尊独大，以及通过建立区域贸易协定的方式，推动基于规则的全球贸易体系重建。

于己于人，中国都有义务、有责任、有能力引领、重塑和获益于未来的全球化。与此同时，中国也将在更为纷繁复杂的外部环境中，在各种不确定的条件下，通过不断克服各种风险挑战，保持高水平开放下的发展。中国参与重塑全球化的作用领域至少应该包括以下三个方面。

第一，在扩大高水平开放条件下做好自己的事情。虽然江水东流的大方向和大趋势未变，但是全球化确实正在遭遇逆流。一些国家从地缘政治目的出发，热衷于制造摩擦和介入冲突。与此不同的是，以人民为中心的发展思想决定了中国既不会参与"伤敌一千，自损八百"的零和博弈，也不会放弃对自身利益有力有据的保护。可以说，做到既不关闭大门也不受制于人，就是维护全球化的中国贡献。构建以国内大循环为主体、国内国际双循环相互促进的新发展格局，把国际环境与经济增长出现的新制约因素结合起来，实现高水平自立自强，正是这样一种战略部署。

第二，在国际经贸规则和全球治理结构改革中发挥积极作用。在全球化饱受诟病和遭遇逆流的同时，作为贸易和投资等国际合作的制度和组织框架，包括国际货币基金组织、世界银行和世界贸易组织在内的"布雷顿森林机构"也受到挑战。不同国家和代表不同利益群体的声音纷纷表达出各自的改革意愿。在很多情况下，建议的改革方向常常大相径庭，提出的路径和举措也不尽相同。

例如，2022年4月，正值国际货币基金组织和世界银行召开春季会议之际，美国财政部长珍妮特·耶伦和欧洲央行行长克里斯蒂娜·拉加德分别在著名的智库大西洋理事会和彼得森国际问题研究所受邀做演讲。这两位曾经最坚定的多边主义者，可以说是欧美发达国家意愿的代表，都在演讲中主张把地缘政治和价值观因素纳入贸易活动，耶伦还为地缘政治版的供应链重构发明了一个新词——"友岸外包"（friend-shoring）。

实际上，布雷顿森林体系是按照新自由主义原则建立的，长期以来也保持着开放性，之所以没有刻意强调地缘政治的需要，是因为在冷战时期，国际分工和经贸活动在东西方之间和南北方之间都是割裂的。所以，当时的开放性和自由贸易原本就是西方国家自己圈子里的规则。如今，在世界经济更为一体化和涵盖了更广泛国家的条件下，美国等西方国家热衷于形成一个以自己为中心、更加排他的体系，据此提出自身的经贸规则改革诉求。对中国来说，维护自身利益及广大发展中国家的利益，同维护自由贸易原则及多边贸易体制的权威性是一致的。

因此，中国坚定地主张在世界贸易组织改革中遵循三个基本原则：一是维护多边贸易体制的核心价值，其中最重要的是非歧视和开放；二是保障发展中成员的发展利益，克服发展中国家融入经济全球化的困难；三是遵循协商一致的决策机制，主张国际社会共同制定规则。与此同时，作为世界经济分工和自由贸易的受益者，在参与世界经济活动时，中国也要坚定地避免任何可能导致技术脱钩和供应链脱钩的情形。

第三，推动形成更加包容的国际经贸关系格局。归根结底，货物和服务贸易及外商直接投资等国际经贸活动，遵循的是基于国家多样性和国家之间差异性的比较优势原则。为了防止国际经贸的规则制定权过于集中，经济全球化本身陷入单极化，以至排斥广大发展中国家平等参与的情形，中国尊重发展模式的多样性，开放性地与各国进行经贸合作，特别是注重发展与金砖国家、"一带一路"沿线国家及新兴经济体的合作。在这种全方位、多层次、宽领域的对外开放格局中，中国还需要把互利互惠原则与提供公共品的义务良好结合，做到两者在理念上更加统一，在实务中清晰界定。

引领全球化新格局的战略博弈

虽然经济全球化并没有消亡，也不会消亡，但是地缘政治上的意识形态划线和冷战思维、国际关系中的民族主义和单边主义，以及国际经贸关系中的保护主义和零和博弈，都对全球化造成了破坏性的影响。特别是，美国把中国视为战略竞争对手和威胁，不仅在安全事务上采取限制和打压的手段，还制造贸易摩擦，甚至发动贸易战，强行推动技术封锁和供应链脱钩。在国际关系方面，美国采取"搞小圈子"的方式，拉拢部分西方国家为一方，把中国和其他一些美国不喜欢的国家划到另一方，即再次做出人为的阵营划分。

诚然，中国在遵循联合国宪章精神和国际经贸规则的前提下，自主地发展与相关国家的正常交往和合作关系，这与美国拉帮结派、打压对手的做法不可同日而语。但是，即便在已经被人为划线的情况下，中国仍然可以实施一个打破现有格局，进一步扩大朋友圈的策略。事实上，中国在全球舞台上正在扮演这一角色。

我们不妨设想一个世界各国被人为两极化的情形。假设美国的国际主张和诉求处于一个极点，从地缘政治意图出发打压和牵制中国，对其他国家的拉拢手段和威胁效力则基于其强大的军事实力、政治司法的长臂管辖霸权、经济控制和辐射力、技术领先地位和贸易制裁能力。鉴于中美关系的现状，中国无疑处于与美国相对的另一个极点。中国的吸引力是平等对待所有国家，尊重发展中国家的自主选择，具有巨大且迅速增长的经济规模，以及拥有庞大的人口规模和市场规模。其他国家的立场都处于这两个极端之间，有些与美国更接近，甚至采取了与美国深度捆绑的战略选择，有些则与中国更为接近，更乐于奉行合作共赢的原则。

不管具体程度如何，我们都可以做出这样的假设：在以美国和中国为两个极点的横坐标上，处于中间位置且或多或少地秉持中间立场的国家数量以正态分布的频率反映在纵坐标上。也就是说，有大量的国家并不情愿在两极之间选边站，既畏惧美国在政治上的孤立又乐于与中国发展经贸关系的国家，即尽可能站在中间立场的国家形成了一个众数。对中国来说，不遗余力地抵制外部加诸我们的极化举措，消弭不利于我们的恶意抹黑，最大限度地争取正态分布曲线上处于中间位置的国家，无疑是最有利的策略。[1]

---

[1] 这里，我在概念和用语上借鉴了公共政策中的选择模型。参见 Wilfred L. David. Political Economy of Economic Policy: The Quest for Human Betterment[M]. New York: Praeger Press, 1988。

归根结底，中国争取尽可能多的经贸合作，创建尽可能大的朋友圈，最大的吸引力在于使世界各国认识到且始终相信中国是世界和平的建设者、全球发展的贡献者、国际秩序的维护者。第二次世界大战后，在联合国宪章精神和组织框架基础上建立起的国际关系秩序奠定了多边主义的基石，确定了当代国际关系的基本准则，发展了公认的国际法原则，为维护世界和平提供了规制基础。中国坚持这些准则，继续坚持国家不分大小、强弱、贫富一律平等的主张，坚定奉行多边主义。在布雷顿森林体系基础上建立的国际经济贸易体系也发挥了推动经济全球化的积极作用。中国40余年的对外开放得益于这种国际秩序规则，因此，中国也确有义务和责任予以维护。

中国的经济规模和发展速度是其扩大合作范围的最大优势，也是对每个参与全球化的国家来说最大的吸引力。我们不妨参照世界经济论坛编制的2019年"全球竞争力指数4.0"排名，观察和说明中国的全面竞争优势。[1] 这个指数的编制和排位基于有利环境、人力资本、市场和创新体系等方面的12个支柱性指标。在被列入排名的141个国家和地区中，中国排在第28位，位次显著高于其他中等收入国家。其中，中国的市场规模为满分（100分），宏观经济稳定性也接近满分（99分）。

科学技术进步反映可预期的长期创新能力和竞争力提升潜力。

---

[1] Klaus Schwab. The Global Competitiveness Report 2019[M]. Geneva: World Economic Forum, 2019.

中国在这方面的地位,可以通过科技学报发表的论文数量来观察。根据世界银行的数据,2000—2018 年,中国发表的科技论文数量增加了 9 倍,成为世界第一大科技论文作者所在国,2018 年占全世界发表总量的 20.7%。另据媒体报道,日本文部科学省科学技术与学术政策研究所通过分析 2018—2020 年的数据得出结论:在这三年里,中国不仅在论文发表篇数上继续领先,而且在引述最多的前 1% 论文中也居第一位,占全世界总篇数的 27.2%。如果说科技创新是各国经济和世界经济的可持续引擎,经济和科技的合作及要素的全球配置则是启动这一引擎并保持其持续运行的必由之路,由此来看,中国已经成为不容忽视的合作伙伴。

利用自身独特的优势扩大朋友圈,特别是在保障安全发展的前提下扩大高水平开放,并在开放中提升驾驭开放的能力。在这一博弈中,从被人为划线的一个极点上争取中位区间上尽可能多的合作者,就要努力做到在科技合作和供应链分工上不与世界脱钩,这样主动权就始终在我们手中。正如中国古代纵横家王诩(鬼谷子)所说,争取尽可能多的合作者,不求"结以党友",但求"结以财货"。我们扩大合作伙伴的范围和朋友圈规模并不一定是寻找志同道合者,更主要的是最大化经济贸易的机会——无论交易的数量是多是少、合作的程度是深是浅。

在具体行动中,中国应着力推动对外贸易市场化和便利化的发展;推进全方位的关税改革,局部战略性推动零关税和零壁垒;提升中国在新兴领域和重点领域国际经贸规则制定中的参与度;优化外资准入管理,建立稳定、透明、统一和内外一致的负面清单；对标世界银行新的营商环境评估体系，推进透明度建设，打造世界一流营商环境；稳定对外经贸秩序，持续推动亚太自贸区建设，加快完善多渠道自贸协定和投资协定，扩大经济辐射带和区域生产网络。

第三章
发展阶段变化中的中国经济

经济发展既是一个连续且完整的过程，也是在相互衔接中分阶段发生的，在每个发展阶段完成特定任务的同时，共同推进整体目标的最终实现。在经济学文献中，我们可以发现诸多划分发展阶段的标准、方法和模式，分别与每个版本所要强调的发展目标及路径在逻辑上紧密相关。如果把经济发展看作一个包含广泛的进步特征的过程，从不同角度提出的每种发展阶段划分方法无疑都可以具有重要的启发意义。

不过，考虑到我们的目的，认识经济发展阶段的变化终究要从中国改革开放发展的路径、当前所处阶段的显著特征，以及面临各种挑战的性质出发。本章揭示中国经济发展进入的新方位，介绍一些对中国有针对性的关于发展阶段划分的理论。同时，本章还介绍一个有益的分析框架，帮助读者在中国经济发展阶段变化的立足点上，在过去、现在和将来的变化语境中，认识、理解和判断中国经济的方位和趋势。

跨越中等收入阶段

在迈入人口负增长时代之际，中国还迎来一个值得大书特书的转折点。2021 年，按现价和全年平均汇率计算，中国的人均 GDP 达到 12 551 美元，按照世界银行的口径则为 12 556 美元。这个关于人均收入水平的数字有什么特殊的含义吗？它确实有特殊且重要的含义，甚至可以这样认为，对中国来说，这是一个重要性丝毫不亚于人口达峰的转折点，但较之具有的历史性意义来说，这个转折点的重要性没有得到应有的强调。

在进行国际比较时，经济学家常常引用世界银行对各国进行的收入分组，也就是以人均 GNI（国民总收入）水平界定一个国家所处的发展阶段，即世界各经济体分别处于低收入、中等偏下收入、中等偏上收入和高收入的阶段。按照世界银行为 2021—2022 年分组确定的最新划分标准，以人均 GNI 计算，一个国家从低收入组进入中等偏下收入组的门槛水平是 1 046 美元，从中等偏下收入组进入中等偏上收入组的门槛水平是 4 096 美元，从中等偏上收入组进入高收入组的门槛水平是 12 695 美元。[①]

对中国来说，GNI 与 GDP 之间的差异很小。因此，中国于 2022 年人均 GDP 达到 12 695 美元，跨过相应的门槛，进入高

---

① Nada Hamadeh, Catherine Van Rompaey, Eric Metreau. New World Bank Country Classifications by Income Level: 2021-2022[EB/OL]. [2022-08-09]. https://blogs.worldbank.org/opendata/new-world-bank-country-classifications-income-level-2021-2022.

收入国家行列，应该是符合逻辑的。①这个成绩对中国来说，不仅意味着提前实现预期在"十四五"期末达到的人均GDP目标，还意味着在相当短的时间里便跨越了整个中等收入阶段。或者说，中国不仅成功避免了中等收入陷阱，还创造了在很短的时间里便完成中等收入发展阶段的又一个奇迹。

如果说早期的发展经济学主要把关注点放在贫穷落后的国家如何摆脱贫困陷阱，实现经济起飞的相关课题上，随着越来越多的国家完成了那个阶段的跨越，成为中等收入国家，发展中国家从中等收入阶段到高收入阶段的转变过程激发经济学家与日俱增的研究兴趣。相关研究认识到，这是一个在难度上丝毫不亚于摆脱低收入陷阱的课题。跨国数据显示，长期未能实现这个阶段性跨越的国家在数量和比例上远远大于实现了跨越的国家。为此，世界银行经济学家还创造出"中等收入陷阱"这样一个概念。②

自20世纪70年代末改革开放以来，能够反映中国人民生活水平和国力的人均GDP以史无前例的速度跨越了一个又一个阶梯和门槛。我们以世界银行人均GNI分组标准，观察几个与发展经济学关注问题有关的关键跨越。为了具有可比性，我们利用

---

① 当然，这样说并不意味着在数值和时间点上的绝对精准。实际上，由于2022年人民币对美元汇率的变化、中国遭遇新冠疫情反复未能达到预期增长目标，以及世界银行再次调整分组标准，都使中国越过高收入国家门槛的时间有所延误。但是，延误期大概也就一年。

② Indermit Gill, Homi Kharas. An East Asian Renaissance: Ideas for Economic Growth[M]. Washington, DC: International Bank for Reconstruction and Development/World Bank, 2007.

世界银行公开数据库中用现价美元和2015年不变美元统计的人均GDP数据，推算得到1979—2021年，中国按2021年不变美元计算的人均GDP（见图3-1）。

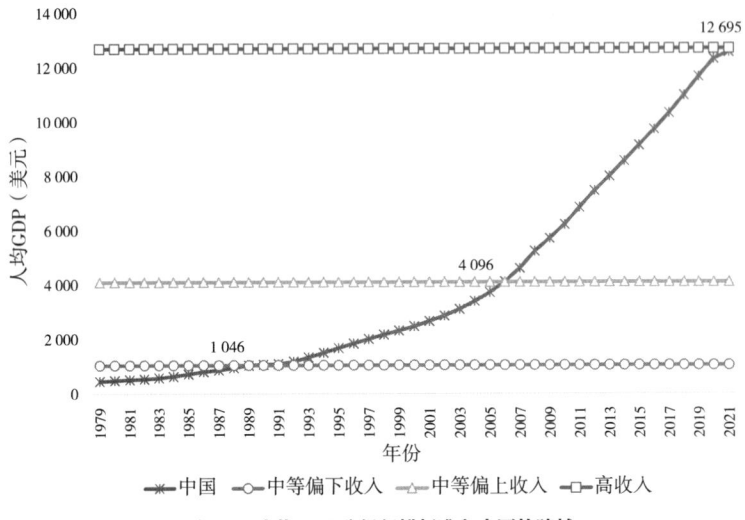

图3-1　人均GDP分组门槛标准和中国的跨越

资料来源：世界银行公开数据库。

把中国的时间序列数据与世界银行分组标准进行比较，显现这样的历程：1990年中国人均GDP达到1 070美元，跨过中等偏下收入的门槛，告别了低收入阶段，进入中等收入国家行列；2006年中国人均GDP达到4 110美元，进入中等偏上收入国家行列；下一步，预期2022年后的一两年时间里，中国跨过高收入国家门槛。这就意味着，中国不仅用40余年的时间实现了从低收入国家到高收入国家的完整跨越，同时在30余年的时间里完成了被称为"陷阱"的中等收入阶段。正是从这个意义上说，在可期望的近期，中国人均GDP水平达到的转折点，可以誉为中国经济发展的崭新里程碑。

对一个伟大的征程来说，新的里程碑并不是终点站。对中国的长期发展目标来说，进入高收入国家行列只是一个新起点。一般来说，作为高收入国家门槛的人均GDP12 695美元仅相当于2021年高收入国家人均GDP平均水平（47 887美元）的26.5%。特别而言，中国在2035年基本实现现代化所要求的人均GDP应该对标中等发达国家的收入水平。如果把"中等发达国家"理解为，对高收入经济体进行三等分后，处于中间那个收入组的门槛水平，人均GDP需要达到23 000美元。

至少自2011年以来，随着劳动年龄人口进入负增长时代，中国经济已经不再以高速增长为特征。不仅如此，即将到来的人口负增长还可能进一步降低未来的潜在增长率。因此，在2035年之前的短短十余年里，确保达到与中等发达国家相对应的人均收入目标，虽然既有必要性也有可行性，却绝不是一项轻轻松松的任务。

发展阶段变化提出的新课题

无论是所处的发展阶段，还是面临的任务挑战，对中国来说都没有先例可循。虽然在经历类似的发展阶段时，每个国家总是携带着自身的特点，但是发展阶段变化还是遵循着一些共同的规律性。发展经济学等社会科学研究领域积累了大量关于经济发展阶段的划分，以及对更高发展阶段的内涵进行阐释的文献。下面，我们介绍其中几种具有经典意义且广为引用的研究，作为认识和思考问题的参考基准，以便增进我们对于中国新发展阶段一般性和独特性的理解。

关于经济发展阶段的划分，流传最广、引用率最高的恐怕非美国经济学家沃尔特·罗斯托的划分方式莫属。他把一个国家在现代化过程中的经济发展划分为5个阶段，分别以传统社会、为起飞创造条件、起飞、迈向成熟和高水平大众消费来刻画。[①]在后来的著述中，罗斯托还描绘了这5个阶段之后出现的一个发展阶段，并将其特征描述为追求更高生活质量，所以也不妨将其作为第六个罗斯托式发展阶段。

应该说，中国迄今为止经历的发展阶段与罗斯托划分的这几个阶段均能够有所对应。特别是从中国正在进入的新发展阶段来看，着眼于创造经济增长的需求侧条件，同时满足人民日益增长的美好生活需要，无疑与罗斯托最后两个发展阶段的特征，即逐渐转向大众消费和提高生活质量，具有显而易见的相似之处。

与罗斯托同时代的美国经济学家肯尼思·加尔布雷思从一个十分独特的视角出发，创造了"富裕社会"这个概念。虽然他的本意是针对像美国这样的发达国家所处的发展阶段和面临的挑战，

---

① W. W. 罗斯托. 经济增长的阶段：非共产党宣言 [M]. 郭熙保，王松茂，译. 北京：中国社会科学出版社，2001.

但对于正在迈入高收入国家行列的国家也具有一定的借鉴意义。加尔布雷思认为，一个国家在摆脱了长期存在的普遍贫困状况进入富裕社会之后，通常会出现丰裕的社会财富和私人生产与匮乏的公共服务供给之间的巨大落差。这特别表现在公共支出与私人投资之间存在巨大的不平衡，导致公共生活质量与私人生活质量的差别，造成就业和收入保障不足、收入差距扩大、公共服务匮乏、环境恶化等社会不平衡现象。

加尔布雷思分析得出的结论是，解决富裕社会的社会性贫困问题，需要政府以更强力的再分配手段提供更多的公共产品和公共服务，以消除种种社会不平衡现象。[1] 他在其著作中剖析的这些问题与中国当前面临的相关挑战直接对应。也就是说，当我们谈到发展不平衡和不充分的问题时，针对的典型现象之一就是居民享受的基本公共服务水平尚不够高，在供给的均等化程度上仍然存在不足。

迈克尔·波特关于经济发展的划分也十分具有启发性。他侧重于关心增长的驱动力问题，揭示出一个国家的发展从低级到高级，依次经历要素驱动阶段、投资驱动阶段、创新驱动阶段和财富驱动阶段。波特指出，一旦经济发展到达财富驱动阶段，前三个发展阶段特有的增长动力和竞争优势都将式微，这时国家很容易陷入衰退的状态。

---

[1] 约翰·肯尼思·加尔布雷思. 富裕社会 [M]. 赵勇，周定瑛，舒小昀，译. 南京：江苏人民出版社，2009.

波特特别指出，在最后这个发展阶段可能产生一系列降低经济增长速度的现象，表现为几对矛盾的对立有所增强，例如经济发展目标和社会价值目标的矛盾，经济增量不足与福利支出扩大之间的矛盾，服务业与制造业比重消长的现象，以及创业与兼并、国内投资与海外投资之间的矛盾，等等。也就是说，虽然这个发展阶段以财富的大规模积累为特点，但是进一步发展面临的挑战更严峻，不容忽视。[1]

波特在大学的商学院执教，然而他的研究结论不仅对微观市场主体的投资和经营活动具有启发性，他所做的发展阶段划分是宏观意义上的，对更高层次的政策选择也颇有意义。同时，这个研究恰好对应着中国所处的阶段性转变，他谈到的驱动力的转换与中国面临的增长动能变化要求也十分相符。对中国来说，从根本上而言，人口红利的消失就是要素积累和投资驱动型经济发展时代的结束。然而，创新驱动型的增长模式并不会自然而然地形成。至于财富驱动的发展，不仅需要靠金融的发展和创新，更要以形成足够规模的中等收入群体为前提。

上述几种经济发展阶段的划分及其方法，在中国的经济学界广为人知，已经被广泛引用多年。然而，它们对于中国经济的针对性此前从未像现在这样突出，其中提出的阶段性挑战虽然不尽相同，彼此之间却具有相似的逻辑，与中国面临的挑战也有相通

---

[1] 迈克尔·波特. 国家竞争优势 [M]. 李明轩, 邱如美, 译. 北京: 华夏出版社, 2002.

之处。所以，对中国来说，应对挑战的紧迫性从未像现在这样突出。挑战总是伴随着机遇，成功的经济发展总是在迈上一个新台阶的同时，就酝酿着对下一个台阶的跨越。然而，能否抓住机遇，从而更好地向前发展，也取决于能否准确认识挑战的性质。

无论是经济发展阶段的变化，还是人口转变阶段的变化，都标志着中国进入具有全新特征的发展时期，也自然开始面临全新的挑战。在一定程度上，我们对这些挑战尚缺乏应对的经验。因此，认识到新的挑战所在并给予足够的重视，同时看到这些新挑战各自蕴含的新机遇，找准应对挑战的适当政策工具及实现新突破的关键抓手，是中国经济进一步发展的基本前提之一。

从三个维度认识宏观经济

宏观经济是一个复杂的系统，也是一个多变的过程。因此，认识宏观经济形势不仅是对几个指标进行跨期比较那么简单。无论是宏观经济政策的制定者，还是微观市场活动的决策者，在认识宏观经济形势时，通常希望得到以下问题的答案：第一，在诸多宏观经济指标中，哪个（些）能够提供对于形势判断最为关键和最少歧义的充分信息；第二，如何在及时捕捉瞬息万变的经济形势的同时，动态地保持认识上和判断上的一以贯之；第三，如何在看似无关甚至彼此矛盾的各种局部经济表现中，从宏观上准确把握整体趋势；第四，如何在多种视角和多重目标中抓住主要矛盾，平衡各种目标的关系，选择正确的政策优先序。

诚然，对于这些问题没有一成不变的标准答案，观察和认识宏观经济也不存在放之四海而皆准的方法。不过，在掌握宏观经济学理论和分析框架的基础上，如果能够更自觉地从以下三个具有二分法性质的重要维度着眼，并从它们之间相互交织的性质出发，在多重组合式的框架中认识宏观经济现状和走向，无疑可以减少在做判断过程中的纠结与困惑，增进判断的准确性、决策的科学性和行动的确定性。

第一是"端侧维度"，要求同时从供给和需求两个侧面观察现实的经济表现。做出两个端侧的区分，就是说可以分别从总体生产函数和国民经济恒等式来认识经济增长及其波动。从供给侧来看，经济增长不是无米之炊，有投入才有产出，即总产出是由资本、劳动、人力资本、资源等生产要素及其使用效率和配置效率决定的。一般来说，供给侧的因素相对稳定，表现为某一较长的时期存在一个特定的潜在增长率。从需求侧来看，经济增长要具有延续性和可持续性，产出就必须有去处，通常表现为消费、投资和出口这三驾马车。需求侧的因素较易受到短期冲击性因素的影响，因此经常成为周期性波动的原因，造成实际增长率偏离潜在增长率。

由于经济增长总是受供需两侧因素的影响，所以对于宏观经济形势要从两个方面做出分析和判断：一是在此时此地，究竟是趋势性因素还是周期性因素发挥着影响实际经济增长的支配性作用；二是处于供给侧和需求侧的各种影响因素和作用机制，相互之间的协同效果及匹配关系究竟如何。

第二是"空间维度",要求同时从宏观和微观两个层次的经济活动及其结果观察增长态势和变化。宏观经济表现为加总的经济活动及其结果,通常由 GDP 规模和变化率、货币发行总量、财政收支规模、失业率、物价指数、景气或信心指数等一系列总量指标进行刻画。微观经济活动则是市场参与者在个体层面的生产、销售、收入、支出、消费和储蓄行为,以及产品和要素价格形成过程及结果。

忽略宏观和微观中的任何一个层次,或者缺乏对两者之间关系的认识,都不利于准确把握经济形势。从方法论上说,两个层次之间有着内在的逻辑关系,互为条件、相互影响、彼此印证。一方面,对宏观经济进行分解和做出结构性描述,有助于我们认识微观经济活动的背景;另一方面,鉴于宏观经济是建立在微观经济基础上的,深刻认识微观经济活动有助于把握宏观经济动态。总之,在观察和认识经济形势时,需要把宏微观两层视角有机地结合起来。

第三是"时间维度",要求同时从长期和短期两个视角观察经济活动及其影响因素。就理论工具来说,经济周期理论通常从相对短期的视角看待宏观经济,而经济增长理论更加关注相对长期的问题。在实践中,这个维度的区分通常能够产生比较明显且有意义的差别。在短期内,要素禀赋是不变的,产出能力也不会出现过大的调整。因此,当需求发生较大的变化时,要么以价格变化的方式实现市场结清,要么产生数量上或正或负的缺口。长期来看，生产要素可以实现新的积累，要素禀赋的结构也会发生变化，由此便形成长期的经济增长稳态。

现实中的宏观经济表现是上述三个维度彼此交织、协同组合和相互影响的总体结果（见表3-1）。从逻辑上看，三个维度可以形成8种组合的情形，可以分别列举如下：（1）供给侧的长期宏观表现；（2）供给侧的长期微观表现；（3）供给侧的短期宏观表现；（4）供给侧的短期微观表现；（5）需求侧的长期宏观表现；（6）需求侧的长期微观表现；（7）需求侧的短期宏观表现；（8）需求侧的短期微观表现。

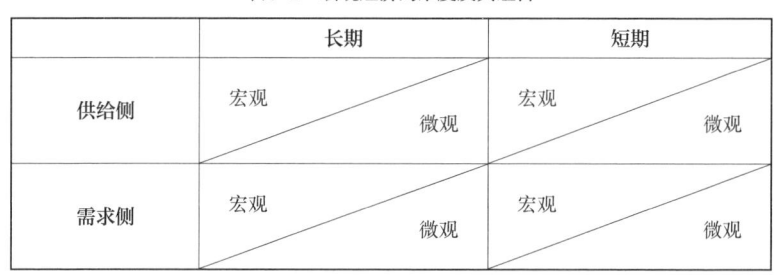

表3-1 宏观经济的维度及其组合

	长期	短期
供给侧	宏观 / 微观	宏观 / 微观
需求侧	宏观 / 微观	宏观 / 微观

这个分析框架并不是一个严谨的经济模型，甚至算不上一种研究指南，因为框架本身毕竟是空泛的。但是，如果赋予这个分析框架适当的内容和充分的信息，就可以激活它，使其具有意想不到的分析效果。甚至可以说，用这个框架对丰富的经验进行叙事，可以显现出其中蕴含的一些思维方式的革命，包容更多具有经验含义的特征化事实，甚至有些变量关系还可以被视为拇指规则来作为参考。下面，我们择其要点做简要的概括。

首先，鉴于人口变化的相对稳定性，以及人口对经济增长的确定性作用，人口无疑是影响宏观经济格局最重要的长期因素。关于这一点，第一章已经从人口作为经济增长的舵和锚的作用，即人口决定增长的源泉、潜在能力、常态速度及稳定机制等角度做了论述。需要强调的是，与人口相关的统计信息包括总量、增量和结构等方面的情况及变化，在涉及人口及其组成部分时，总规模及其增长速度固然重要，发挥更显著影响的却是增长的方向或符号，也就是说，人口总量或劳动年龄人口总量是增加还是减少，往往对经济具有决定性的影响。

自2004年经历普通劳动力短缺的冲击，以及2011年经历劳动年龄人口负增长以来，中国的学术界和政策研究领域也存在一种声音——以劳动力数量充足来否定劳动力短缺现象的存在。如果仅仅由此得出空泛的乐观结论，本来也无伤大雅，但是基于这种认识提出政策建议则有可能产生误导，或者在需要有所警醒时导致反应不及时，进而贻误战机。如果这种情况再次发生，关注中国人口规模仍然庞大的特征，忽略人口从正增长转向负增长的现实，可能产生的误导将会更加明显。

其次，宏观经济是经济增长趋势和周期性波动的统一，影响经济增长的长期因素与短期因素不仅相互影响，而且可以彼此转化。面对需求侧的冲击，宏观经济政策的实施意图通常在于通过采取扩张性手段，促使经济增长回归常态，即回到潜在增长率水平。然而，经济史不止一次地揭示，经济增长常态或潜在增长率往往因受到冲击的影响而发生始料未及的变化或偏离。特别是，在长期变化趋势与周期性冲击方向相同并产生同步性的情况下，经济增长或许不再回到此前的轨道上，而可能转变为另一种新常态。

再次，影响长期经济增长趋势的因素并非只来自供给侧，需求侧的因素也能够对经济增长产生长期影响。宏观经济学的研究内容包括两部分。第一部分是短期的周期现象。由于供给侧的短期冲击现象并不经常发生，所以在大多数情况下，周期理论比较侧重从需求因素考察经济波动。第二部分是长期的增长现象。主流增长理论主要从动力源泉，即生产要素投入和生产率变化的角度，解释长期的经济增长。然而，无论从经济史上的经验看，还是从当代各国和世界经济面临的挑战看，需求侧因素对经济的短期波动和长期增长均有显著的影响。因此，增长理论应更加注重对需求制约因素的研究。

最后，宏观经济总是在特定的微观经济活动基础上运行，包括生产者、投资者和消费者在内的市场主体，以各自的特征和经济活动表现，由表及里地影响宏观经济的格局。这可以从两个方面来认识。

一方面，宏观经济的总供给和总需求是千千万万市场主体和千姿百态的微观行为的加总体现。从静态角度看，整体是由局部有机地汇总而成，但是任何一个局部也无法完整刻画整体。从动态角度看，宏观经济特征从量变到质变的转变过程，只有在宏观和微观双重视角的结合中才能辨识出来。

另一方面，微观市场主体的决策行为和经济活动都会受特定经济理性的支配，或者受理性预期的影响。在受经济理性和理性预期支配的微观决策过程中，各市场主体具有较多共性和共识的时候便会产生同方向的经济结果，而个体之间存在的差异也会造成经济行为的相互对立，经济结果则彼此抵消。因此，宏观经济表现并不像教科书展示的那样，只是一种简单化和直线性的结果，而是显现出多样性和不可预期性，有时甚至产生颇为微妙的结果。只有将宏观和微观有机结合并紧密配合，政策制定才能把握好种种变化，实现对症且有效。

还需要指出的是，虽然国际环境会从供给侧和需求侧、长期和短期及宏观和微观等方面影响经济格局，但在常规的分析中，国际环境通常被当作一种外生因素来处理。一般而言，这里介绍的观察框架可以视为开放性的，在逻辑上可以同外部环境的变化相衔接。然而，对中国来说，由于具有超大的人口规模、经济总量和世界经济影响力，外生因素及其产生的冲击在很大程度上是内生的。换句话说，来自国际环境的某些影响方面，实际上是中国因素发挥作用之后形成的反作用力。

从理论上说，上述组合情形都是可能产生的宏观经济表现。然而在现实中，每种组合情形发生的频率并不相同，其中一些是出现频率更大的事件，与"灰犀牛事件"相对应，另一些是出现频率较小的事件，或许与"黑天鹅事件"相对应。虽然我们通常更关注那些出现频率较大的情形，即在进行宏观经济形势判断时更常遇到的现象，但是借助这个分析框架，也使我们可以随时随地保持警醒，及时捕捉到可能发生的小概率意外事件。

在供给和需求两个端侧、宏观和微观两个层次、长期和短期两个区间的多重组合中进行分析，可以使我们对经济增长现状、性质和走向的认识更加全面、综合且系统，对宏观经济形势的判断更加准确，政策优先序的选择更加到位，旨在稳增长、稳民生的举措更有针对性，经济社会政策的实施更有效力。在后面的章节中，我们将不断回到与此相关的问题上，既要借助这个分析框架认识宏观经济状况和性质，也会不断以丰富的经验和对应的统计数据从不同的角度来检验这个框架的有用性。

第四章
定义发展阶段的人口转折点

观察人口转变过程及其重要转折点在多大的显著性意义上对经济增长产生正面或负面影响,无疑是认识中国经济发展阶段变化的恰当角度。从相对长期的视角来看,得益于人口红利及人口红利开始消失后的恰当应对,中国经济已经实现对中等收入阶段的跨越。从宏观经济层面来看,把受人口因素影响的长期趋势与受各种不测因素影响的短期冲击结合起来,有助于我们准确把握中国经济的基本面和波动性,在熨平周期的同时,使宏观经济在正确的轨道运行,从供求两侧增强经济增长可持续性。

迄今为止,我们从经验上能够观察到的人口转变最高阶段,就是一个国家在相继经过两个人口转折点之后,进入不可逆转的人口负增长时代。无论是中国的未富先老,还是一些高收入国家看似水到渠成的老龄化,都展现出类似的现象,揭示了同样的逻辑:人口负增长对经济增长的冲击,既表现在社会总供给能力的进一步弱化趋势上,也表现在社会总需求日益成为经济增长的常态制约中。

既然这种新常态及其带来的新挑战是人口转变阶段和经济发展阶段变化的必然结果，我们无法否认和回避，正确的选择便是利用尚存的机会窗口和调整空间，认识、适应和引领这个新常态，应对这些新挑战。本章描述重要的人口转折点及其对经济增长供需两侧的影响，结合国际经验和教训，揭示这个新常态的性质和这些新挑战的特点。

两个人口转折点及之后

人口转变发生从低到高的阶段性变化，其原始驱动力是生育率的持续下降。虽然一个时点上的生育水平未必对人口的动态和结构特征产生直接影响，但是生育率的长期下降终究会积累足够大的势能，使人口的动态和结构特征发生根本的变化。对经济增长而言，最具影响力的人口变量是人口总量、增长率和年龄结构。因此，人口总量或者其中一部分在数量上达到峰值的时刻就具有转折点甚至引爆点的意义。与此相应，峰值之后的负增长更具有改变经济增长常态的效应。

为了清晰地观察中国的人口转折点（见图4-1），我们按照时间顺序分别展示了两个人口峰值和两次随之而来的人口负增长，即劳动年龄人口峰值和负增长及人口总量峰值和负增长。归根结底，认识人口转变阶段的目的在于理解由此导致的经济发展阶段的变化。下面，我们从几个关键的时间区段和节点，来认识导致经济增长态势发生重大变化的人口转变。这些时间区段和节点分别为：（1）劳动年龄人口领先增长时期；（2）劳动年龄人口达到峰值；（3）劳动年龄人口负增长时代；（4）人口总量达到峰值；（5）人口总量负增长时代。

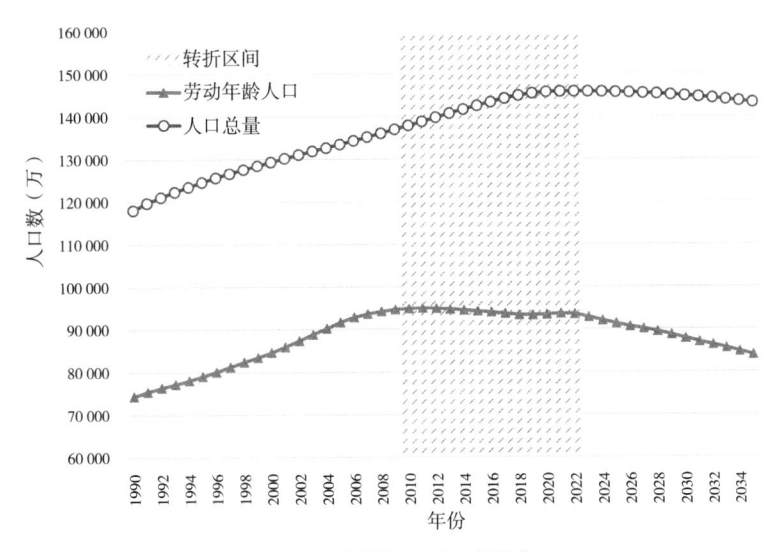

图4-1 中国的两个人口转折点

注：图上的人口总量系中国大陆、香港特别行政区、澳门特别行政区和台湾地区的总和。
资料来源：United Nations, Department of Economic and Social Affairs, Population Division. World Population Prospects 2022, Online Edition, 2022.

经济学家对于划分经济发展阶段孜孜不倦，在相关文献中也不乏把经济发展与人口趋势相结合的分析框架。这方面最著名、最具代表性的著述莫过于1798年首次出版的马尔萨斯的《人口原理》。我们还可以指出一个致力于创建"统一增长理论"的经济学家奥戴德·盖勒。① 在人类经济史的长河中，由于越是晚近的发展实践通常越是浓缩在极短的时期里，相当于一个时间胶囊，往往能够给人们提供最直接的经验和最可靠的结论。

自 20 世纪 70 年代末改革开放以来，中国的发展正是一个经济发展与人口转变相关性最强、受益于人口红利和困扰于人口红利消失最突出的案例。从经济发展研究来说，这是一个值得给予特别关注和专门考察的案例，从解决中国长期发展问题的角度来说，也需要我们集中考察这个历程。参照图 4-1 与图 3-1，我们可以结合中国人口已经历过、正在经历及即将经历的两个峰值和两个负增长过程，对这个不同寻常的中国经验做出独一无二的叙事。

由于生育率的下降，在早年婴儿潮的基础上，出生人口逐年减少，形成存量和增量的双重作用，在人口年龄结构中产生一种回声效应。1990—2011 年，15~59 岁劳动年龄人口的增长速度明显快于 15 岁以下和 60 岁及以上的非劳动年龄人口，两组人口的年均增速分别为 1.17% 和 0.02%。不同增长速度之间呈现剪刀差形状，恰好生动地刻画了提供人口红利的年龄结构特征。

同一时期也正好是改革开放快速推进的时期，与向市场经济转轨相关的各种改革措施解除了阻碍资源合理配置的体制和机制障碍，从而把潜在的人口优势兑现为真实的人口红利，充分体现

---

① 奥戴德·盖勒. 人类之旅：财富与不平等的起源[M]. 余江，译. 北京：中信出版集团，2022.

在经济增长的优异表现之中。从统计数字来看，在中国改革开放40余年的经济增长成就中，这个人口机会窗口期的表现最为突出，贡献也是巨大的。例如，1990—2010年，中国的GDP年均增长率都在10%以上。

劳动年龄人口增长快、比重不断提高的人口动态终究是一种过渡性和阶段性的现象。经过上述快速增长，中国的劳动年龄人口于2011年达到峰值，随后便开启负增长，2011—2022年以0.14%的速度逐年减少。与此同时，由于人口老龄化率加速上升，非劳动年龄人口在这一期间以年均1.65%的速度增长。这就意味着此前的人口年龄结构变化趋势已经转变方向，人口红利逐渐消失，表现为GDP的潜在增长率和实际增长率都呈现趋势性的下降。

这个以人口总量负增长为特征的人口转变新态势一旦形成，便一发不可收拾且不可逆，并且产生全方位的影响。如果说，在劳动年龄人口进入负增长的第一个10年，这个年龄组人口的减少还是相对缓和的，在人口总量进入负增长的第一个10年，劳动年龄人口的减少速度则明显加快。从预测数字看，2022—2035年，劳动年龄人口年均减少幅度将达到0.83%，同期非劳动年龄人口则以1.0%的速度增长。

对应的经济增长预测也显示，这期间潜在增长率将继续下降。与生物学中关于遗传的"趋中律"类似，经济增长理论预言，所有因特殊且过渡性因素导致的高速增长都属于超常规现象，终究会"回归到均值"，由人口因素决定的潜在增长率就会遵循这样

第四章｜定义发展阶段的人口转折点

一种规律性的变化轨迹。由此可以断言，中国人口的新趋势将持续下去，经济增长速度也将长期趋于下降，直到增长率达到相当于世界经济平均增速这个"均值"为止。

劳动年龄人口进入负增长时代，并不意味着人口红利完全消失，或者说，还不是人口变化因素冲击经济增长最严重的情形。根据联合国最新的人口预测，中国在人口总量于2022年达到峰值后，就进入真正意义上的人口负增长时代。应该说，这才是最具标志性的人口转折点。人们在谈到人口对经济增长的挑战时，通常用人口老龄化这个概念一言以蔽之。其实，这样说过于大而化之，常常让人看不到老龄化语义背后的真正含义。也就是说，老年人口数量在人口总量中占比的提高，尚不足以揭示人口转变阶段变化对经济增长负面影响的全貌，更表达不出这种不利影响的严重程度。通过考察两个人口转折点，即劳动年龄人口数量和人口总量两个峰值及随后的负增长，我们可以更确切地揭示人口红利消失的具体表现，从而更深刻地认识人口负增长时代的经济增长挑战。

从"生之者众"到"生之者寡"

人们常常用"生之者众，食之者寡"形象地刻画有利于经济增长的人口年龄结构。意思是说，如果我们把"生之者"视为劳动年龄人口，把"食之者"视为非劳动年龄人口，这样的人口结构就表现为：一方面，劳动年龄人口增长快、占比高；另一方面，非劳动年龄人口增长慢、占比低。一般来说，这就是能够带来人口红利的那种合意的人口结构特征。反之，一旦人口年龄结构逆转到"生之者寡，食之者众"的格局，即劳动年龄人口负增长从而占比下降，而非劳动年龄人口（特别是老年人口）增长快从而占比提高，就意味着人口红利的消失。我们可以从经济学的角度进一步认识这种关系。

20世纪90年代以来，人口红利理论在经济学界特别是增长理论中破土而出，人口红利这个概念也渐渐成为许多国家政府和智库的热门语题。然而，如果说存在这样一个理论流派的话，总体来说，它始终没有在经济学甚至增长理论中获得过主流的地位。究其原因，是这一流派过于局限于用单一人口因素对经济增长做出解释。例如，在该领域，多数研究只把人口抚养比作为人口红利的代理变量，观察其影响经济增长的方向、显著性和幅度。

如此这般进行的人口红利研究，不啻对分析的范围做了自我限制，未能看到抚养比这个人口变量之外的变量，甚至很多增长核算和增长回归中采用的多数其他变量，从根本上说都是与人口因素相关的。站在纯粹的学术角度看问题，我们可以得出结论，如果不能与主流的新古典增长理论保持逻辑上的内在衔接，并在此基础上充分理解进而阐释清楚人口红利，这种理论范式便失去对前者做出颠覆性修正的良好机会，致使人口红利理论在增长理论中始终处于相对边缘的地位。

不过，归根结底我们关心的是如何认识现实中的人口红利现象。从这个意义上来说，不妨设想一个生产函数，其中等式右边的各种变量均被用来解释等式左边的 GDP 增长率。根据经济学家具有共识的生产函数自变量，我们可以观察其中的每一种作为影响经济增长的因素，对 GDP 增长率的贡献及其变化。实际上，借用生产函数这个概念，意图就在于揭示人口红利的具体统计含义，从供给侧认识经济增长现象。下面，我们先来看"生之者众"条件下的情形。

第一，人力资源对经济增长的贡献。这种贡献可以从劳动者的数量和质量两个方面来考察。一是用人数来衡量的劳动力。劳动年龄人口并不全是劳动力，因为在符合法定就业年龄的人口群体中，总有一部分由于在学、生病、失能，或者需要照料子女或老人等原因，并没有参与劳动力市场的意愿。显然，只有那些有就业意愿的劳动年龄人口才是劳动力。不过，劳动参与率（即希望就业的人口占劳动年龄人口的比例）一般是相对稳定的。所以，劳动年龄人口的规模和增长决定了劳动力的规模和增长。二是用平均受教育年限来衡量的人力资本。在中国的情形下，新成长劳动力具有更高的受教育程度，因此，当这个人口群体增长快的时候，劳动力整体的人力资本改善速度就明显。

第二，物质资本对经济增长的贡献。这种贡献也可以从几个方面来观察。一是经济活动中的物质资本投入，包括维持简单再生产的流动资金和形成新的生产能力的固定资产投资。二是为使用土地或其他资源而投入的资金。这种物质资本的投入与人口年龄结构有密切的关系。一方面，"生之者众，食之者寡"就意味着具有较低且持续下降的人口抚养比,即非劳动年龄人口与劳动年龄人口之间的比率,因此社会有条件形成较高的储蓄率。另一方面,劳动力供给丰富,就可以使物质资本与劳动力之间维持合理的投入比例,阻止资本报酬递减规律发挥作用,避免出现资本投入内卷的现象,就能保持较高的投资回报率。

第三,生产率对经济增长的贡献。根据产生的性质和度量的方法,通常有两个重要的生产率指标。劳动生产率衡量的是单位劳动投入创造的产出,通常由人力资本水平、资本投入强度和全要素生产率水平决定。全要素生产率是资本、劳动、资源等要素投入的产出贡献之外的产出增长,主要反映的是要素的配置效率。在有利的人口机会窗口期,除了人力资本的积累和新机器设备的使用,农业剩余劳动力大规模地转移到非农产业,实现更充分的就业,就意味着资源从生产率较低的部门转移到生产率较高的部门,实现重新配置。对中国来说,劳动力资源的重新配置在相当长时间里是生产率提高的主要源泉。

有利的人口结构在上述方面对经济增长的贡献,表现为生产函数中相应变量的系数为正值,合成的结果就是强劲的产出能力,使一个经济体具有更高的潜在增长率。然而,"生之者众"的人口结构特征不是永恒的。一旦劳动年龄人口在达到峰值后开始减少,人口结构特征就日益转变为"生之者寡",上述各种与人口相关的因素或变量就会按照相反的方向影响经济增长,变量的系数就转为负值。这通常会通过劳动力短缺、劳动力素质改善速度放缓、资本回报率下降、生产率提高减速等,使潜在增长率下降。

由此可见，并非从劳动力丰富这一个特征即可充分认识人口红利，也不能单纯观察经济计量模型中设定的代理变量（即人口抚养比）的系数作用，而需要认识到几乎所有增长因素或解释变量都反映出人口红利的作用。一旦了解这一点，我们就能够对以往研究中得出的诸多结论做出新解，即人口红利的解释。这样做，即便不算是对传统经济学理论的颠覆，至少可以使以往增长理论的新古典式的老生常谈增强一些解释力。

美国经济学家、诺贝尔经济学奖获得者保罗·克鲁格曼可以说是一位数十年如一日、始终如一地批评东亚经济模式和中国发展奇迹的学者。他认为，无论是当年的"亚洲四小龙"，还是改革开放时期的中国大陆，实现高速经济发展主要依靠的是生产要素（即资本和劳动力）的积累和投入，而全要素生产率并没有得到改善，因而统统算不上是增长"奇迹"，增长速度也是不可持续的。[1]

这里，关于资本和劳动力对经济增长的绝对重要贡献，克鲁格曼看得完全正确，然而，正如前面讨论的，这恰恰就是人口红利的表现。克鲁格曼并不了解人口红利的作用机制，所以做出符合理论预期却不符合实际经验的判断。此外，之所以在"东亚奇迹"和"中国奇迹"中看不到生产率的进步，也正是因为他没有从资源重新配置的角度观察生产率的源泉。

以劳动年龄人口快速增长和非劳动年龄人口停滞不前为特征，

---

[1] Paul Krugman. The Myth of Asia's Miracle[J]. Foreign Affairs, 1994, 73(6): 62-78.

中国的典型人口机会窗口期是 1980—2010 年。这一时期，中国的 GDP 年均增长率高达 10.1%，是除了因突然发现丰富的石油储备而致富的赤道几内亚外[①]，全球增长速度最高的，高达同期世界经济增长率的 3.3 倍。2011 年劳动年龄人口达到峰值且随后转为负增长，标志着中国的人口结构特征从"生之者众"到"生之者寡"的转变，即人口红利的式微。相应地，中国的经济增长速度进入下行轨道，2010—2021 年的年均 GDP 增长率降低到 6.9%。

现在我们可以从生产函数的角度，整体理解中国在其人口红利收获期实现的高速增长，以及人口红利消退期的增长减速。理论上，在人口红利的收获期，所有经济增长变量都处于有利的状态，而在人口红利的消退期，同样的这些变量都变得不再有利。其实，在类似于总体生产函数这样的计量研究中，如果剔除周期性需求侧扰动因素，估算结果所解释的就是由要素供给和配置（生产率）能力决定的 GDP 潜在增长率。

换句话说，只要有正确的解读，已有计量研究中所估算的各种变量对经济增长的贡献及其变化，完全可以作为检验人口红利的经验依据，帮助我们理解人口红利如何在不同的阶段影响经济增长表现。作为一例，下面我们引用经济学家纪志宏对

---

① 赤道几内亚的增长速度一度很快，人均 GDP 曾经超过 20 000 美元，但长期来看缺乏可持续性，整体发展表现也乏善可陈。2021 年该国的人类发展指数（HDI）仅为 0.596，排在世界第 147 位，人均 GDP 排位与 HDI 排位之间的差别在全世界位居第一。

1979—2019年中国GDP增长率的分解结果，有助于在统计上更直观地观察在人口转变的不同时期，四个经济增长变量（即资本形成、劳动时间、人力资本和全要素生产率）对增长率的贡献及其变化。

为达到这个目的，我们需要做出一定的假设，以自己的方式展示该研究结果。先要消除主要来自需求侧的较大幅度的周期性影响，也就是把一些经济增长波幅过大的年份（如20世纪80年代末到90年代初的三年治理整顿时期、90年代末到21世纪初从亚洲金融危机开始的宏观经济低谷期、2007—2009年国际金融危机期间）的数据剔除掉。接下来，我们把1979—1994年视为人口红利的起始期，把1995—2010年视为人口红利的主要收获期，把2011—2019年视为人口红利的逐渐消失期。总体而言，从对GDP增长贡献的百分点来看，随着时间的推进或人口红利的预期变化，四个因素或变量的增长贡献都趋于下降（见表4-1）。

表4-1 经济增长各因素的贡献率及其变化（百分点）

	资本形成	劳动时间	人力资本	全要素生产率
1979—1994	4.61	1.61	0.77	5.15
1995—2010	5.91	1.21	0.59	3.10
2011—2019	4.64	0.28	0.58	1.84

资料来源：纪志宏，《中国全要素生产率测算》（背景报告）。中国发展研究基金会. 中国发展报告 2021—2022：走共同富裕之路 [M]. 北京：中国发展出版社，2022.

从"食之者众"到"食之者寡"

我们把"食之者"理解为人口中的单纯消费者，即不处于就业状态的群体，因此，他们的消费需要依靠自身的储蓄来满足，或者靠家庭成员的收入转移，或者靠社会保障体系等支持。这个群体包括尚未进入劳动力市场的儿童和青少年、退休老人、因需要照料家庭成员而不工作的人员，以及其他不参与劳动力市场的人。鉴于在一定时间内劳动参与率是相对稳定的，大体上可以把非劳动年龄人口作为这个群体的代表。

伴随着老龄化程度的加深，劳动年龄人口减少且占比降低，一定意味着全社会作为纯粹消费者的人口处于规模扩大和比重提高的趋势中。所以，人口负增长时代的另一个经济特征，就是从"食之者寡"到"食之者众"的转变。从经济增长的供给侧来看，这个转变必然导致人口年龄结构的生产性降低。不过，如果从经济增长的需求侧来看同一问题，我们可以把"食之者"解释为任何参与消费的人口群体，而不管其是生产者兼消费者还是纯粹的消费者。于是，在人口负增长和老龄化程度越来越高的条件下，同时还发生一个从"食之者众"到"食之者寡"的转变，表明社会总体消费能力趋于减弱。

消费的主体是居民，因此，人口因素对消费的影响主要通过人口增速放缓、人口总量减少和年龄结构老化产生。诚然，消费也有社会和经济属性，我们将在后面的章节中讨论。这里，先把人口因素作为消费的自然属性进行分析。从理论和经验看，随着人口负增长时代和老龄社会的来临，人口总量和年龄结构的变化都会产生抑制居民消费的效应，因而改变经济增长的常态。这方面，无论是世界经济还是中国经济，都提供了足够多的经验证据。

近年来，国际上宏观经济学界的热门话题就是，人口老龄化如何塑造了各发达经济体和世界经济的新常态——长期停滞。从供给侧来看，劳动力短缺、生产率停滞导致资本回报率降低，潜在增长率和实际增长率均相应下降。从需求侧来看，投资和消费需求持续低落，抑制通货膨胀率和长期真实利率，使社会总需求陷入低迷，还推动负债率的高企及过度储蓄。

基于跨国数据，我们可以粗略地观察到一个方向性趋势，即在老龄化率超过 14% 这个老龄社会门槛之后，居民消费占 GDP 的比重（即居民消费率）便进入下降的轨道（见图 4-2）。从一些人口已经开始负增长的国家来看，在人口达到峰值并转入负增长这个转折点上，居民消费和经济均亦步亦趋地跌到零或负增长的谷底。在没有外来移民的情况下，人口负增长和老龄化通常不可逆转，人口特征的这种变化趋势也以既定不变的方向影响经济增长的供给驱动力和需求拉动力。

中国的人口增长率下降和老龄化加剧通常以几种效应的方式抑制居民消费，我们将讨论相应的机理和相互关系。先看人口的规模效应，又可将其分为人口总量和增量两种效应。2020 年，中国人口总量的世界占比为 18.2%，居民最终消费支出额的世界占比则为 11.9%。虽然总体来说体现了庞大的人口规模是大规模消费者群体和消费支出的基础，但这里的居民消费规模与人口规

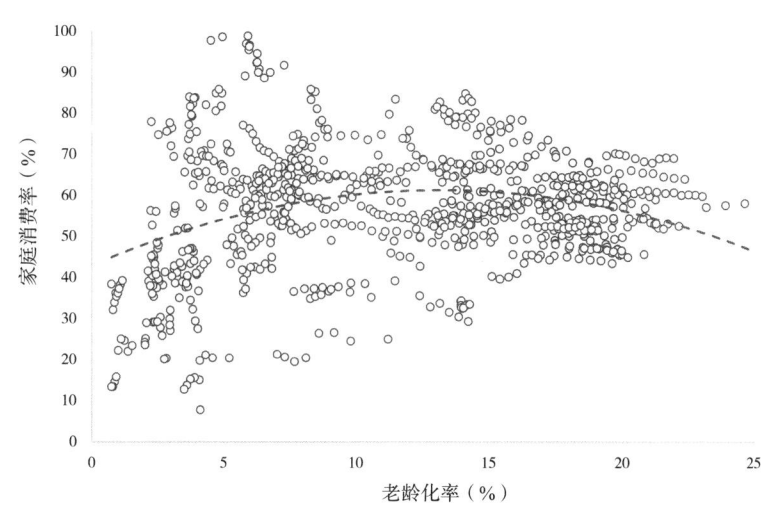

图4-2 随着老龄化加剧，居民消费倾向降低的国际趋势
资料来源：世界银行公开数据库。

模表现出并不完全对应的特点。也就是说，中国的消费率显著低于世界平均水平。在人口增长的条件下，消费增长尚有不容忽视的巨大空间，但是在人口总量达到峰值并转入负增长的情况下，这种格局便不可避免地成为抑制中国居民消费扩大的顽固因素。

以往人们不敢小觑中国的消费水平，是因为伴随着高速的经济增长，居民收入的提高也十分迅速。然而，在人口红利消失的过程中，经济增长减速将不可避免地抑制居民收入的增长速度，从而产生抑制居民消费的收入效应。事实上，中国劳动年龄人口达峰并开始负增长以来，人口增长、经济增长和居民消费增长处于同步减速的态势。例如，中国的人口自然增长率、GDP 增长率和居民消费增长率在 2001—2011 年分别为 6.5‰、9.7% 和 8.3%，在 2011—2019 年则分别降低到 6.0‰、7.0% 和 8.0%。因此可以预期，在人口负增长时代，人口和收入都会以更明显的负面或递减效应抑制消费的增长。

人口年龄结构变化（即老龄化）在中国具有更加突出的抑制消费效应，这主要缘于老年人的消费能力和消费倾向均偏低，可以说是中国特有的未富先老现象的结果。第一，由于劳动者的受教育水平与年龄成反比，大龄劳动年龄人口的就业能力和劳动参与率都低于较年轻的人群。第二，由于新技术的应用速度快，人力资本需求型的岗位多被新成长劳动力占据，所以既然大龄劳动者所能获得的多为人力资本强度较低的岗位，他们的工资水平自然也受到抑制。第三，由于社会养老保险的覆盖率和保障标准均不够高，养老金待遇尚不足以使退休人员保持原有的消费水平。

以社会养老保险的给付水平为例。2020 年，全国有 1.28 亿人领取城镇职工基本养老保险，人均领取水平为 40 198 元；1.61 亿人领取城乡居民社会养老保险，人均领取水平仅为 2 088 元。此外，覆盖率和保障水平尚低的基本社会保险，以及子女家庭面临过于拮据的预算约束，也使老年人对消费存有后顾之忧，这些都显著降低了他们的消费倾向。

实际上，老龄化加速来临与基本社会保险不健全的结合，不仅抑制老年人的消费支出水平，而且给就业人员加诸多重负担，消费能力和消费倾向均因此降低。其一，现收现付型养老保障体制的缴费负担全部压在了这个群体的肩上；其二，他们还要承受未被社会保险体系充分覆盖，或者保障水平不够高的自家老人的生活和照料负担；其三，他们也能预期到现行的现收现付型社会养老保险体制的不可持续性，以致被动地进行预防性储蓄。

2016 年，中国社会科学院人口与劳动经济研究所进行了一项中国城市劳动力调查，收集了城镇居民分年龄的消费支出数据，可以用来检验前述关于老年人消费能力和消费倾向不足的判断。从调查数据可知，平均来说，中国城镇居民年龄达到 23 岁时，消费支出达到最高水平（52 809 元），之后，消费支出便随着年龄的增长而递减，在年龄达到 85 岁时，消费支出降至最低点（16 951 元）；在 23～85 岁整个区间，年龄每增长 1 岁，平均消费支出降低 1.8%。

人口负增长的国际经验

全球遭遇新冠疫情冲击以来，媒体报道了很多国家人口增长率创新低的消息。随着 2022 年联合国发布了最新的人口预测报告，我们能够看到更宏观、更全面、更具趋势性的全球和各国人口状况。新冠疫情暴发后，全球作为一个整体，记录下一系列崭新的人口数据，包括整个时间序列数据库中最低的总和生育率、最低的自然增长率及最高的老龄化率等。其中最引人注意的现象是，在长期趋势与新冠疫情的双重作用下，2021 年经历人口负增长的国家和地区数达到前所未有的 33 个。

对任何国家的经济增长来说，人口负增长都不是值得期待的现象。同时，对各国而言，经历人口负增长的原因也不尽相同。利用跨国数据逐一考察新冠疫情以来的人口负增长现象，以及近30年来经常处于人口负增长状态的国家和地区，分类揭示不同国家陷入类似境地的原因，可以为我们提供一些警示和启示。这里，我们以2021年人口处于负增长状态的国家为例。这类国家既包括苏联解体后经历过政治经济转型的东欧国家，也包括一些中等收入国家和高收入市场经济国家（见表4-2）。总体来说，这些国家都面临一定的经济增长困难，虽然"不幸的家庭各有各的不幸"。

表4-2　2021年部分国家或地区的人口增长率（‰）

国家或地区	增长率	国家或地区	增长率
新加坡	−41.7	俄罗斯	−4.4
克罗地亚	−37.4	白俄罗斯	−4.2
摩尔多瓦	−17.9	匈牙利	−4.1
阿尔巴尼亚	−9.3	格鲁吉亚	−3.8
拉脱维亚	−9.1	北马其顿	−3.6
黎巴嫩	−8.3	希腊	−3.4
塞尔维亚	−8.0	波兰	−3.1
罗马尼亚	−7.4	斯洛伐克	−2.1
乌克兰	−7.2	黑山	−1.8
意大利	−6.5	韩国	−1.8
波多黎各	−5.5	古巴	−0.8
波黑	−5.3	西班牙	−0.8
保加利亚	−5.0	德国	−0.4
日本	−4.6	爱沙尼亚	−0.2

资料来源：世界银行公开数据库。

苏联解体后的东欧国家早在20世纪90年代初的转型伊始，就因经济陷入严重衰退而经历了人口负增长，并且在多数情况下没有再回到人口正常增长的轨道上。事实上，在这些国家开始转轨之前，世界上人口负增长的国家和地区少之又少，例如，1985年仅有8个国家和地区处于人口负增长状态。到1992年，经历人口负增长的国家和地区迅速增加到26个，直至新冠疫情暴发前，大体上稳定在这个数字。

虽然人口与经济增长及经济转型之间的关系较为复杂，但是可以观察到的事实是，在这些国家，经济增长随人口波动及负增长而大起大落。即便剔除金融危机和新冠疫情的特殊影响，所有这些国家转型后都经历了人口负增长，经济增长也都大幅下降。有些经济体的经济增长有所恢复，但人口增长很难恢复，反过来制约经济增长前景。

为了增进对人口、增长、转型之间相互影响的理解，我们可以进行一项反设事实的考证，即假设在没有经济政治转型的情况下，人口和经济增长表现是否会有所不同。根据世界银行的分类，我们选择两组国家进行比较，近似于这种反设事实研究要求的实验组和对照组。比较的一方是中欧和波罗的海国家[①]，另一方是中等偏上收入国家。两组国家所处的发展阶段比较接近，但人口

---

① 中欧和波罗的海国家包括波兰、匈牙利、捷克、斯洛伐克、爱沙尼亚、拉脱维亚、立陶宛、斯洛文尼亚、克罗地亚、罗马尼亚和保加利亚，即区别于老欧盟成员的转型新欧盟成员。

增长状况有巨大的差异。

例如，自 1990 年以来，中欧和波罗的海国家的人口总体上始终处于负增长状态，2021 年达到 4.9‰ 这一最大的减少幅度。中等偏上收入国家的人口却始终保持强劲增长，尽管 2021 年的增长速度也达到最低。虽然中欧和波罗的海国家的人均 GDP 为 18 569 美元，显著高于中等偏上收入国家 10 836 美元的水平，但在很长时间里，前者的经济增长速度大幅度低于后者。2011—2021 年，中欧和波罗的海国家的 GDP 增长率仅为 2.7%，而中等偏上收入国家达到 4.6%，两者相差 1.9 个百分点。

表 4-2 中为数不多的几个经历人口负增长的中等收入国家，几乎无例外地处于经济极度困难的状态。正如苏联解体后的东欧国家在转轨初期发生的人口显著减少，一旦经济崩溃落入民不聊生的地步，必然会通过预期寿命的降低和人口大规模外迁做出人口的反应。例如，黎巴嫩经历了严重的外部冲击和内乱；古巴长期遭受美国主导的经济封锁，经济发展一直处于艰难竭蹶的境地；2021 年之前人口一直在减少的委内瑞拉，更是以恶性通货膨胀和经济崩溃著称。

对高收入国家来说，人口负增长相对来说更具有水到渠成的性质，但同样可能伴随着严峻的挑战。在某种程度上，高收入国家出现人口负增长现象，更为恰如其分地揭示了人口增长与经济增长的相互影响关系。不过，发达国家之间既有共同点也存在差别，其中一些差别就表现在人口的增长状态上。通过观察，我们可以概括几个相关的特征化事实。

第一，经济增长率伴随人口增长的停滞而下降；在人口越过零增长点时，经济增长率大约同时达到最低点，在很多情况下也跌破零点。葡萄牙、意大利、日本和希腊的人口增长与经济增长的这种相关关系如图 4-3 所示，其中，关于日本老龄化和人口负增长对经济增长的显著负面影响，学术界的研究比较充分。特别突出的一点经验是，日本在人口总量趋近于峰值，乃至于 2010 年跨过峰值进入负增长的过程中，不仅潜在增长率继续降低，社会总需求对经济增长的制约效应也日益显现，经常使已经显著降低的增长潜能不能得到实现。例如，1993—2016 年，日本经济基本处于持续的负增长缺口，即实际增长率低于潜在增长率的状态。这标志着总需求不足成为经济增长的常态，也使日本成为长期停滞的典型案例。[①]

第二，经历人口负增长的高收入国家同时表现出投资和消费趋于疲软的特征，社会总需求成为经济增长的制约因素。由于受到人口总量效应、经济增长速度减慢带来的收入效应和财富效应的影响，老龄化和人口负增长从趋势上推动过度储蓄，在这些国家推动形成了长期停滞的基本特征。从这里考察的四个国家来看，除了日本长期具有储蓄大于投资的特征外，其他三个国家都在人口峰值前后，或者发生了储蓄规模超过资本形成规模的相应转折（葡萄牙和意大利），或者在这个方向上迈进了一步（希腊）。

第三，新冠疫情造成人员跨国流动受阻，使那些在更大程度

---

① 蔡昉. 从日本经济表现看"长期停滞"的典型特征 [J]. 日本学刊，2021（4）.

a）葡萄牙

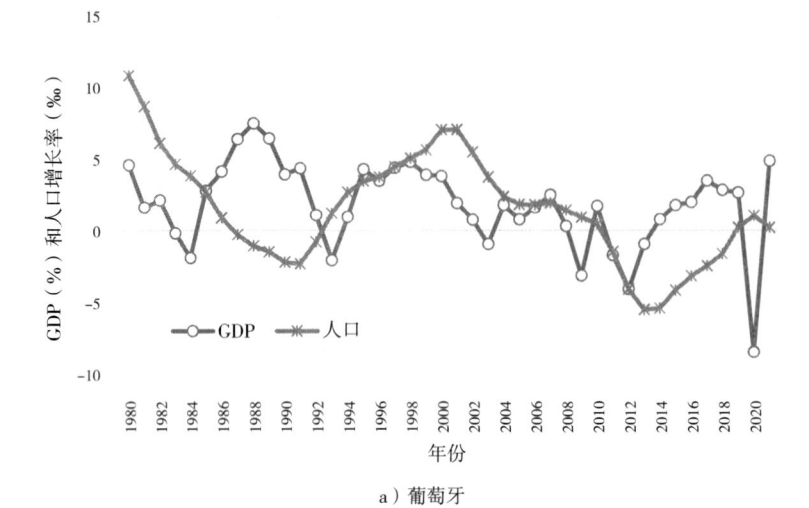

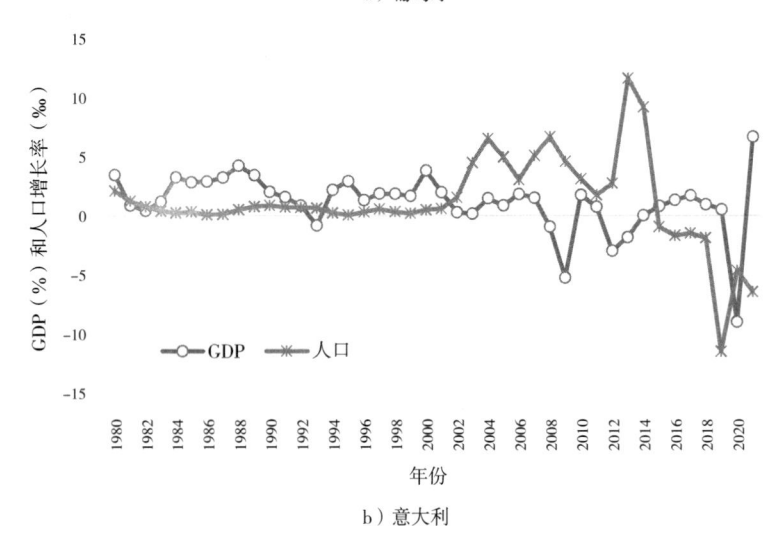

b）意大利

c）日本

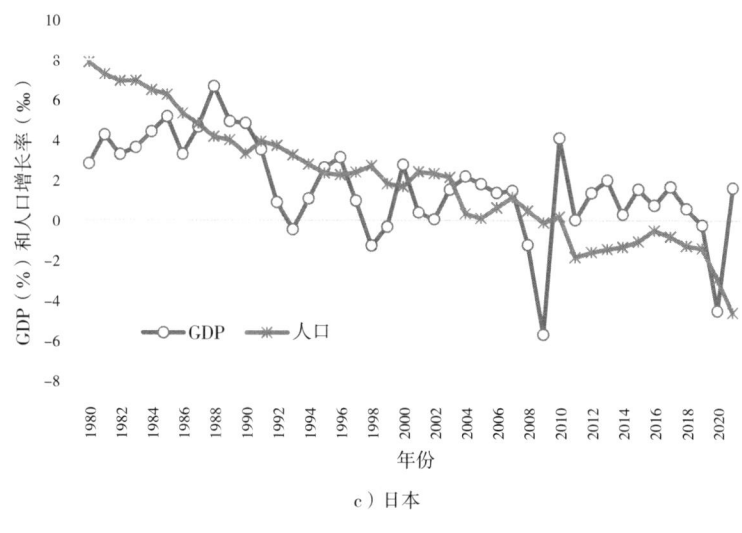

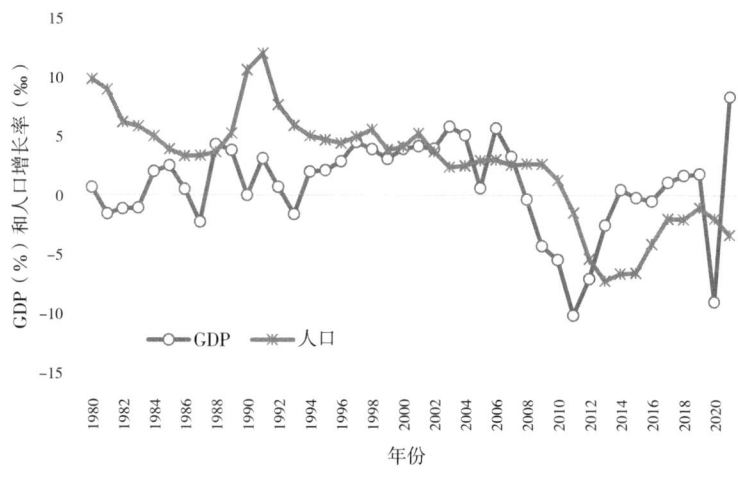

d）希腊

图4-3 一些国家人口增长与经济增长的关系

资料来源：世界银行公开数据库。

上接受国际移民的国家首次受到极大的影响。鉴于欧洲、北美和大洋洲发达国家是国际移民的主要接受地区，疫情和防疫措施对迁移的不利影响使这些地区的人口增长受到抑制。例如，2021年欧元区和欧盟均呈现多年未见的人口负增长，而高收入国家作为一个整体，人口增长率降低到 0.56‰，为史上最低水平。

在学术研究和社会舆论中，我们经常听到这样的声音，认为接受国际移民是解决人口停滞和劳动力短缺问题的有效办法。诚然，像新加坡和德国这样低生育率的高收入国家，多年来能够保持人口增长和经济繁荣，在相当大的程度上得益于外来劳动力的贡献。不过，从全球层面来看，一方面，即使在 2020 年国际移民人数达到 2.81 亿这一有史以来最大数目时，也仅占全球人口总量的 3.6%；另一方面，人口迁入与人口迁出在数量上是相等的，对世界整体而言，两相抵消之后只是零。

从经济社会意义上看，既然移民是自主做出是否迁移及向何处迁移的决策，他们总是可以获得或预期获得生活条件、工作状况和收入水平的改善。与此同时，移民的迁出国和接受国分别从汇款和追加劳动力中受益。所以，国际迁移并不是一种零和博弈。但是，人口总量终究是此消彼长。也就是说，新冠疫情造成国际迁移受阻的这一现实，无异于针对人口停滞和老龄化的后果再次敲响警钟。

第五章
更严峻的供给侧增长挑战

2011年以来，中国经济增长的历程表明，劳动年龄人口峰值是人口红利消失的起点，劳动年龄人口负增长是潜在增长率下降的主要驱动因素。如果说，以往的趋势可以提供理解未来的线索，这个线索也有助于做出一种数量上不那么严格的预测。从这个经验出发，我们不难做出判断和预期，劳动年龄人口减少的速度加快、幅度加大，至少在人口负增长时代的初期，将为中国经济增长带来更严峻的供给侧挑战。

这个挑战及其严峻性在于，伴随着人口负增长，将会出现一系列新因素，使潜在增长率具有进一步加速下降的趋势。本章从劳动力数量和质量供给、资本回报率、生产率及产业结构等方面，揭示供给侧挑战的关键因素，阐释相关的认识范式转换，以便为政策选择提供有益的理论依据。

影响潜在增长率的新因素

对于人口负增长这个加总的统计现象，可以从几个层面来观察，其中最重要的表现分别是劳动年龄人口以更快的速度减少及老龄化程度进一步加深。如果说劳动年龄人口减少的前 10 年仍然是一个缓解期，即下降速度相对慢的时期，这个缓解期就此结束了，今后劳动年龄人口减少的速度会明显加快。相应地，老龄化进入一个更加深度的阶段，提升速度比以往明显加快。

正如我们在讨论人口红利的经济增长含义时所指出的，劳动年龄人口的增长、达峰和负增长，对于反映供给侧增长能力的总体生产函数影响显著。因此，更快的劳动年龄人口负增长就意味着潜在增长率的进一步下降。对于这个判断，我们仍然可以从生产函数包含的几个主要变量上找到依据。

从人力资源来看，劳动年龄人口加速减少，首先意味着劳动力数量加速减少，通过劳动力短缺、用工成本提高过快等表现，进一步削弱制造业的比较优势和竞争力，使得产业结构升级换代缺乏足够的调整时间。相对于劳动力存量而言，新成长劳动力规模进一步缩小，也使整体劳动力素质的改善进一步放慢，进而降低企业创新和采用新技术的能力，不利于生产率的提高。很长时间以来，中国劳动力存量的人力资本改善主要是靠新成长劳动力的增加及这股新鲜血液拥有更高人均受教育年限达到的。在人口负增长时代，至少在最初的一段时间内，新成长劳动力的大幅度减少意味着新增人力资本数量递减。

回顾一下进入21世纪以来,新成长劳动力和新增人力资本的变化,不难推测人口进入负增长之后的趋势。根据国家统计局数据,我们可以把每年从初中到研究生阶段各级各类教育的毕业未升学人数作为新成长劳动力的代理指标,把这个群体的受教育年限总和作为新增人力资本。从新成长劳动力来看,初中、高中、大学本科和专科等各阶段的毕业未升学人数,加上研究生阶段的毕业生人数,先是从2000年的1 425万增加到2008年的1 535万,随后便开始逐年减少,直至减少到2020年的1 078万。

再看新增人力资本。我们不妨做一个粗略的设定,即设定初中阶段毕业生的人均受教育年限为9年,高中阶段毕业生为12年,大学本专科阶段毕业生为16年,研究生阶段毕业生为20年。按照这种假设根据每年毕业未升学人数进行加权平均,由此计算出的新增人力资本总量(受教育总年限)先是从2000年的1.51亿提高到2013年的2.01亿的峰值,越过这个峰值之后便进入递减期,直至减少到2020年的1.62亿。

在经济发展过程中,在生产要素禀赋结构发生变化的情况下,要素相对价格也会发生逆转,从相对稀缺性和相对价格来看,一旦劳动力取代了资本的地位,成为更稀缺从而相对昂贵的要素,必然会导致产业和技术结构发生相应的变化。在这个过程中,相对于一种要素(如劳动力),另一种要素(如资本)的投入增长更快。具体来说,当中国经历劳动力从过剩到短缺的变化时,实际发生了两种情形:从微观层面来看,劳动力短缺加剧的相对要素价格信号引导企业投入更多的物质资本,购买机器和机器人以替代劳动者，即所谓资本替代劳动；从宏观层面来看，政府倾向于采取更具扩张性的宏观经济政策，同时鼓励更多的基础设施投资和项目建设。

这样的结构性调整是经济发展的必然，从逻辑上说也是没有问题的。问题在于，如果生产要素价格的形成受到非市场因素的干扰，导致劳动力价格被人为抬高，资本价格被人为压低，资本对劳动的替代就会过度超前，建设性投资效率也会下降。这不仅导致资本报酬递减现象的发生，还会阻碍资源的重新配置，拖延生产率提高的速度。造成这种扭曲效果的重要原因之一是，要素配置和要素价格形成尚未完全建立在市场机制上。让我们来观察以下几种现象。

首先，户籍制度阻碍劳动力市场的城乡一体化，妨碍劳动力跨地区、产业、行业和企业充分流动，造成在仍然有大量劳动力在农业就业的情况下，如2021年中国农业就业比重高达22.9%，城镇企业面临越来越严重的招工难和劳动力成本上升的困扰。由于农村新成长劳动力已经处于加快负增长的状态，每年新增外出劳动力相对于返乡劳动力在数量上愈加不足，农民工净倒流现象意味着劳动力流动不再遵循生产率提高的方向，因而造成资源配置退化的格局。

其次，在潜在增长率逐年下降的条件下，如果政策制定者不能充分理解和完全把握这个趋势，一些本来应该用于反周期的宏观政策手段便很容易被当作促进经济增长的战略举措，得以常态化和长期化实施。应对短期冲击的保增长措施，同旨在保持经济合理增长区间的长期举措，本来应该是两回事。但是，如果宏观经济决策部门不理解人口因素导致潜在增长率降低的含义，以致对增长速度的预期高于潜在增长率，就会经常诉诸刺激性的政策手段，形成长期过度宽松的货币政策环境，投资者和企业的资金成本就被压低，实际上造成对资本要素相对价格的扭曲。

最后，过于宽松的货币和财政政策环境，特别是地方政府以过度举债的方式推动的投资行为，加大了金融风险，造成金融部门行为扭曲。防范金融风险与促进经济活动是银行等金融机构的双重职能，然而这两个目标之间有时存在一定的冲突，常常使金融部门处于两难的境地，以致造成不良结果，如歧视性对待中小企业、高估新创企业的投资风险，以及给大型企业过度融资。一方面，这意味着妨碍企业的进入与退出、生存与死亡，使优胜劣汰机制无法发挥作用；另一方面，这也意味着资源配置效率的降低。两种情形都造成资源配置僵化的结果，使得资本深化不能像期望的那样产生保持增长速度的效果，反而造成资本报酬递减现象，进而维系了不平衡、不协调、不可持续的传统发展方式。

不仅如此，相同的原因还导致劳动生产率增长减速。资本深化、人力资本改善和全要素生产率提高是劳动生产率增长的三个主要贡献因素，其中每个因素的贡献方式和含义却不尽相同。资本深化是指资本投入增长快于劳动力投入增长的现象，产生的结果是资本替代劳动力。对提高劳动生产率这个目标来说，这种方式易于找到实施的抓手，因此政府也乐于以政策予以推动。但是，由于资本报酬递减规律的存在，这种方式终究是不可持续的。对于经济增长，人力资本既作为一种投入要素做出直接贡献，也作为生产率提高的重要条件做出间接的贡献。人力资本对劳动生产率的贡献相对稳定且可持续，但是作用效果在数量上并不显著。

全要素生产率才是提高劳动生产率最显著、最直接和最可持续的源泉。不过，提高全要素生产率对制度环境和运行机制的要求也最苛刻。资本、劳动、土地等基本生产要素对经济增长分别做出自身的贡献。作为各要素贡献之外的残差项，全要素生产率的提高与生产要素投入的数量和幅度无关，因而本质上是一种配置效率。也正是因其来源上的这种性质，全要素生产率的提高对于生产要素的流动性、各种要素之间的匹配关系、资源配置的宏观政策和微观机制，以及其他制度条件高度敏感。因此，由人口转变直接或间接导致的资源配置僵化和退化现象，必然反映在全要素生产率上，从而导致劳动生产率提高速度减慢。

预测的启示：取乎其上，得乎其中

许多研究者对中国经济的潜在增长率进行了预测，其中大多数中国学者的预测结果都表明，按照潜在增长能力，中国可以实现 2035 年的人均 GDP 目标，如期进入中等发达国家行列。例如，李雪松和陆旸的预测表明，2021—2035 年，中国 GDP 的年均潜在增长率，中方案预测为 4.7%，高方案预测为 5.1%（见图 5-1），对应的人均 GDP 潜在增长率分别为 4.8% 和 5.1%。如果这个预测成真，到2035年，中方案和高方案预测的人均GDP分别达到24 197美元和25 348美元。根据对目前国家分组数据的观察，23 000美元大体上就是高收入国家三等分中间组的进入门槛。可见，预测的潜在增长率可以保证中国实现预定的目标。

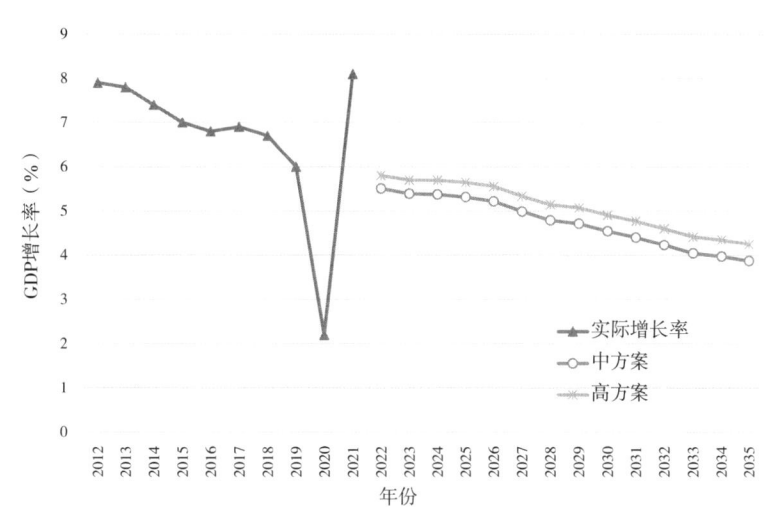

图5-1 中国经济增长现实和可能性

资料来源：李雪松、陆旸，《释放改革红利：靠改革开放促进和保持增长位于合理区间》（背景报告）。中国发展研究基金会. 中国发展报告2021—2022：走共同富裕之路[M]. 北京：中国发展出版社，2022.

不过，先不说潜在增长能力如何得到发挥，即需求侧因素能否支撑潜在增长率实现的情形，上述潜在增长率的预测也遇到一个新情况。从人口作为经济增长的舵与锚的道理来看，在对中国的潜在增长率进行估计时，如果不考虑人口因素，预测的结果很可能是不可靠的。图5-1中的潜在增长率预测确实把人口变化作为一个重要的因素对待，然而该预测所依据的显然是联合国

2022年最新预测之前的人口数据，而我们已经知道，与联合国2019年的预测相比，最新预测更加符合中国人口的实际状况和未来趋势。

即便不考虑基于更新并修正过的人口数据进行的潜在增长率估算，我们也有足够充分的依据做出这样的判断：在其他条件不变的情况下，中国未来的潜在增长率必然会低于大多数预测结果。实际上，前文的分析就表明，人口负增长提前到来和老龄化比预期的程度更高的现实决定了潜在增长率的预期降低。

不过，图5-1展示的这项预测性研究仍然颇具启发意义。其实，依靠宏观数据进行经济增长的长期预测，功能并不在于得出一个必然实现的结果，而在于提供一个参照系，预测中包含越丰富的信息，研究结果就越有参照意义。这项研究的重要信息就是高方案预测在中方案预测的基础上加入了改革红利的考量。改革红利的含义是，在关键领域推进改革，实现一个与没有进行改革情况相比更高的生产率提高速度，进而加快经济增长速度。如果把供给侧和需求侧的改革红利做一个区分的话，改革红利分别表现为提高供给侧的潜在增长率，以及增强需求侧支撑增长的能力。

在这个高方案中，预测者主要是假设了一个比中方案更高的全要素生产率增长率。虽然改革红利不只是来自全要素生产率的提高，还可以来自各种生产要素（特别是劳动力）的供给增加等因素，但做这种简单假设也很有意义。一方面，所有消除生产要素供给体制机制障碍的改革举措都有利于改善要素的配置效率，即生产率同时得到提高；另一方面，中国经济增长的长期可持续驱动力正是全要素生产率，而且如何破除阻碍全要素生产率提高的体制机制障碍，无疑也是中国经济改革面临的最大难点。

综合考虑中国预期达到的远景目标、人口变化新趋势及经济增长的主要制约，我们可以借助图 5-1 预测的两种情景得出这样的结论：中国需要付出高方案所要求的改革努力，即取乎其上，争取达到与中方案预测大体一致的实际增长速度，即得乎其中。一言以蔽之，人口红利消失的挑战恰恰带来改革红利应运而生的机遇。

积极就业政策的更高版本

打造积极就业政策的更高版本，是在经济发展阶段变化条件下应对新就业挑战的要求。在指出这些新挑战之前，我们先来看失业或就业困难的类型划分。无论是宏观经济中的失业现象，还是劳动力市场上的就业困难，都可以根据性质划分为不同的类型。例如，失业通常表现为三种类型，分别为结构性失业、摩擦性失业和周期性失业。

随着中国经济从资源的计划配置转变到市场配置的轨道上，三种类型的失业现象均在现实中越来越典型地表现出来。其中，结构性失业是因寻职者的技能与岗位需求不相适应而产生；摩擦性失业是因信息传递不畅通和市场功能的局限，劳动者与岗位之间的衔接上出现时滞而产生；周期性失业则是宏观经济波动，社会总需求不能满足充分就业要求的结果。由于前两种失业与宏观经济状况没有直接关系，并且无论何时何地或多或少总是存在的，所以两者合称为自然失业。

这三种类型的失业或就业困难在不同的经济发展阶段具有不尽相同的表现，三者之间的关系也会发生一定程度的变化。一般来说，短期的需求侧冲击因素使实际增长率低于潜在增长率，就意味着产生增长缺口，造成周期性失业。这时，宏观经济政策则以刺激需求为主要取向，促使经济增长回归到潜在增长率的轨道上。但是，在需求因素成为经济增长的常态化制约的情况下，增长缺口的出现未必一定是周期性现象。这时，周期性失业就会转化为自然失业。

值得指出的是，人口负增长和劳动年龄人口的加速减少不仅不意味着就业矛盾的缓解，反而标志着中国就业形势相对宽松的时期已经结束。在过去十余年就业的总量矛盾让位于结构性矛盾的基础上，我们可以预期，今后劳动力市场的结构性和摩擦性矛盾将更为突出。这主要可以通过观察三个变化因素来理解。

首先，青年劳动者和大龄劳动者在16～64岁劳动年龄人口中的比重，在一段时间里将有所提高。根据联合国人口预测，在中国劳动年龄人口中，相对年轻的16～24岁人口占比预计从2022年的14.8%提高到2035年的17.0%；与此同时，46～64岁人口占比从40.4%提高到43.1%；处在中间位置的人口组，即

25～45岁人口占比则从44.7%降低到39.9%。鉴于新成长劳动力缺乏就业经验，在技能上面临较大的匹配困难，并且大龄劳动者的技能难以适应产业结构变化的需要，就业的结构性和摩擦性困难将显著加大。

其次，在经历劳动力从无限供给到普遍短缺的刘易斯拐点及劳动年龄人口峰值之后，中国经济发生了以资本替代劳动为主要特征的结构调整，劳动密集型产业的就业比重显著下降，就业吸纳能力也明显减弱，经济增长对更高技能劳动力的需求相应提高。例如，2004—2019年，制造业增加值年均名义增长率为11.5%，同期制造业的城镇单位就业年均增长率仅为1.5%，而且自2013年以来均为负增长。

最后，在创新驱动经济增长的条件下，就业创造与就业破坏之间的不对称，以及劳动力市场上技能的供需不匹配等现象，都具有加大结构性和摩擦性就业困难的倾向，推动形成自然失业率长期上升的趋势。现实中，中国城镇的自然失业率已经在经历一个逐渐提高的过程。结合国际经验、中国经济发展阶段的变化及劳动力市场新特点等因素，我们可以预测自然失业率在疫情后将进一步上升。下面，我们列举一些主要事实作为依据，同时讨论自然失业率的变化趋势，以之作为基准进一步观察城镇失业率变化趋势及其性质（见图5-2）。

已有的一些研究结果均支持关于自然失业率已经有所提高并将进一步提高的判断。例如，都阳和陆旸估计中国的自然失业

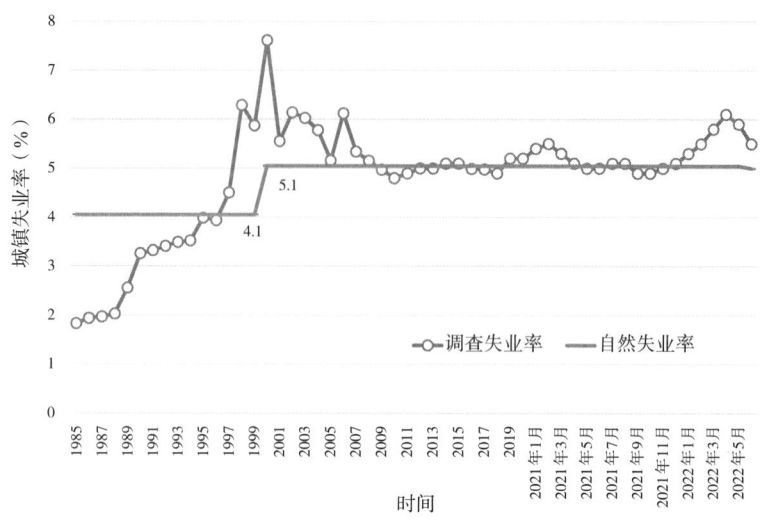

图5-2 以自然失业率为基准观察城镇失业率变化

资料来源：不同时期的城镇调查失业率分别为作者估算（参见 Fang Cai. China's Economic Growth Prospects: From Demographic Dividend to Reform Dividend[M]. Cheltenham: Edward Elgar, 2016: 196)、相关报刊的公开发布及国家统计局数据；自然失业率分别采用都阳等人的估算，参见都阳，陆旸. 劳动力市场转变条件下的自然失业率变化及其含义 [M]// 蔡昉. 中国人口与劳动问题报告 No. 12. 北京：社会科学文献出版社，2011：103-120; 都阳，张翕. 中国自然失业率及其在调控政策中的应用 [J]. 数量经济技术经济研究，2022（12）。

率水平在4.05%～4.10%之间，并且发现其呈现上升趋势。[①]曾湘泉和于泳的估算表明，2002年后，中国的自然失业率在4.8%～5.6%的范围内波动。[②]把这些研究与其他观察相结合，在图5-2中我们以世纪之交为界，前后分别以4.1%和5.1%两种

---

① 都阳，陆旸. 劳动力市场转变条件下的自然失业率变化及其含义 [M]// 蔡昉. 中国人口与劳动问题报告 No. 12. 北京：社会科学文献出版社，2011：103-120.
② 曾湘泉，于泳. 中国自然失业率的测量与解析 [J]. 中国社会科学，2006（4）.

自然失业率水平作为基准，观察实际失业率如何围绕其波动。从图 5-2 中也可以看到，新冠疫情暴发以来，实际失业率更经常和显著地高于自然失业率。如果这种情形延续下去，自然失业率将再上一个台阶。

易受结构性和摩擦性因素影响的就业群体，如人户分离的流动就业群体（其中最重要的部分是农民工）、各类毕业生、大龄劳动者，在总就业人群中的比重趋于提高。这个劳动力市场特征可谓结构性和摩擦性失业现象的温床。以非正规就业为特征的相关脆弱群体也容易成为自然失业的受害者。观察中国人口和劳动者群体的多元化和异质性，以及由此产生的易于分化特点，可以为我们准确认识结构性和摩擦性失业或就业困难提供微观分析基础。

2021 年，中国有 34.9% 的人口居住地与户籍所在地不一致，流动人口占据其中的 26.6 个百分点。在全部 7.8 亿劳动力中，实际就业人口为 7.5 亿，其中 76.4% 为非农就业，61.6% 在城镇就业。如果把城镇就业中从事临时性工作的人群、劳务公司派遣的就业者及个体工商户等市场主体就业人员作为灵活就业或非正规就业的代表，相应的比重超过 30%。在非农产业就业中，农民工总数为 2.9 亿，其中在本乡镇就业的农民工 1.21 亿，外出农民工 1.72 亿，年末仍在城镇居住的农民工 1.33 亿。新冠疫情对宏观经济产生的负面影响，主要表现之一就是对就业（特别是非正规就业）的冲击。

理论和经验均表明，每次衰退或危机之后，劳动力市场的结构性问题趋于强化，自然失业率有所提高。在经济周期性波动中，衰退通常意味着部分产能被破坏，对应的企业被淘汰出局。相应地，在经济复苏从而产能恢复的过程中，新创企业常常发挥更大的作用。相比于被淘汰的企业，新创企业代表着更好的生产函数，因而宏观经济从衰退到复苏的过程也就是生产要素的重组过程，或约瑟夫·熊彼特意义上的创造性破坏过程。因此，与衰退之前相比，经济复苏后企业对劳动者的技能需求显著提高，必然导致部分劳动者难以适应。简而言之，受疫情及其经济冲击损失的就业岗位，有很大的部分不能指望失而复得。

构建积极就业政策的更高版本，需要从以下方面着眼和入手。第一，针对就业破坏和就业创造并存的局面，应对人力资本需求与培养之间的不匹配，以及就业扩大与经济增长之间的不同步，政府应更加注重促进教育、就业、培训等工作的有效衔接。第二，建立和规范劳动法规确定的有关劳动者权益和劳资关系的社会机制，在经济活动的创造性破坏中始终确保对劳动者的保护。第三，针对劳动力市场结构性和摩擦性因素，公共就业服务聚焦于对青年、大龄和非正规就业群体的特别扶助，降低自然失业率。第四，宏观经济政策在进行反周期性调控时，既要使用货币政策工具，促使增长回归潜在增长率，还应更加擅长使用财政政策工具，通过社会保险、家庭补贴、岗位创造等手段稳定居民收入和消费。

制造业早熟的代价

经济发展阶段通常与一定的人口转变阶段相对应。当人口转变进入一个崭新的阶段，经济发展阶段也会发生变化，必然要求增长模式和产业结构做出相应的转变。一般来说，这种适应性调整是顺理成章的事情。然而，也可能出现一些情形，使得这种调整不是那么水到渠成，因而给经济增长造成超出预期的困扰。

例如，中国具有未富先老的特征，这会过早削弱制造业的比较优势，加大结构调整的难度。一般来说，经济增长和结构调整的潜力总是要在发展阶段的适当时刻，才能被认识到并被恰如其分地挖掘出来。在这个"适当时刻"的把握上，操之过急和错失良机的后果都是不利的，往往要从经济增长表现上索取更高的代价。制造业比较优势早熟式丧失就是中国面临的这类危险之一。

中国经济实现长期高速增长，得益于制造业的规模扩张和比重提升。始于20世纪90年代的这一轮全球化中，中国丰富且成本低廉的劳动力得以转化为资源比较优势和国际竞争力。对一个国家来说，以劳动力丰富且廉价作为资源比较优势，归根结底只是特定发展阶段的产物。可见，一旦人口红利消失，劳动力不再具有无限供给的特点，制造业比较优势就会弱化，制造业比重也会降低。基于此，中国制造业的比重下降似乎也在意料之中。

为了同时理解制造业比较优势和比重变化的必然性和特殊性，我们可以在图5-3中展示两个指标的变化。从制造业增加值占GDP的比重来看，中国最近的一个峰值是在2006年达到32.5%，之后便进入下行轨道，2021年降低到27.4%。我们还可以使用制造业"显示性比较优势指数"，即一个国家的制造业在全部货物出口中的占比与世界同一指标的比率，近似地衡量制造业的比较优势变化。按照这个指标，中国从1992年开始就具有了制造业比较优势（显示性比较优势指数大于1），2013年达到1.46这个峰值，随后逐年下降，2021年降至1.30。

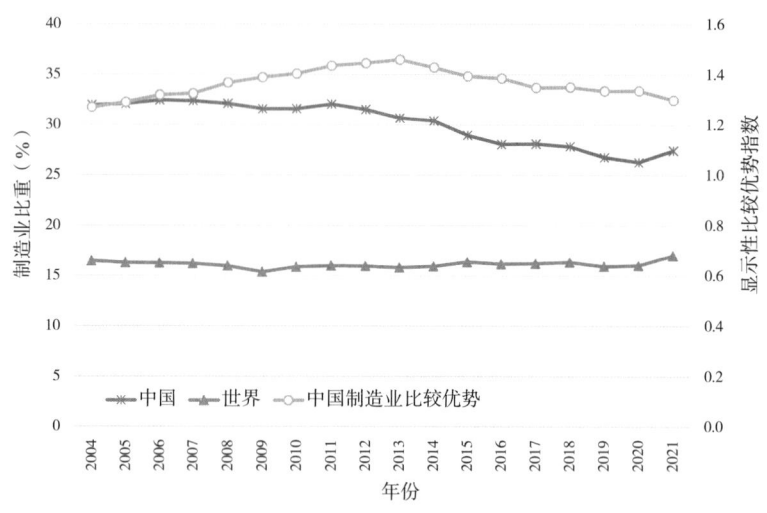

图5-3 中国的制造业比重和显示性比较优势指数变化
资料来源：世界银行公开数据库。

对发展中国家来说，丰富的劳动力既是人口红利的直接表现特征，也是制造业发展的比较优势。劳动力从农业等传统部门转移到制造业部门的过程，也是这一要素从低效利用到高效利用的重新配置过程，由此实现劳动生产率的提高。劳动力充分供给及其相伴随的人力资本改善、更高的投资回报率及生产率的提高，为享受人口红利的国家提供了有利的生产函数，自然可加快经济增长。

由此可以推出两个逻辑一致的结论。其一，在人口转变阶段发生变化的情况下，如果劳动力供给不再有显而易见的潜力可以挖掘，显著提高生产率的资源重新配置空间也就日益缩小，以至无法抵消劳动力成本提高造成的比较优势弱化效应。这时，制造业比重的降低可谓水到渠成。其二，如果体制因素对劳动力供给潜力的充分挖掘，以及资源重新配置空间的完全利用构成阻碍，致使比较优势过快丧失，制造业比重的降低则是早熟型的。或者说，一旦制造业比重下降来得过早，也就意味着未能充分吸纳剩余劳动力，也未能充分利用资源重新配置的潜力，对经济发展来说便是一个巨大的损失。

对世界主要经济体的比较研究显示，就制造业比重下降这一发展特征来说，包括中国在内的 10 个国家可以代表三种类型。[1] 第一种类型的国家的制造业比重下降是在高收入水平上发生的。在这些国家制造业比重开始下降的年份，人均 GDP 水平无一例外地显著超过以 2010 年美元计算的高收入国家门槛标准（12 275 美元）。同时，农业就业比重已经降到很低的水平这个特征，也说明剩余劳动力转移和资源重新配置都进行得比较彻底。

属于第二种类型的多为中等收入国家，虽然呈现出制造业比重已经从某一峰值水平上下降，实际上却是工业化尚未完成的一

---

[1] 蔡昉. 早熟的代价：保持制造业发展的理由和对策 [J]. 国际经济评论，2022（1）.

种长期徘徊现象。无论是从人均 GDP 水平来看，还是从拥有较大的农业劳动力比重来看，都说明要素禀赋结构尚未发生转折性的改变。在这样的发展阶段出现的制造业萎缩，意味着农业和低端服务业必须承受容纳剩余劳动力的负担，难以根本消除二元经济结构特征。

第三种类型的国家实际上是一些尚未完成工业化过程的国家，在人均 GDP 仍然较低及农业就业比重仍然很高的发展阶段，制造业比重便开始了趋势性的降低。这显然是由于一些不恰当的政策引导，或者经济发展出现了系统性的问题，才使得在二元经济特征尚未根本改变、刘易斯拐点尚未到达的情况下，出现早熟型"去制造业化"现象。

国家经济发展中一项不可回避的任务是工业化，制造业发展则是工业化的主要内容。可见，"去制造业化"就意味着"去工业化"，过早"去制造业化"则意味着过早"去工业化"。对中国而言尤其如此。在一定程度上，中国属于上述第二种类型，即在中等收入阶段便开始了制造业比重的下降过程。例如，制造业比重达到峰值的 2006 年，按照 2015 年美元计算的人均 GDP，中国只有 3 801 美元，可以说尚未进入中等偏上收入国家行列。

我们还可以从中国制造业发展的空间来观察。一方面，包括制造业在内的产业和行业之间，仍然具有足够长的资源重新配置的链条，是生产率提高的潜力空间。停止在这个链条上深入挖掘资源配置和生产率潜力，则会过早、过速地削弱中国经济增长的潜在能力。另一方面，制造业发展所需的劳动力仍然不乏供给。

在农业剩余劳动力尚未转移殆尽的情况下,如果制造业吸纳就业数量减少,劳动力必然大量流向低生产率的服务业,甚至退回农业或者农村产业,造成资源配置的退化。

总而言之,中国制造业传统比较优势并未完全丧失,新的动态比较优势潜力巨大,因此,制造业比重下降是一种早熟的表现。如果制造业比重的下降趋势和速度得以继续,不仅中国经济增长会即时遭遇减速的冲击,与长期增长潜力相关的生产率改善速度也会放慢。稳定制造业增长和经济占比,需要从更新产业政策理念和实践出发,通过扩大资源配置范围、促进增长的分享性、增强发展的可持续性出发,使制造业成为高质量发展的重要引擎。

在结构转变中创造经济增量

长期以来,人口众多和劳动力数量大被看作中国最大、最突出的国情。随着劳动年龄人口和总人口先后转为负增长,这个国情的表现形式也不可避免地发生了变化。变化的总趋势和突出特点是总量问题日益转变为结构问题。例如,人口数量多变为"未富先老"的人口结构问题,劳动力规模大变为就业结构性困难问题。广而言之,在中国经济面对的新挑战中,结构性矛盾比总量性问题更突出。

因此,如果能够比较深刻地认识并理解这个新特征,我们就不会因生产要素增量上发生的递减式变化而失去对经济增长的信心,同时也不会认为结构变化与总量和增量变化是截然不同的事物,从而将它们对立起来或割裂开来。为了获得正确的认识,我们有必要先重新定义经济发展的内涵,对经济发展的过程做出全新叙事。

经济发展并不是一个看得见、摸得着的事物,本质上只是一个概念而已。人类从事经济活动的历史已经相当悠久,即便不算茹毛饮血的采集和狩猎的生存方式,一万余年前出现的农业,以及有了更多剩余产品而出现的交换和内外部分工等,无疑都已经是经济活动。从较长的时间跨度来看,人类的整体经济活动或多或少具有累积的性质,经济发展客观上已经存在。但是,经济发展作为一个人们头脑中的概念,被发明出来是非常晚近的事情。

谷歌公司开发了一个被称为"谷歌词频统计器"(Google Ngram Viewer)的可查询数据系统,可供人们查询实施版权保护之前的全部文字记录。美国经济学家扎卡里·卡拉贝尔利用这个工具进行了一项实验——搜索"经济"(the economy)一词,结果发现,在所有20世纪30年代中期以前的文字记录中,"经济"这个词语几乎都不存在,只是在那之后,这个词语才被创造出来并迅速流行起来。[①] 不言而喻,"经济发展"的概念也只能是随着"经济"这个概念的出现,才被派生地创造出来并得

---

① Zachary Karabell.The Leading Indicators: A Short History of the Search for the Numbers That Rule Our World[M]. New York: Simon & Schuster, 2014.

以广泛使用。

一个概念究竟能够包含和揭示哪些信息，这些信息本身的正确性和准确性如何，是否有用及是否充分，关键在于以这个概念为中心的叙事。或者说，叙事的方法和方式决定了概念的意义和价值。关于经济发展的数量维度和结构维度，以及两者之间的关系及其叙事，可以为我们揭示一些重要的信息，并有助于得出相关的政策含义。为此，在我们重新回到关于中国经济的问题上来之前，有必要先讨论一种有益的叙事方式。具体来说，我们简述经济发展这个概念的几个依次递进的层次，观察它们总体上反映的从简单到复杂的认识过程，并使经济发展概念的信息基础不断得到扩大。可以预期，这个讨论过程也可以揭示经济发展实践的成败得失。

狭隘的发展观主要把经济发展看作一个产出的数量增长过程。从统计学角度来看，各种产品和服务的产出增长，或者直截了当地加总为 GDP 的增长，就足以代表、度量和评估经济发展的过程与成效。1934 年 1 月 4 日，以经济学家西蒙·库兹涅茨提交给美国参议院的一份报告为标志，GDP（当时被称作国民收入）这个衡量经济发展数量成效的指标应运而生。由于在第二次世界大战之后，政府干预经济成为风潮，各国之间（特别是东西方阵营之间）的经济竞赛愈演愈烈，GDP 成为一个广为采纳的指标。与此同时，由于 GDP 未能充分反映经济数量之外的内容，这个指标也广遭诟病，经历了被誉为"国家奖牌榜"到成为众矢之的的地位变化。[1]不过,迄今为止尚无任何一个指标可以完全代替GDP 的位置。

对于这种片面关注物质数量增长的发展观,一个正确的批评来自有益的二分法逻辑,即把经济发展看作数量增长和结构变化的统一。有意思的是,作为 GDP 之父的库兹涅茨在产业结构变化方面同样做出了诺贝尔奖级别的研究贡献。通过汇集和分析长期的跨国数据,他深入研究了经济增长过程中要素转移的重要性,揭示出这个转移遵循着生产率的提高方向,指出正是这个过程推动了产业结构从农业到工业再到服务业的变化过程。基于这些分析,他对经济发展做出了独特的叙事。

在 1971 年诺贝尔经济学奖的纪念讲座上,库兹涅茨概括了现代经济增长的 6 个特征:(1)人均产出和人口的高增长率;(2)生产率快速得到提高;(3)快速的结构变化;(4)社会及其理念迅速变化;(5)发达国家具有利用技术力量触及世界广大地区的倾向;(6)现代经济增长有待充分蔓延至全球。无须我们画蛇添足,库兹涅茨本人对这 6 个特征进行了归类,指出前两个特征涉及总体增长率,其次两个特征与结构变化相关,最后两个特征讲的是国际扩散。[2]

20 世纪 90 年代以来,阿马蒂亚·森关于提高人的行为能力

---

[1] 伊桑·马苏德. GDP 简史:从国家奖牌榜到众矢之的 [M]. 钱峰, 译. 北京:东方出版社, 2016.

[2] Simon Kuznets. Modern Economic Growth: Findings and Reflections[J]. American Economic Review, 1973, 63(3): 247-258.

的理念在国际范围内产生越来越大的影响，被很多实践者尝试用来衡量经济发展成效。例如，UNDP（联合国开发计划署）用人均GDP、受教育水平和健康水平等内容构成的HDI（人类发展指数），对发展的成效进行比较全面的度量。这项工作体现在UNDP团队从1990年开始连续30余年撰写和出版《人类发展报告》，系统发布各国HDI及排位。虽然HDI也具有同GDP一样的简单粗略的性质，而且未能取代后者，但是与只考量人均GDP反映的"做大蛋糕"的效果相比，把健康和教育纳入指数构成，拓展了衡量发展的范围，相对而言能够更好地揭示"分好蛋糕"的效果。因此，HDI成功地成为一个或多或少起引领作用的"指挥棒"般的指标。

结合上述关于经济发展的理论、理念和实践，以及中国经济发展已有的成功经验和面临的新挑战，我们现在具备了必要的知识储备和批判性思维，可以尝试揭示经济发展最本质的内涵。这个新的叙事方法并非只是标奇立异，也不会把政策引入歧途，而是回归到更基础的层面，据此可以对无论何时何地的经济发展做出另类却有意义的叙事。特别是，这将有助于我们探寻中国经济发展新阶段的增长源泉及其潜力。

我们把经济发展理解为生产要素不断寻求新的配置机会，得到更高效利用的长期过程，最终结果不仅是数量的增长，更是经济结构的升级。这里，生产要素当然包括资本、劳动、人力资本、土地和其他资源，但是由于劳动力在诸要素中具有独特的性质，发挥着更关键的作用，所以可以作为以生产要素不断重新配置为核心的叙事的主角。

同时，这样来安排劳动力要素的地位，以及该要素与其他要素的关系，也体现出这个叙事方法的优越性。最重要的是，劳动力要素的载体是人，以该要素作为叙事主角，相当于在脚本中就确定了以人为中心的原则。同样重要的是，在这样的叙事中，最容易观察到经济发展过程中的故事主角和配角之间必然发生的地位转换。也就是说，劳动力数量的增长状况归根结底是人口结构变化的结果。或者在某种程度上说，数量逐渐退居配角，结构扮演着越来越重要的角色。

首先，已有与此相关的经济发展叙事，可以提供浩如烟海的经验依据。除了前述库兹涅茨的研究，很多发展经济学家都以劳动力的部门和地域转移为主题进行经济发展叙事。其中，最具代表性的是1979年诺贝尔经济学奖获得者威廉·阿瑟·刘易斯。刘易斯叙述和阐释的经济发展过程把劳动力无限供给作为发展早期阶段的基本特征，在此条件下劳动力从传统部门到现代部门的转移展示了资源重新配置的发展本质。这个叙事即著名的二元经济发展模型，它成为发展经济学中富有解释力和生命力的理论之一。

其次，这个叙事可以把经济发展过程的微观动机与宏观效果有机结合在一起。在微观动机方面，著名的哈里斯-托达罗模型阐述了劳动力的迁移决策是从家庭预期收益最大化出发而进行的，在几乎所有的经济发展过程中，这种追逐更高预期收入的迁移过程最终都表明是缩小城乡和区域收入差距的重要途径。从宏观结果上看，库兹涅茨把劳动力在农业、工业和服务业之间的转移看作产业结构变革现象，最终达到提高资源配置效率和整体劳动生产率的结果。

再次，以这种方式进行经济发展的叙事，可以把增长的供给能力因素同需求的支撑力因素对应起来认识。可以说，经济增长的供给侧和需求侧既有进行区分的必要，又是一枚硬币的两面——逻辑上不可分割。在以生产要素（特别是劳动力）重新配置为核心的经济发展中，无论哪种要素，一经进入更高效率的配置领域，必然对其他要素的积累提出新的需求。

正是这种生产要素之间不断的动态匹配，创造出有利于克服报酬递减现象的新机会。劳动力重新配置则更为独特，在劳动者获得更高的收入和公共服务供给之后，他们的消费能力和消费倾向便得到提高。所有这些来自配置效率的新增需求，自然反过来有力支撑潜在增长能力的发挥。

最后，这个资源重新配置的过程更能体现经济发展以人为中心的特征，实现发展路径与发展目的在实践中的有机统一。正是劳动力流动引起了贯穿经济史的人口迁移，推动了作为现代化标志的城市化，既通过资源重新配置获得了增长的不竭源泉，也通过满足新的需求不断改善了生活质量。例如，社会学家和城市规划研究者对城市开发"中产阶层化"（gentrification）过程的研究，把该现象从城市土地开发的逐利过程扩展到如何使更广泛的居民从中分享的过程。

一旦把经济发展看作资源重新配置的过程，从而以结构变化为主线的过程，关于中国应该如何应对新挑战的重要结论便呼之欲出。随着人口转变新阶段（即人口负增长时代）的来临，经济增长也好，就业扩大也好，结构性问题都将日益超越总量问题成为主要矛盾。然而，这并不意味着创造新经济增量和就业岗位的能力被削弱，这样的新发展阶段也不缺少增长的动能。相反，经济发展到达的这个转折点，正是"原动力"回归的机会窗口。

如果说经济发展的原动力就是资源重新配置效率的话，单个生产要素供给的改善和全要素生产率的提高都来自具有创造性破坏性质的结构变革。虽然这个增长的原动力是不会枯竭的，但需要以更高水平的制度环境和运行机制为条件。中国经济发展正处于重要的关口，既面对改革开放的深水区，也面临未富先老和慢富快老的挑战，应该着眼于消除各种体制机制障碍，实现更快的结构变革，从改革红利中获得经济增长的长期可持续动力。

第六章
需求侧制约的新常态

虽然用行驶的车辆来比喻经济增长是有意义的,但是需要记住经济增长与一台机车的运行之间存在一个巨大的不同,那就是无论是推动力还是拉动力,车辆可以靠其中任何一种驱动力行驶,而经济增长必须靠推动力和拉动力同时驱动。如果说从供给侧,我们可以把资本、劳动力和土地等要素投入及生产率的提高看作经济增长推动力的话,从需求侧,出口、投资和消费等因素则被看作经济增长的拉动力。这种在经济增长供求两侧的推拉驱动,处于一种对立统一、相反相成的关系中。

人口转变阶段和经济发展阶段的变化,不仅改变生产要素的禀赋格局,也改变需求因素对经济增长的相对贡献份额。伴随着这些阶段变化发生的经济增长减速,不仅可以由生产要素供给和配置因素解释,也可以由出口、投资和消费这"三驾马车"来说明。如果对供求两侧的变化追根溯源,最终可以看到人口因素所发挥的至关重要的作用。本章将揭示需求侧"三驾马车"的变化,分析经济增长拉动力的新源泉，回答如何通过需求侧改革，挖掘社会总需求潜力的相关现实问题，并阐释政策含义。

需求"三驾马车"的变化方向

需求"三驾马车"指净出口、资本形成（投资）和最终消费，作为经济增长的常态拉动力，它们协同和互补地发挥作用；在经济增长发生周期性波动时，也分别作为原因或结果有不尽相同的表现。作为探讨扩大社会总需求这个命题的必要经验基础，我们先分别简单地阐释三大需求因素的变化特征。

一般来说，在 GDP 中所占的比重也好，对经济增长的贡献份额也好，最终消费长期来看具有相对稳定的特征。在最终消费中，居民消费的比重相对稳定，多年来都在 70% 左右。鉴于居民消费是民生得到保障和改善的直接体现，每逢宏观经济遭遇冲击，稳定消费应该都是应对政策的优先目标。也就是说，保持"三驾马车"中这个需求部分的稳定性，是宏观经济政策和社会政策的施力重点。

相比较而言，货物和服务净出口是易受外部冲击的需求因素，具有贡献份额相对小而波动幅度相对大的特点。例如，在 1991—2021 年这 31 年间，有 13 个年份的净出口对中国经济的贡献率为负数，有 12 个年份的贡献率在 1 个百分点以下，仅有 6 个年份的贡献率大于 1 个百分点。在这期间，亚洲金融危机和国际金融危机都曾对中国的出口造成巨大的冲击。

资本形成或投资对经济增长的贡献特性表现出一定程度的复杂性。一方面，经济增长始终需要投资的驱动，既表现为供给侧资本品的投入，又表现为需求侧对产出品的使用；另一方面，投资需求对GDP的拉动不仅是经济增长的常态过程，通常还被作为宏观经济政策的落脚点，用来达到刺激经济增长的目的。在净出口和消费遭遇冲击时，资本形成往往受到额外的政策刺激，以弥补社会总需求的缺口。所以，我们总能看到，就其对经济增长的贡献来说，投资与净出口之间具有此消彼长的关系。与此同时，投资扩张也可能产生对消费的挤压。

即使出于应对宏观经济衰退的刺激目的，投资也不是唯一的救星，稳定和扩大消费同样可以发挥重要作用，因而不应被政策关注点遗漏。例如，根据一个专门针对特惠借贷政策的模型计算（也就是说并不是一个全面的估算），白重恩等人估计，这种仅着眼于投资的刺激政策所导致的永久性消费损失为1.9%~2.1%。[①]由此可见，投资固然是一个易于着力的刺激政策载体，也可以达到促使经济增长回归潜在增长率的预期效果，然而在发挥投资弥补需求不足作用的同时，也要避免其产生的挤压消费效应，特别需要把握好投资与消费之间的恰当平衡。

在统计意义上，2011年以来的中国经济增长减速同时表现

---

① Chong-En Bai, Qing Liu, Wen Yao.Earnings Inequality and China's Preferential Lending Policy[J].Journal of Development Economics, 2020, 145: 102477.

为三大需求构成部分增长率的下降，以及对经济增长的相对贡献率的变化。不过，应该从供给侧寻找经济增长减速的原因，直接在于劳动年龄人口负增长对生产要素供给和配置的负面影响。自2011年以来的这段时间里，需求侧因素并没有形成对经济增长的直接制约，而是随着GDP增长率的降低而减慢增长速度，并在经济增长贡献结构上做出了有益的调整（见图6-1）。

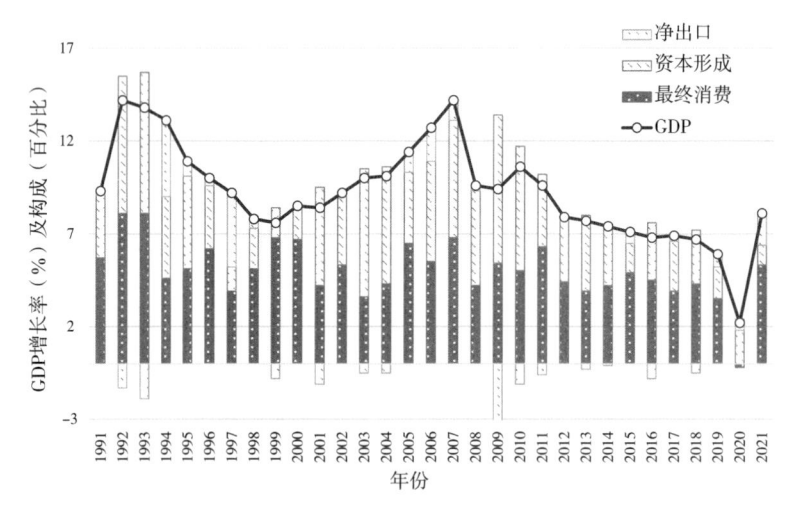

图6-1　净出口、资本形成和最终消费的变化趋势
资料来源：国家统计局"国家数据"。

我们分两个期间（2002—2010年和2011—2019年）计算各年度的算术平均数并进行比较，可以看到三大需求对经济增长贡献率的相对变化。从前一期间到后一期间，最终消费的贡献率从48%显著提高到60%；与之相对应，资本形成的贡献率从55%降低到40%。至于净出口的贡献率，两个时期的平均水平皆为

微不足道的负值。需求结构的这种变化总体上符合发展阶段提出的转变发展方式的要求，同时支撑了潜在增长率，保证2011年以后GDP的实际增长速度与中国经济潜在增长能力相一致。

正如前文所讨论的，人口负增长和深度的人口老龄化将使中国经济增长受到需求因素的常态制约。因此，在坚持供给侧结构性改革，从增加要素供给和提高生产率入手，保持和提高潜在增长率的同时，也要推进需求侧改革，从出口、投资和居民消费着眼和着力，挖掘外需和内需潜力。值得注意的是，除非在应对周期性波动和意外冲击的情况下，通过改革和政策调整挖掘需求潜力与采用宏观经济政策工具实施刺激并不是一回事，后者是必要的应急之策和权宜之计，前者才是需要长期坚持的正途。

高质量发展与比较优势转换

作为国际贸易理论依据的比较优势理论旨在阐释，国家之间和地区之间存在的比较优势为国际贸易和跨国投资活动提供了获益机会。可以说，20世纪90年代以来的经济全球化高潮正是在比较优势的作用下出现的。不过，比较优势理论也好，遵循比较优势原则进行的国际贸易实务也好，在一些重要的理论和现实问题上，留下了诸多尚未破解的谜题。循着这样的方向探寻答案，有助于找到经济全球化遭遇逆流的原因，探索中国扩大对外开放的政策举措。

经济史上有一个著名的现象，也是经济学的著名命题，即"资源诅咒"。由于荷兰在历史上曾经被认为表现出典型的此类经济症状，因此这个"诅咒"也被称作"荷兰病"。这个现象的实质就是，一些自然资源禀赋优异的国家虽然可以一时获得贸易利益，却未能从此获益中形成一种动能，推动全面的经济增长和结构变革，最终的结果是，长期来看经济增长表现反而不如一些自然资源贫乏的国家。既然得天独厚的自然资源禀赋也是一种比较优势，推而言之，资源诅咒也可以被表述为比较优势诅咒。

比较优势理论的信奉者和自由贸易的倡导者都秉持一种不言自明的假设，即一国拥有的比较优势是一成不变的，依据比较优势进行国际分工也就形成一个固定且稳定的二分法格局，其中发达国家的资本和技术与发展中国家的劳动力和资源进行分工和交换。至少可以这样说，人们过去很少考虑这样一种情形，原来处于低端产业领域的国家在这些产业中发挥比较优势，获得贸易利益的同时，还会实现产业结构的升级和生产率的整体提高，进而在高端产业领域也获得比较优势。如果真的发生这种情况，新的比较优势格局应该是什么样子，原来的发达国家能否继续同赶超者进行国际贸易呢？

曾经在比较优势理论的现代经济学版本中享有署名权的保罗·萨缪尔森在一篇引起广泛争议的论文中，把这种可能的情景写成了一个理论模型。①他的讨论沿用了比较优势理论的典型叙事方法，以人们熟知的经典假设作为铺垫，即假设存在两个国家，分别都生产两种产品，其中那个更发达的国家在资本和技术密集型的高端产品上具有比较优势，另一个较不发达的国家在劳动密集型的低端产品上具有比较优势，于是两个国家进行贸易的结果是双方均可获益。

这篇文章并不是老生常谈，而是具有明确的政策含义。萨缪尔森指出一个以前似乎从未发生的事实，即作为低端产品生产者的较不发达国家，其高端产品的生产率得到提高，从而开始改变自己在产业价值链上的地位。这时，发达国家的贸易地位自然就受到威胁。因此，萨缪尔森无奈地指出，事情发展到这一步，自由贸易不再是众皆获益的，正是由于处在赶超地位的国家在高端产业领域实现了生产率的提高，原来生产高端产品的发达国家的利益便受到了永久的损害。

萨缪尔森并不讳言，他这篇文章所指的变化了的情形就发生在中国和美国之间。美国是那个原来在高端产业领域具有比较优势的国家，中国是原来在低端产业领域具有比较优势的国家。当中国在高端产业领域的生产率得以提高，并且越来越具有与美国一决高下的比较优势和竞争力时，比较优势理论隐含的假设似乎

---

① Paul Samuelson. Where Ricardo and Mill Rebut and Confirm Arguments of Mainstream Economists Supporting Globalization[J]. Journal of Economic Perspectives, 2004,18 (3): 135-146.

不再成立。正如美国针对中国发起的贸易摩擦、供应链脱钩、技术封锁和全面遏制是真实发生的事件一样，中美之间比较优势的这种变化确实从理论模型变成了活生生的现实。

如果说举出宝武钢铁、中石化、华为、阿里巴巴、腾讯、比亚迪这样的知名企业仍有失于个案式论证的话，我们还可以看几个加总的统计指标。首先来看中国在高科技产品上的出口比重。世界银行把一些研究开发强度高的制造业产品，如航空航天、计算机、医药、科学仪器和电子机械，定义为高科技产品。根据世界银行的数据，2007—2020年，中国的高科技产品出口占制造业产品出口的比重总体保持在略高于30%的水平，同期美国的这一比重则从29.8%显著地下降到19.5%。

如果说这个统计指标还不足以说明中美在高端产品上的生产率相对变化的话，两国科学研究与试验发展（R&D）支出水平的相对变化趋势可以提供进一步的间接证据。也就是说，中国对研发支出投入的大幅度增加，终究会转化为制造业科技含量的增强。2001—2020年，研发支出占GDP的比重在中国增长了155.3%，在美国则仅仅增长了30.3%，全世界平均增长率为26.7%。

我们曾经天真地认为，按照比较优势原则参与世界经济分工的本意就是让发展中国家有机会赶超发达国家，从而实现发展水平和生活质量的全球趋同。然而，经济学逻辑与政治逻辑从来就不是一回事，或者说前者必然要以政治经济学的形式表现出来。相应地，国际贸易终究也包含着地缘政治的诉求。一旦问题转到政治经济学的话语疆域，贸易伙伴就变成了博弈对手。[1]既然美国不能改变比较优势趋同的趋势，同时又对国内的沉疴痼疾难有作为，它必然会动用种种伎俩，试图阻碍、打压和遏制中国的发展。

那么，面对美国等西方国家设置的重重阻碍，中国是否只能选择退出全球化这个群呢？不仅从自身的国家利益来讲，答案必然是否定的，经济学原理和经济现实也表明，中国前方的必由之路恰恰应该是高质量发展前提下的高水平对外开放。我们已经在前文中讨论过国际关系方面的策略，这里我们重点讨论一下中国如何把自身的高质量发展转化为新的比较优势，持续和扩大对世界经济分工的积极参与。

让我们回到萨缪尔森改写的比较优势理论模型上。为什么在早期的模型中不存在那么明显的政治经济学逻辑呢？周其仁教授在解说萨缪尔森的文章时，特别注意到其沿袭了一贯的简单假设，即两个国家生产两种产品，比较优势和贸易收益便源自两国生产两种产品的相对生产率差异。[2]虽然很久以来经济学家都津津乐道于这种简单的假设，将其作为有用的修辞方法，但是也不乏批评之声。例如，戴尔德丽·麦克洛斯基就曾质疑这种假设能否真实反映实际情况，把这种始于李嘉图的修辞方法称为"李嘉图恶习"。[3]

---

[1] 引自张宇燕和夏广涛即将发表的论文《技术、权力与福利：大国博弈的政治经济学分析》。
[2] 周其仁. 在台州读萨缪尔森[N]. 经济观察报，2006.
[3] Deirdre McCloskey. The Rhetoric of Economics[M]. Madison: University of Wisconsin Press, 1998.

这个关于两个国家和两种产品的简单假设，只是当遇到中国这个规模庞大、在"边干边学"中实现高速增长和结构变革的经济体时，才首次变为一种真实的现象。也就是说，任何国家进行国际贸易都不仅面对一个产生足够大影响的贸易伙伴，只有在中美两个最大的经济体之间，才最接近于"两个国家"的假设。这时，作为百年未有之大变局中"西降"一方的美国，只好借助国际政治经济学的逻辑，诉诸单边主义和保护主义政策。与此同时，作为"东升"一方的中国，享有巨大的经济规模禀赋和"边干边学"的后发优势，创造了史无前例的经济增长和产业结构变革速度，在实现经济赶超的同时也改写了比较优势。

保持和发挥这些优势恰恰是中国在继续参与全球化的条件下，实现自身经济增长和产业变革的底气。在以国内大循环为主体、国内国际双循环相互促进的新发展格局下，实现高质量发展和高水平对外开放是中国的必然选择。2020年，中国的资本形成规模占世界的比重为28.6%，最终消费的占比为13.1%，2021年GDP的占比为18.5%。也就是说，国内大循环的"大"字名不虚传，无疑是实现高质量发展足够大的舞台。

诚然，诸多关键领域的发展和竞争力的提高可以从外延上刻画高质量发展特征，例如人工智能、新材料、绿色能源、高端芯片、生命科学技术等，都可以在一定程度上承载高质量发展的定义。然而，高质量发展的内涵归根结底在于把新发展理念贯彻其中的经济增长和结构变革。其中，生产率的提高与分享不啻一个轴心，可以把所要达到的一系列发展目标逐一地紧密连接起来。

创新发展和协调发展是提高劳动生产率和全要素生产率的途径；通过共享发展和绿色发展，可以在全体居民之间、人与自然之间及人口代际分享生产率；在统筹好发展和安全的前提下，新发展理念推动的高质量发展也必然为更好的开放发展打下基础。纵观经济全球化的变化趋势，从中国在世界经济中的特殊地位来看，中国未来的开放需要适应两个趋势性的变化。[①]

第一是国际贸易模式的变化。李嘉图的比较优势理论设想的贸易主要发生于分别在不同产品上具有相对高生产率的国家之间。然而，在第二次世界大战之后，冷战造成了一个东西方对峙、南北方割裂的世界格局，大量的国际贸易主要发生在西方发达国家阵营内部。这些国家在要素禀赋上并不具有显著的差别，因此，这种贸易并不是典型的按照李嘉图的比较优势模式进行的，贸易的必要性来自克鲁格曼等人认为的规模经济，即各国在同一类型产品的生产中具有不一样的产业配套水平、区域聚集效应和产出规模经济，故可以简称为"克鲁格曼模式"。

20世纪90年代以来的全球化高潮中，许多转轨国家和发展中国家以丰富且成本低廉的劳动力作为要素禀赋优势，参与到世界经济分工中来。处于不同发展阶段的国家之间始终存在的生产率差异再次表现为比较优势差异，因此可以说，这个时期的国际贸易在很大程度上回归了李嘉图模式。然而，随着萨缪尔森所分

---

① 为了对这里的讨论有必要的背景了解，请参见2019年出版的《中国经济发展的世界意义》一书的第十一章和第十二章。

析的那种新贸易格局逐渐显现，可以预期未来的国际贸易至少会在一定程度上经历向克鲁格曼模式的回归。

长期以来，中国参与世界经济分工是以劳动力丰富这一要素比较优势立足的。随着经济发展和人口转变阶段发生变化，劳动力短缺成为常态，劳动力成本显著提高，劳动密集型制造业的比较优势势必减弱。与此同时，改革开放以来的高速增长和工业化进程也显著提升了中国产业的配套能力、集聚效应和规模经济，为适应贸易模式变化创造了良好的条件。广义而言，这可以看作比较优势转换的一个重要方面。

第二是国际贸易的多极化。20世纪90年代以来，确实有许多新兴经济体和发展中国家抓住了这一轮全球化的机遇，实现了较快的经济增长，赢得了赶超发达国家的机会。历史上第一次，世界经济不是在理论上而是实际发生了增长的趋同，即发展中国家与发达国家的人均收入水平有所缩小，这同时也意味着包括贸易和投资在内的国际经贸活动已经并将继续在多元化、多样化和多极化的框架内进行。

应该说，中国在这个大变局中扮演着重要的角色，主导和推动着国际经贸格局的变化。以中国贸易伙伴的多元化趋势为例，2001—2020年，中国按现价美元计算的进出口总额提高了813.5%，与此同时，中国对世界230余个国家和地区进出口额的变异系数下降了26.9%。即使在2010—2020年这10年，中国的进出口总额也提高了56.6%，同时，面对同样数量的贸易伙伴，变异系数下降了8.1%。

中国在上述格局变化中的主导地位和适应性转型，一直以来与国内经济发展水平的提升同步。中国的进一步对外开放也必然要求以自身的高质量发展为前提，实现比较优势的转换和提升。众所周知，处于不同的发展水平，生产要素禀赋不尽相同，因此，任何国家一旦实现经济增长，人均收入提高，就必然经历要素禀赋结构的变化。这就是说，依靠要素禀赋差异进行的贸易，终究要伴随发展阶段变化而转型。中国参与世界经济分工的模式将在比较优势转换的前提下同时发生以下变化，这些变化都要求以高质量发展开创对外开放的更高水平和崭新境界。

一个变化方向是遵循动态比较优势趋势，逐步成为高端产品的出口国。动态比较优势理论预期，当一个国家的要素禀赋结构发生变化时，譬如随着人均收入水平的提高，相对于劳动力，资本的稀缺程度下降，该国的比较优势就会更加接近于资本密集型产品，同时逐渐远离劳动密集型产品，这个国家在世界经济分工中的地位也就发生了变化。然而，这一变化虽然符合理论预期，却不是自然而然实现的。如果不能成功实现这个转换，就会产生对经济增长的抑制作用。经济史上那些遭受到比较优势诅咒的国家，往往也会成为长期徘徊于中等收入陷阱的典型案例。

中国的要素禀赋结构无疑正在以惊人的速度升级。以每个就业人员对应的当年固定资产投资额作为代理指标，2003—2021年，中国第二产业的资本劳动比实际提高了 6.52 倍；以每个就业人员对应的增加值作为代理指标，同期中国第二产业的劳动生产率实际提高了 3.51 倍。随着要素禀赋的这种变化，比较优势必然发生转换，中国产业在价值链的位置将不断提升，贸易格局的重塑也会水到渠成。

另一个变化方向是利用超大规模市场和超强生产能力，以规模经济获得比较优势和贸易利益。这是一种把国内大循环、高质量发展与对外开放结合起来，内外联动的扩大开放策略。与基于要素比较优势的贸易相比，基于生产率提高的国内国际双循环具有更强的韧性和更丰富的内涵，可以在中国与发达国家要素禀赋差异缩小的条件下，利用包括规模经济在内的其他差异继续开展国际贸易。同时，中国的产业之间和地区之间仍然存在要素禀赋和发展水平的差异，恰恰对应着世界经济发展中的差异性，可以成为中国面向广大发展中国家开展多元化贸易的基础。

发展阶段变化与投资回报率

在中国经济高速增长期间，资本要素相对稀缺是发展的主要制约因素。与此同时，人口红利的存在阻止了资本报酬递减现象的发生，因而那时中国的投资回报率在全球处于很高的水平。随着中国经济进入更高的发展阶段，在资本相对稀缺程度降低的同时，人口红利消失也导致劳动力短缺，资本报酬递减律挣脱了劳动力无限供给这个缰绳，日益在经济增长中发挥常态作用。在现实经济活动中，传统比较优势的式微也导致固守既有经营方向和生产率水平的企业日益感受到投资无利可图。可见，投资回报率下降是投资需求趋于羸弱的根本原因。

在整体投资回报率下降的同时，产业之间、行业之间和企业之间仍然存在投资回报率的差异。撇开其他因素，正是由于生产率上存在显著的差异，使得投资回报率大异其趣。一方面，生产率差异是一些现行的体制机制障碍所导致的；另一方面，生产率不同导致的投资回报率差异被总体上显示的投资需求疲弱所掩盖。因此，如何让真实的投资需求显现出来，发挥投资应有的拉动内需的作用，是一个亟待破解的政策难题。对于如何挖掘投资需求潜力这个问题，需要从全方位的视角来认识，进而通过全面的改革予以解决。

更加合理、有效地配置资金，整体提高资本报酬率和投资回报率，是扩大投资需求的根本途径。一个产业的份额是否应该遵循经济规律而趋于降低，一个行业是否不再具有比较优势，一个企业能否保持市场竞争力，并不应该由政策制定者决定，经济学家也无法给出准确的判断。产业和行业的消长及企业的去留，最终要在生产要素价格不受扭曲的条件下，通过市场的优胜劣汰机制来决定。归根结底，投资需求来自投资回报率，投资回报率则有赖于生产率和投资效率的提高。

是否存在与产业和企业的生产率表现无关，甚至与投资效率无关的投资回报率呢？这样的情形和场合的确是存在的。在比较优势和竞争力趋于弱化且货币环境相对宽松的条件下，企业或投资者往往寻找那些与比较优势和竞争力无关的领域，从而通过易于获得且成本低廉的资金牟利。从日本的经验来看，这些领域包括一系列容易形成泡沫、不具有可持续性且带来巨大金融风险的投资，从股票市场、房地产到海外资产，乃至文物和艺术品，不一而足。

在高速增长期结束后，中国经济面临一个风险隐患——多种原因推动的房地产不健康地发展。住房作为事关民生急难愁盼的大事，具有强劲的市场需求，这是合乎情理的现象。在一定程度上，人口负增长和老龄化加剧可能从总量上改变这个领域的建设预期，但是伴随着户籍制度改革的新型城镇化，以及大规模人口成为中等收入群体，仍将以结构调整的方式支撑房地产的需求。

在传统比较优势日趋弱化和竞争力逐渐下降的情况下，为了稳定经济增长速度，地方政府往往更倚重房地产发展的投资拉动效果。为了稳定投资回报率，投资者也有强烈的动机在这个领域投资。2011 年以来，在经济增长减速、资本形成率下降，以及投资对 GDP 增长贡献率降低的同时，房地产开发投资占固定资产投资（不含农户）的比重有明显的提高趋势，2020 年和 2021 年都达到自 1986 年有统计数据以来的最高水平，分别为 27.3% 和 27.1%。

地方政府对土地财政的依赖性没有发生根本的转变，财政收入仍然过度依赖国有土地使用权出让收入，造成对过度房地产化的纵容。国有土地使用权出让收入占国家财政收入的比重近年来有明显的上升趋势，从 2015 年的 20.3% 提高到 2020 年的 44.9% 和 2021 年的 42.0%。显而易见的是，政府越是在财政收入压力大的情况下，越需要依靠拍卖国有土地的出让收入弥补税收的不足,以致在国有土地使用权出让收入增长率与其他财政收入增长率之间形成了显著的负相关关系。

房地产发展是必要的,但是必须防止住房建设从"住"的本位到"炒"的偏离。这要求从两方面予以纠正:一方面,从民生保障出发,把住有所居作为政府承担支出责任的基本公共服务供给;另一方面,转变发展方式,避免把房地产作为刺激投资和增加政府收入的载体。对所有类似领域来说,如果提高生产率、转换比较优势和提升竞争力不能从体制机制上受到激励,这种泡沫就容易产生,积累起巨大的风险隐患,终致泡沫破裂和金融危机。

只有在全国统一大市场的建设中,疏通生产要素流动和重组的渠道,营造出创造性破坏环境,资金才能流向真正的需求者,通过改善资源配置效率扩大投资需求。这就要求削峰填谷,消除资本配置的不均衡。在投资需求疲弱的情况下,政府采取了宽松货币环境、产业政策性补贴和特惠贷款等手段,旨在刺激投资需求。然而,银行信贷的发放和优惠政策的施与,无论是出于风险的考虑,还是从免责的角度考虑,往往导致资金向大企业、国有经济和政府大型项目倾斜,甚至鼓励这些领域接受并非实际需要的贷款,造成资金的闲置和浪费。

与此相反,中小企业、非国有经济和新创企业则始终处于贷款难、贷款贵、得不到足够政策支持的状况。这种状况不仅从结构上抑制了投资总需求,也是资金配置效率及生产率下降的重要原因之一。现实中,资本形成对 GDP 贡献率的下降幅度始终显著大于资本形成规模及在 GDP 中占比的下降幅度,这就表明资本的配置不符合效率原则。

可以设想一下，如果保持资本形成规模的增长速度稳定，以及在 GDP 中的占比不变，资金在各种类型企业之间得到更均衡的配置，挖掘出潜在的资源重新配置空间，进而挖掘生产率潜力，无疑可以显著提高资本形成对经济增长的贡献率。因此，政策的制定和实施需要体现以下原则：资源重新配置是经济增长的源泉，也是需求合理扩大的潜力所在。

根据发展阶段的要求，挖掘基础设施投资需求潜力尚有很大的努力空间。就需求特点来说，基础设施投资与市场主体的直接投资既有一致的动因，也有不同的特点。相同之处在于，基础设施投资也是经济活动的重要组成部分，也要求顺应发展阶段变化，按照经济增长的新需求进行调整。不同之处在于，基础设施投资需求是一种市场活动派生的需求，建设周期和回报周期都比较长，更易受政府政策的影响，常常被作为刺激经济的载体，因而易于成为债务累积和高金融风险的领域。

根据这些特点，在基础设施建设中，至少需要在两点平衡关系上把握好分寸。首先，基础设施建设不能与实体经济脱钩。更高质量发展和产业结构的升级换代都会对基础设施提出新的要求，即在优化布局、结构、功能和系统集成的基础上，构建现代化基础设施体系。其次，从基础设施建设本身仍然可以挖掘到独特的需求潜力。作为派生的需求，基础设施建设固然有赖于经济增长的长期趋势和常态速度，然而，补齐现实中存在的基础设施短板仍然可以创造出立竿见影的当下需求。

中国基础设施建设取得的显著成就容易使人产生一种错觉，以为中国的基础设施建设已经足够超前，以至需求潜力相对有限。例如，世界经济论坛发布的《2019年全球竞争力报告》显示，在作为竞争力指数重要支柱的基础设施方面，中国得分较高，排在141个国家和地区中的第36位。[①] 由于同年中国的人均GDP在207个国家和地区中排在第86位，基础设施建设水平似乎已经大大超前。不过，这种比较并不恰当，因为基础设施建设水平和建设投资需求并不如想象的那样只与人均收入水平相关，而是与人口规模、经济总量和增长速度等紧密相关。

为了避免高估中国基础设施建设的超前程度，以便看到该领域投资需求的潜力所在，我们可以利用世界经济论坛报告中的信息，再做两点比较。首先，在2019年的全球竞争力指数排名中，中国整体排在第28位，其中由人口规模决定的市场规模排名第一。也就是说，基础设施这个支柱的排位还低于整体位次，与市场规模具有的地位并不相符。其次，基础设施建设水平在结构上也不尽平衡。这个支柱可以被进一步区分为交通设施和公用设施，前者的世界排名高达第24位，后者的排名则低至第65位。可见，无论是提升人民生活品质的要求，还是推动户籍人口城镇化的要求，都意味着公用设施建设和投资仍有巨大的需求潜力。

---

① Klaus Schwab. The Global Competitiveness Report 2019[M]. Geneva: World Economic Forum, 2019: 155.

影响居民消费的经济社会因素

在前文中，我们通过对人口总量和年龄结构两种效应的讨论，已经可以做出判断，在人口负增长和老龄化加剧的时代，居民消费的增长速度将放缓，或者说受到自然的抑制。人口转变的趋势是不可逆转的，所以对于由此产生的削弱消费的作用力，总体上无法人为地改变。然而，除了来自人口因素的直接效应，还有一些与人口间接相关的因素，以及与之关联度较低的因素，也对消费增长造成负面影响。从这些因素着眼打破需求制约，尽可能降低其负面影响，相关政策大有用武之地。

受到人口间接影响的消费制约因素是增长效应或收入效应。随着人口负增长时代的来临，中国经济将在更大的基数上和更高的水平上以相对慢的速度增长。这个经济增长的减速会从两个方面产生降低居民收入增速的效应：一方面，经济增量的相对减小，直接限制可以转化为居民收入的蛋糕规模；另一方面，较慢的劳动生产率提高速度制约普通劳动者工资的上涨幅度。

20世纪90年代以来的很长时间里，中国的人均GDP、人均居民可支配收入和居民平均消费均以较快的速度增长，这三个指标的变化趋势和相互关系总体上符合经济学的理论预期。如图6-2所示，经济增长、收入增长和消费增长总体上遵循相同的轨迹，虽然三者的同步性在不同时期不尽相同。由这三个指标所刻画的中国经济高速增长，大体上结束于国际金融危机时期，特别是在大规模刺激政策效应消失后，中国经济的增速便进入常态性的下行区间。也就是说，人口红利消失导致的经济增长减速，从此为居民收入和消费的增长设置了天花板。

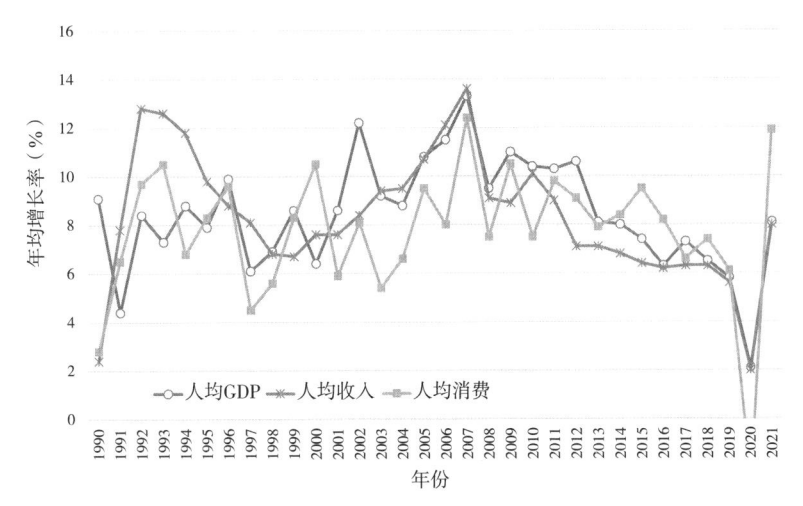

图6-2 经济、收入和消费增长的同步性

资料来源：国家统计局"国家数据"。

与此同时，自中国经济增长进入减速期以来，经济、收入和消费之间的增长同步性显著增强，表现为在对上述三个指标的增长率进行两两比较时，均可以发现显著的正相关性。例如，2011—2021年，人均GDP增长率与居民可支配收入增长率之间的相关系数达到0.913，居民收入增长率与居民消费增长率之间的相关系数为0.931，人均GDP增长率与居民消费增长率之间的相关系数为0.833。

与人口因素并无直接关联的消费制约因素是收入分配效应。经济理论和实际经验都表明，处在不同收入分层的群体，边际消费倾向大相径庭：低收入人群尚有未予满足的消费需求，因此，他们在收入增加的情况下会把较大的比例用于消费，即具有较高的消费倾向；高收入人群已经难有尚未满足的普通消费需求，他们只会将收入增长的较小比例用于消费，即具有较低的消费倾向。由此可以推论：社会收入差距过大不利于扩大消费。因此，任何改善收入分配的政策都可以产生扩大消费需求的效果。

上述结论已获得很多实证研究的支持。例如，宿玉海等人估算了中国不同收入群体在不同类型消费上的边际消费倾向，即家庭收入每增长一个百分点带来某种类型消费的增长百分点。他们的计量结果显示，如果低收入群体在生存型产品和服务上的消费倾向为1，中等收入群体和高收入群体则分别为0.56和0.13；在享受型产品和服务上，三个收入组的消费倾向之比为1∶1.55∶0.34；在发展型产品和服务上，三个收入组的消费倾向之比为1∶0.61∶0.30。[①]

由此不难发现其中的政策含义：在无法通过逆转人口转变的方向来遏止消费下行趋势的情况下，从改善收入分配状况和扩大中等收入群体规模入手，实施一系列改革和政策调整，实质性缩小收入和基本公共服务差距，仍然可以取得稳定乃至扩大消费的效果。在随后的章节里，我们将深化这方面的讨论。

[①] 宿玉海，孙晓芹，李成友. 收入分配与异质性消费结构——基于中等收入群体新测度 [J]. 财经科学，2021（9）.

第七章
发展模式转变与认识范式转换

既然人口发挥着经济增长的舵和锚的功能，人口转变阶段的重大变化必然明显改变经济增长的源泉和动能，相应提出转变经济增长模式的任务。在劳动年龄人口达峰10年之后，中国人口总量将达峰并开始负增长，这个变化标志着一个更为根本的转折。在继续从供给侧探寻增长新动能的同时，政策应该实现向更加关注需求侧因素的重大转变。这个转变如此重大并富有挑战性：一方面，按照发展阶段的逻辑，这是一个全新的挑战，因此，在很大程度上可以说我们准备尚不足；另一方面，以供给侧为主要关注点的增长理论对此也缺乏必要的知识储备。

本章讨论中国经济发展模式和经济学范式应该如何顺应上述转变提出的要求，进行必要的转变。对中国经济的长期发展来说，最重要、最迫切的任务在于我们能够充分认识新挑战的性质，并且在经济发展模式、政策制定的思维模式和研究范式等方面做出转变。我们将指出，模式转变和范式转换是推进改革并获得改革红利的基本前提。无论从供给侧还是从需求侧，中国经济仍可指望获得诸多新增长点，各类市场主体也可以获得诸多发展机会。

防止未富先老变为慢富快老

多年来，研究者和政策制定者都认同一个事实：在当代中国，人口与经济的关系具有一个突出的特征，即未富先老。一方面，从自身的经济发展阶段变化来看，中国的人口转变浓缩在较短的时间里快速完成，意味着人口红利来得早，去得也快。另一方面，与经济发展和人均收入水平大致相当的国家相比，中国的老龄化速度更快，老年人口比重更高。在广泛讨论的基础上，无论研究者还是决策者，可以说在一定程度上达成了共识，已经把未富先老当作人口红利消失过程中的新国情特征看待。

未富先老这个新国情提出一系列独特且严峻的发展挑战。例如，如何应对劳动力短缺及其导致的制造业比较优势弱化，如何把经济增长速度保持在合理区间，如何促进生育水平尽可能向更可持续水平回归，以及如何保持养老保险基金充足、可持续，等等。人口老龄化这个基本趋势固然已经无法逆转，然而通过进一步改革开放，实现经济发展方式转变和经济增长动能转换，中国仍然有能力稳定潜在增长率，甚至有条件加快经济增长速度。也就是说，通过加快向更高收入阶段过渡，我们可以指望以快富应对先老的挑战。

然而，正如此前已经揭示的那样，中国的人口老龄化水平以显著快于预期的速度提高，人口负增长时代也比预测的年份更早来临。相应地，无论是供给侧的潜在增长率进一步降低，还是需求侧对经济增长的支撑能力弱化，都存在导致实际经济增长速度放缓，特别是明显低于原来预期水平的可能性。这种新情况意味着未富先老有极大的可能以一种更富挑战性的面貌表现出来，那就是老龄化以超过预期的幅度加剧，同时经济增长却以超过预期的幅度减速。作为与未富先老相对应的一种情景，我们可以用"慢富快老"来形容。

图7-1表明慢富快老现象发生的现实可能性。正如前文已经说明的，联合国2022年人口预测提供了总体而言符合实际情况的中国人口数据，而该机构2019年的人口预测则显著低估了中国人口老龄化的程度。因此，以有关中国人口变化的准确预测为依据，我们至少可以看到两个影响至深的人口转变趋势。其一，把联合国两次预测数据做一比对，2019年的预测对于65岁及以上老年人数的低估，低估的幅度2020年为1 236万，2025年为1 382万，2030年为1 876万，2035年高达2 185万。其二，在可以预见的相当长的时间里，譬如在2050年前，中国的老龄化率都将处于上升趋势，而在2040年之前，老龄化率上升的速度则具有递增的性质。

读者可能会注意到，对于中国未来的经济增长速度，中外不少经济学家和机构都做出了自己的预测。一般来说，对经历发展阶段变化的经济体来说，依据以往的增长表现外推未来的直线式

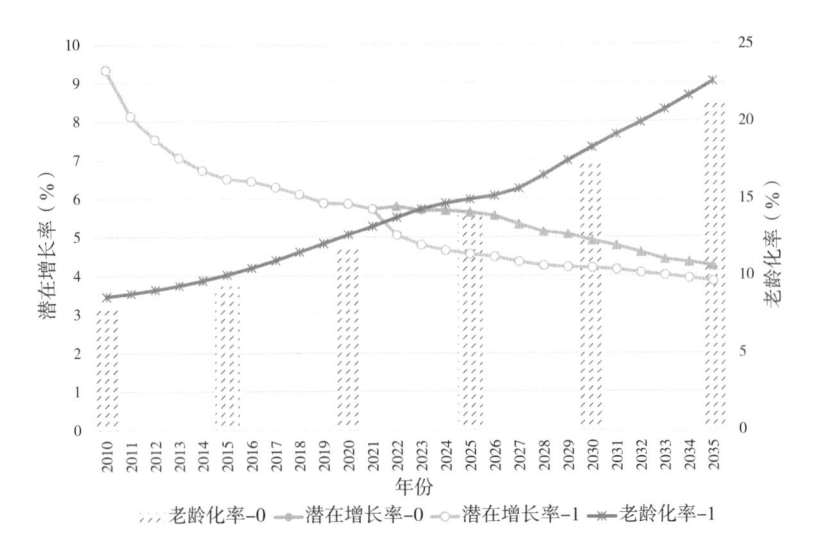

图7-1　潜在增长率和老龄化率的不同情景

资料来源："老龄化率-0"系根据联合国2019年人口预测数据，参见 United Nations, Department of Economic and Social Affairs, Population Division.World Population Prospects 2019, Online Edition, 2019；"老龄化率-1"系根据联合国2022年人口预测数据，参见 United Nations, Department of Economic and Social Affairs, Population Division. World Population Prospects 2022-Special Aggregates, Online Edition, 2022；"潜在增长率-0"和"潜在增长率-1"分别为依据不同人口预测数据的估算，引自蔡昉，李雪松，陆旸. 中国经济将回归怎样的常态 [J]. 中共中央党校（国家行政学院）学报，2023（1）。

预测，用来判断中国未来的经济增长速度已经不再适宜。因此，经济学家做出的预测总体上都相当于对中国经济增长潜力做出判断，即估算潜在增长率。在这个特定的人口转变阶段和经济发展阶段，如果不把人口因素纳入估算模型，必然导致谬以千里的结论；至于那些考虑到人口因素的研究，大多依据的还不是最新的人口数据，这对于经济增长预测结果的干扰恐怕也不只是失之毫厘。

所以，我们需要做的是根据最新的人口预测，并且在预测中仅仅反映人口数据不同这一因素，对未来的潜在增长率进行新的估计。如图 7-1 所示，采用不同的人口数据之后，对应人口负增长和更快的老龄化速度，中国 GDP 的潜在增长率与原来的预测相比显著降低。例如，2021—2035 年，最初预测的年均潜在增长率为 5.1%，最新的预测则降低到 4.3%。

综合考虑这些因素之后，我们有充分的依据做出这样的判断：一方面，中国经济的潜在增长率有很大的可能性低于此前预测的水平；另一方面，中国的老龄化速度确定无疑将比此前的预测更快。不过，这并不意味着慢富快老已成事实。既然更快的老龄化速度已经是一种确定性，而更低的经济增长速度仍然是一种可能性，那么积极应对老龄化，特别是从供给侧和需求侧做出足够大的努力，中国仍有机会保持经济的合理增速。我们将不惜笔墨，在后面的章节中分别阐述应对慢富快老的当务之急是什么，长期任务又是什么。

需求视角：增长理论的范式转变

从早期的发展经济学到占据主流地位的各种增长理论，几乎无例外都是以供给侧制约为基本假设而立论的。例如，贫困恶性循环、二元经济发展、大推动和改造传统农业等著名的理论流派，分别探讨了资本积累、劳动力转移和土地利用等提高生产率和增加产出的问题。以工业化国家为研究对象和经验基础的增长理论，也经历了从强调资本积累到关注人力资本，再到生产要素之间的配合比例，直到揭示全要素生产率重要意义的演进路径。

在完善和丰富新古典增长理论的尝试中，很多经济学家还把地理条件、历史遗产、体制环境和文化背景等多种因素纳入分析。概括来说，这些因素分别属于三个板块：（1）包括资本、劳动和土地在内的生产要素的积累和动员；（2）生产要素的配置，即生产率的提高方式；（3）生产要素积累和配置对应的制度环境。虽然各增长理论中观点众说纷纭、流派花样翻新，但绝大多数只是从供给侧揭示影响经济增长的因素。揭示出这些因素固然构成了经济增长这枚硬币的重要一面，然而硬币的另一面（即需求侧）却不幸成为空白。由于长期以来经济增长的制约确实主要来自供给侧，需求侧因素通常仅被看作在短期经济波动中产生冲击作用，所以基于需求侧分析的增长理论至今仍然付之阙如。

然而，尝试从需求侧研究长期增长问题的经济学家也不乏其人。众所周知，凯恩斯经济学的核心概念是"有效需求"。关于这个概念是凯恩斯从马尔萨斯那里借鉴而来的这个事实，则不那么为人所熟知。至于凯恩斯借助这个概念及其长期含义，几乎建立起一门基于需求侧的增长理论这个典故，则更是知者寥寥。实际上，在《政治经济学原理》一书中，马尔萨斯不仅为凯恩斯的有效需求提供了学说史的源流，更是把自己的人口理论与经济发展理论做了衔接，闪烁出从需求侧构造长期经济发展理论的熹微曙光。[1]

马尔萨斯强调的是人口过度增长导致生活水平降低，虽然这种结论被工业革命后的经验证明是错误的，但是这个分析是最早从需求的角度认识人口与经济关系问题。吸收其有益的成分，凯恩斯指出，人口增长停滞会减少消费，因而造成产出的过剩，认为人们在锁住人口"魔鬼"的同时，如果应对不当则会放出失业这个"魔鬼"，将给经济增长带来灾难性后果。[2]

不能说凯恩斯的这一思想传统后继乏人。他的同代人阿尔文·汉森指出，人口增长的停滞产生对总需求的不利影响，导致生产性资源长期未得到充分利用，特别是资本需求羸弱，储蓄不能转化为投资需求。他把这种现象命名为"长期停滞"。几十年后，当代经济学家萨默斯在把老龄化条件下的长期停滞归咎为供给侧和需求侧后果的同时，特别强调了需求侧的重要性。在一定程度上，凯恩斯这一从需求视角认识长期经济增长的智慧被发扬光大。但是，起因于凯恩斯本人的失之交臂，基于需求视角的增长理论并未循着流派形成的路径走下去，不能不说是一个极大的遗憾。

经济学是一门学以致用的学问，其整体创新和新流派的形成自然也是需求引致的，经济生活现实提出的问题是其发展的动力。

---

[1] 马尔萨斯. 政治经济学原理 [M]. 厦门大学经济系翻译组，译. 北京：商务印书馆，1962：258-260.
[2] John Maynard Keynes. Some Economic Consequences of a Declining Population[J]. Population and Development Review, 1978, 4(3): 517-523.

无论是世界经济中出现的新特征,还是中国经济面临的新挑战,都要求增长理论实现一个单纯关注供给侧到同时甚至更加关注需求侧的范式转换。既然这个范式转换也应该是问题导向的,那么首要工作无疑是提出恰当的问题。中国经济发展面临的挑战既以一般规律保持内在的逻辑关联,又具有与国情相关的特殊性,因此这里的问题表现出格外复杂的特性。不过,中国的独特之处也表现在解决问题的正确举措,可以从供给侧和需求侧同时创造改革红利,支撑长期经济增长。

第一,如何使外需继续作为适度合理的增长拉动力。虽然实际上在整个改革开放期间,净出口并不是中国 GDP 增长在数量上十分显著的贡献因素,但是在需求因素制约增强的情况下,外需不仅是重要的需求来源,还检验中国产业升级换代和动态比较优势提升的效果。因此,从供给侧提高中国产业的生产率和竞争力,实现比较优势转换,进而兑现为国际竞争优势,是高质量发展的题中应有之义。

第二,新的投资增长点在哪里,如何识别并抓住机会。在二元经济发展的晚期阶段,资本报酬递减现象日益显现,遵循盈利原则的微观市场主体投资意愿相应降低。在公共品或准公共品领域进行投资,固然可以克服短期激励不足的缺点,但也会导致不当投资,降低资金使用的效率。这时,如何消除体制机制上的阻碍,释放正确的价格信号,让市场主体在竞争环境中寻找投资机会,以及如何识别出具有外部性的公共投资领域,对于投资的结构优化、合理增长和发挥促进经济增长的作用至关重要。克服这个难点，也可以为中国经济在跨越了二元经济发展阶段后，开启长期可持续增长源泉奠定良好的基础，积累有益的经验。

第三，如何在老龄化条件下稳定和扩大居民消费。从总的趋势来看，人口负增长和老龄化固然都产生抑制居民消费的效应，然而挑战中依然孕育着新的机遇。一方面，人口特征本身也不乏消费扩大的诱因。不同的年龄结构对应着差异化的消费需求。如果市场本身未能把这种特征转化为庞大的市场，则意味着可能存在市场失灵或体制障碍。另一方面，在人口效应之外，无疑存在大量的机会，可以通过体制改革和政策调整挖掘居民的消费潜力。

针对上述问题，从理论及其政策含义上做出正确回应，不仅是保持中国经济增长的紧迫需要，也是制定长期发展战略的必要前提，并且可以期望对增长理论创新做出具有普遍意义的贡献。在进一步讨论与这些问题相关联的具体话题之前，需要强调的是，在人口红利消失的大背景下探寻新的增长源泉，既包括从变化了的人口特征中找到新的增长点，也包括从人口红利转向其他增长动能，而这两个方面的机会都需要通过改革来获得。

从索洛悖论到凯恩斯悖论

在此前讨论潜在增长率面临进一步下降可能性的时候，我们着重分析了与劳动年龄人口加快萎缩相关的因素，也就是人口红利消失的直接结果。还有一些会造成潜在增长率下降的因素，虽然不是人口转变的直接结果，却是在人口红利消失过程中因微观行为和（或）宏观政策做出不恰当反应而产生的次生结果。其中就包括一些导致生产率增长放缓的因素。

经济学家通常用全要素生产率来衡量整体经济效率。在分解经济增长贡献因素时，在总产出的增长率被分别归结到各种生产要素的投入贡献之后，如果还有一部分增长未得到解释，那么这个残差就是全要素生产率。科技进步成果得到应用、体制改革增强经济激励、要素流动导致重新配置等都会提高全要素生产率。由于改革开放的前30年恰好对应着人口的机会窗口期，未予充分利用的劳动力从农业向非农产业、从农村向城市、从中西部到沿海地区的大规模转移，创造了显著的资源重新配置效率。可见，中国在人口红利的收获期所收获的全要素生产率，主要组成部分正是劳动力重新配置效率。

实际上，从20世纪90年代开始，许多经济计量研究结果都证明了这个结论。例如，我与赵文对1979—2010年中国GDP增长因素进行分解时发现，平均而言，全要素生产率对这期间9.9%的年均增长率做出了39.0%的贡献，而在全要素生产率增长中，劳动力重新配置的贡献率更高达52.3%。[1]毋庸置疑的是，随着人口红利的消失，劳动力转移规模缩小、速度放慢，这种资

---

[1] Fang Cai, Wen Zhao. When Demographic Dividend Disappears: Growth Sustainability of China[M]//Masahiko Aoki, Jinglian Wu. The Chinese Economy: A New Transition. London: Palgrave Macmillan, 2012: 75-90.

源重新配置的空间随之收窄，全要素生产率的改善便相应减速。

由此发生的全要素生产率增长减慢是人口红利消失的直接结果。一般来说，在经济发展进入更高阶段后，不仅需要把增长动能从要素投入转向全要素生产率，也要把生产率的提高从依赖劳动力转移转到更多依靠其他方式上去。关键在于，在人口因素之外，还有哪些同时与应对人口挑战相关的抑制生产率提高的因素。在考察这个问题之前，我们先来了解一个经济学说史上的著名命题——索洛悖论。

这个命题的原始出处系罗伯特·默顿·索洛撰写的一篇书评。开篇第一句话，作者就指出，人们随处可见计算机时代的来临，唯独在统计中看不到生产率的提高。无论是由于诺贝尔经济学奖获得者的声誉效应，还是这句话确实揭示了人们苦思不得其解的现实问题，这个矛盾现象被称为"索洛悖论"，又称"生产率悖论"，并引起广泛讨论。经济学家进行了大量研究，尝试破解它，从不同的角度得出有益的结论。[1] 这里，我们希望找到的答案应该是这样的，它既符合经济理论的逻辑，也可以从各国发展经验中获得证据，更直接针对中国面临的现实挑战。以下两个阻碍生产率提高的机制及其表现恰好符合这样的要求。

第一是资源配置的僵化。在市场竞争中，生产率高的企业得以生存和扩张，生产率低的企业则萎缩和消亡，这种进与退、生

---

[1] 读者如果希望简要了解这方面的代表性研究，可参见蔡昉. 解读"凯恩斯悖论"——关于生产率分享的思考 [J]. 经济思想史学刊，2022（2）。

与死的选择机制是生产率提高的重要途径。如果低生产率的企业不能退出和死亡，也就阻碍了潜在有效率的企业进入和发展，企业之间就不能进行有利于生产率提高的资源重新配置。在一些发达的市场经济国家，由于各种垄断行为和私营公司的游说活动，市场竞争被寻租行为所代替，随着创造性破坏机制减弱，整体资源配置效率相应降低。

第二是资源配置的退化。很多国家的经验显示，新技术的应用通常有两个特性：其一，技术应用意味着资本替代劳动，也就是说生产率的提高与就业的减少相伴发生；其二，生产率提高在区域间、行业间和企业间是不同步的，总有被新技术遗忘的角落。因此，由于技术进步和自动化被排斥出来的劳动者，如果回流到生产率较低的农业或服务业，就意味着要素按照生产率提高的相反方向流动，正是一种资源配置退化的表现，整体生产率不能提高，甚至可能有降低的趋势。

上述说明和论证算不算破解了索洛悖论，可以交给学术界去评判。然而，理论终究是为实践服务的，由此获得的关于生产率为什么不能伴随科技应用同步提高的认识具有重要的实际意义，有助于从政策上做出对应的安排和调整，消除资源合理配置中的障碍，推动全要素生产率提高，创造新的增长动能。不过，破解索洛悖论，从供给侧探寻新的增长源泉固然重要，由于中国经济已进入需求制约的新常态，还需要从需求侧做出同样的理论认识，找到政策突破点。这样，我们再来了解另一个重要的命题——凯恩斯悖论。

凯恩斯在 1930 年发表的著名文章《我们孙辈的经济可能性》中预测，生产率将得到极大的提高，以致困扰人类的经济问题将在 100 年之后得到解决。他预见到，生产率提高的过程将始终伴随着成长中的烦恼和调整中的痛楚，据此提出了一个如何分享生产率成果的命题。[①] 或者说，人们孜孜以求的生产率提高，一旦达到丰裕社会的标准，如何分享生产率提高的成果反而越来越成为前所未有的难题。他在另外一篇文章中指出，人口停滞将会对总需求产生巨大的冲击，如果不能通过改善收入分配和提高社会保障水平予以化解，则会给经济增长带来灾难性的后果。

如果说索洛悖论是一个关于如何提高生产率的命题，凯恩斯悖论则主要是一个关于如何分享生产率的命题。可见，把两个命题并列进行探讨，或者说把生产率的提高与分享作为统一的命题相提并论，可以预期取得一箭双雕的研究效果，得出更符合发展规律的结论。应对中国日益面临的需求制约，发展模式的转变和研究范式的转变确实需要同步进行才能取得进展。

破解数字经济的"双刃剑效应"

党的二十大报告强调，加快发展数字经济，促进数字经济和

[①] John Maynard Keynes. Economic Possibilities for Our Grandchildren[M]//John Maynard Keynes. Essays in Persuasion. London: Palgrave Macmillan, 2010: 321-332.

实体经济深度融合，打造具有国际竞争力的数字产业集群。这既是党中央的重大部署，也深刻揭示了数字经济发展的本质和内涵。从中我们可以做这样的理解：数字经济发展的关键并不在于这个经济形态的孤立发展，与实体经济和其他产业的深度融合才是数字经济持续、健康、包容发展的要义所在。

国内外经验和教训都显示，数字经济是新科技革命条件下产业发展的方向，是产业结构升级优化的引擎。然而，这个经济形态也是一柄双刃剑，如果不能把握好发展的目标取向问题，换句话说，如果不能使数字经济的发展发挥好融合实体经济和连接相关产业的功能，便可能产生有投资无回报、有能力无功能、有产业无融合、有要素无市场，进而有水涨无船高的现象。破解"双刃剑效应"，至少需要从以下几个方面着眼，从理论上形成正确的认识，并用来指导政策制定和实际运行。

首先，促进产业的融合，实现同步现代化。现代化一直是社会经济各组成部分整体、全面和同步的现代化。中国经济现代化具体在新型工业化、信息化、城镇化和农业现代化中体现出来。在这"四化"过程中，信息化是连接其他部分的枢纽，即通过数据产业化和产业数据化，新技术革命中出现的最新科技通过数字经济的发展应用到各个产业之中。可见，数字经济与实体经济的深度融合既是数字经济发展的核心，也是创新发展最重要的表现形式。

其次，提高资源配置效率，破解索洛悖论。索洛做出"处处可见计算机，唯独从统计中看不到生产率提高"这一描述，其实具有更深刻的隐喻意义。例如，在数字经济的发展中，经常产生这样一种现象，即数字技术的硬件建设与其所发挥的效能脱节，这无疑可以成为索洛悖论产生原因的典型注解。这方面通常有多种表现，可以说，任何投入大量资金并形成有形设施却没有使产能得到充分利用的情形，譬如有了大规模的数据中心及其算力设施，却没有与之相匹配的计算需求，就不可避免地产生索洛效应。可见，数字技术的进步仍然需要遵循"诱致性技术变迁"规律，数字经济的发展也需要遵循社会需求导向规律。

再次，推动和规范数据要素市场的发育。在数字化时代，数据成为越来越重要的生产要素，也自然要求通过市场机制进行配置。然而，这并不意味着该要素的市场可以自然而然地形成和完善。因此，不仅需要像在其他要素市场那样，精心培育数据市场的发展，还应该探索数据要素市场的独特规律，如特殊的定价方式、交易规则、流动渠道和配置机制。例如，与数字经济的报酬递增性质相关，不仅产生了促进生产率提高的正面效应，同时还存在"赢者通吃"从而更易产生垄断和侵权的负面效应。因此，探索和形成与数字经济特征相适应的管理体制和治理模式，不仅是打破数据壁垒、填平数字鸿沟的重要途径，也是数字经济与市场经济共生共荣的关键。

又次，促进共享发展和创新向善。数字经济融合实体经济的功能，归根结底在于数字经济对各类产业和行业的连接性。而增强这种连接性的关键在于，数字经济企业特别是大型数字平台企业不仅追求市场收益，还要负有社会责任，即创新向善。据研究者估算，把数字产业化规模与产业数字化规模合计，2021年中国广义数字经济规模高达45.5万亿元，占GDP的比重为39.8%。[①]然而，如果从应有的税收贡献和带动就业贡献、发挥产业融合和企业连接的功能，特别是发挥赋能传统产业转型升级的作用来看，数字经济在共享方面的成效与其规模的庞大数量级尚不对称。

数字经济是一个受到新科技革命的规律（如摩尔定律）支配的领域。以其令人难以置信的发展速度和无所不能的应用前景，数字经济一方面造就了大量的巨富、快富现象，另一方面被寄予了应对人口老龄化、气候变化等全球性挑战的期望。但是，现实和期望之间并不存在天然的关联性，负面效应和正面效应均难免发生。特别是，在产业之间、行业之间、区域之间、市场主体之间和群体之间仍然存在较大的、有时还在扩大的数字鸿沟，阻碍数字技术收益的分享。只有通过政策调整和制度创新，形成一种激励相容的格局，才能使数字经济真正具有共享的性质。

最后，在保障数字安全的前提下，推动数字经济的开放与合作。党的二十大提出发展数字贸易的要求，这是数字经济发展和高水平对外开放的结合点。积极参与数字经济的国际合作，既是数字经济发挥促进开放作用的必然要求，也是与世界数字信息技术紧密接轨，保持中国始终处于该领域前沿的必须之举。这包括进行国际科研合作、加入相关的数字经济合作协定、参与国际数字治理规则的制定，以及利用数字技术特别是数字货币等手段，

---

① 参见中国信息通信研究院2022年7月发布的《中国数字经济发展报告（2022年）》。

推动对外贸易、对外投资、区域合作及"一带一路"建设等。

综上所述，数字经济本质上是一个经济整体有机、均衡发展的问题，而不应仅仅当作一个产业的建设问题。因此，中国经济发展依靠的市场配置资源的机制和政府的作用同样适用于数字经济领域。具体来说，数字经济需要基于两个层面的保驾护航：一方面，在发展方向和行为准则方面，要以法律法规、产业政策、体制机制环境的全面配套进行规范；另一方面，在现实运行和发展的过程中，仍然要依据市场表现进行评价，以产业竞争力来筛选，用生产率和经济效益来检验。

认识地区差距的新致因

进入 21 世纪以来，中国相继实施了西部大开发战略、中部崛起战略、东北等老工业基地振兴战略等区域均衡战略，旨在缩小地区发展差距。当时的地区差距比较突出地体现在东部沿海地区、中部地区和西部地区之间，因此，这一系列战略的实施重点、政策手段、关键举措都围绕着缩小三类地区差距进行部署和展开。与此同时，中国在 2001 年加入世界贸易组织后，通过不断消除阻碍劳动力流动的体制障碍，把中西部的农业剩余劳动力转化为沿海地区制造业的比较优势，并在世界经济分工中兑现为产业和产品竞争力。

由此可以判断，伴随着中国经济的高速增长，中东西三类地区之间的发展差距必然缩小，因而区域均衡战略的实施取得了成效。数据显示了这种区域发展格局的变化。为了衔接后面的分析，这里我们把中国大陆31个省、直辖市和自治区分别划分为东部、中部、西部和东北四类地区，分三个时期显示各地区生产总值的平均增长率及在全国GDP中的比重（见表7-1）。从中可见，进入21世纪以来，中西部地区的经济增长明显加快，在全国经济总量的占比有所提高，2011年以来的减速也相对温和，可以说在一定程度上实现了对东部地区的赶超。

表7-1 分地区经济增长率和全国比重（%）

	比重 1992	增长率 1992—2001	比重 2001	增长率 2001—2011	比重 2011	增长率 2011—2021	比重 2021
东部	48.7	12.9	54.1	12.0	54.0	7.3	53.5
中部	20.4	10.9	19.3	12.3	19.7	7.8	20.6
西部	19.7	10.1	17.5	12.6	18.4	8.0	19.5
东北	11.1	9.2	9.2	10.4	7.9	5.1	6.4

资料来源：国家统计局"国家数据"。

与此同时，东北地区的相对增长速度和经济规模在全国的占比均呈现明显的下降。东北三省的GDP年均增长率相对于全国平均增长率的百分比，从2001—2011年的86.5%下降到2011—2021年的69.3%，东北三省的GDP总规模在全国占比从2001年的9.2%降低到2011年的7.9%和2021年的6.4%。东北是国家老工业基地的典型代表，在产业结构变革中遭受冲击，在一定程度上是规律性的现象。从这个意义上说，数据显示的现状并不意味着东北振兴战略未奏效。

所谓"新东北现象",应该从相对的角度来看待,即如果要说东北地区这些年的经济增长表现不尽如人意,只是相对于中国的其他地区而言。毕竟,中国的整体经济增长速度迄今为止仍然在世界独树一帜。实际上,东北地区的经济增长速度,从国际比较来说,仍然属于赶超型的水平。例如,2011—2021年,世界经济平均增长速度仅为2.6%,中等偏上收入国家平均增长速度为4.6%,均明显逊于东北的表现。

总观中国的地区发展差距,人们很自然地注意到另一种新现象,即在东部、中部和西部差距缩小的同时,北方与南方之间的发展差异突出显现出来。实际上,这并非崭新的现象。至少从20世纪90年代开始,北方15个省、直辖市和自治区(以下简称省份)的实际经济增长速度就慢于南方16个省,导致北方经济规模在全国的占比从1992年的43.0%下降到2001年的40.8%、2011年的38.2%和2021年的35.9%。虽然这无疑有东北现象的影响,但是北方还有其他经济增长相对滞后的省份,经济规模在全国的占比也呈现降低的势头。

我们可以把观察到的这种现象放到一个更具一般意义的趋势中来观察,便于得出具有规律性的结论,可以使推进区域协调的政策制定更加主动和自觉。已经有足够多的经验显示,地区差距的类型在不同的经济发展阶段是不同的,因而有不尽相同的特征化表现。相应地,经济发展阶段的变化总体上也会对地区差距类型产生影响,使地区差距类型的变化也呈现一定的规律性。由于经济理论的实用功能与效力归根结底取决于能否适时、准确地对经济现实做出回应,所以随经济发展阶段变化而发生的地区差距类型改变,也提出相关经济理论的范式转换要求。

在较低的发展阶段,一个国家内部的地区差距主要表现为一种二分法的关系,即各地区分别存在于富裕与贫穷、发达与不发达,或者具备发展能力与发展能力不足的二元反差之中。这种类型的地区差别就其发生的原因来说,具有很强的确定性:既然某类地区不具备必要的发展条件,持续地处于落后的一极便是不可避免的;由此形成鲜明反差的是,具备必要的发展条件的地区得天独厚地处于发展水平的另一极。而且,这种格局往往表现出发达地区占尽先机、落后地区处处受困的"马太效应"。

实际上,经济学理论流派中不乏对区域问题进行二元分析的范例。比较著名的包括19世纪经济学家杜能提出并阐释的杜能圈、诺贝尔经济学奖获得者西奥多·舒尔茨对传统农业的分析和改造传统农业的建议、第二次世界大战后激进发展经济学广泛接受的中心-外围模型、至今对发展中国家仍然具有解释力的二元经济模型、源于李嘉图的比较优势理论、解释区域和国际要素价格均等化现象的赫克歇尔-俄林模型等。

一旦国家整体进入更高的发展阶段,市场配置资源的体制机制更加完善,现代经济增长居于主导地位,由于生产要素的禀赋、积累、流动、配置和重新配置都不再存在根本性的障碍,原来的贫穷地区或不发达地区也就不再注定缺乏必要的发展条件。这时,地区差距仍然存在,但不再具有二元对立的性质,而是表现出明显的多元化和多样化特征,在区域分布上也呈更加随机的模式。

在这方面，比较具有理论代表性和现实针对性的经济学文献包括：克鲁格曼等人从不同角度解释比较优势的新经济地理理论，以及相关的企业布局分析；查尔斯·蒂布特关于地方公共品供给模式影响人们选择居住地的模型；保罗·罗默的内生增长理论及关于特许城市的实验思路；雷蒙德·弗农的产业生命周期理论，以及相关的雁阵模型分析；等等。特别值得指出的是，新古典增长理论中关于"条件趋同"的实证研究，通过增长回归的计量分析，曾经找出多达"上百个"对经济增长表现具有显著影响的变量，无疑揭示了影响经济发展的多样化和差异性因素。[①]

现在，我们可以对中国的地区差距做一些统计分析。衡量差距可以采用不同的统计指标，完全取决于研究者希望从分析中得出哪方面的结论。在这些备选的指标中，泰尔指数具有一个优点，就是允许研究者把整体差距分解为组内和组间两部分贡献。例如，以省为单位衡量全国地区差距，泰尔指数取值大就意味着差距大，反之亦然。同时，如果把各省分别归类于东部、中部和西部三类地区，泰尔指数则分别由三类地区内的省际差距和三类地区之间的差距构成。我们同样可以按照东部、中部、西部和东北四类地区划分，也可以预期得出类似的结果。

可见，计算泰尔指数并进行分解，从中不仅可以得知地区差距是扩大了还是缩小了，而且能够知道地区内和地区间差距对整

---

① Xavier Sala-i-Martin. The Classical Approach to Convergence Analysis[J]. The Economic Journal, 1996, 106(437): 1019-1036.

体地区差距的贡献份额。利用国家统计局数据计算和分解泰尔指数，的确揭示出过去近30年里地区差距及其构成因素的变化趋势。计算得出的省际人均地区生产总值的泰尔指数先从1992年的0.145提高到2001年的0.183，随后下降到2011年的0.099，再进一步下降到2021年的0.080。把该指数按照三类地区内和三类地区间进行分解，显示出这期间地区内差距和地区间差距都是缩小的。不过，两者之间的相对贡献率发生了变化。

先来看按照东部、中部和西部三类地区进行分解的情形。1992年地区内差距和地区间差距对整体地区差距的贡献率分别为41.9%和58.1%；2001年地区内差距贡献降低到39.4%，地区间差距贡献则提高到60.6%；2011年地区内差距贡献提高到42.7%，地区间贡献回落到57.3%；2021年情况进一步好转，地区内差距贡献提高到54.5%的同时，地区间差距贡献降到一半以下，只有45.5%。这就是说，进入21世纪以来，中国经济整体发展和实施区域均衡发展战略，均产生了缩小三类地区之间差距和整体地区差距的明显效果。

人们很容易会想到，在三类地区内差距和地区间差距对整体地区差距的相对贡献率变化中，东北因素必然发挥了一定的作用，即在传统的东部、中部和西部三类地区划分之外，东北地区也成为一个地区因素。虽然这个因素无疑是存在的，但是从分析中可见，东北因素并不否定地区内差距和地区间差距对整体地区差距相对贡献变化的基本趋势。也就是说，即使我们把东北作为一个地区分项，与东部、中部和西部三类地区一并进行分解，也不会改变整体地区差距缩小及地区间差距贡献降低的结论（见图7-2）。

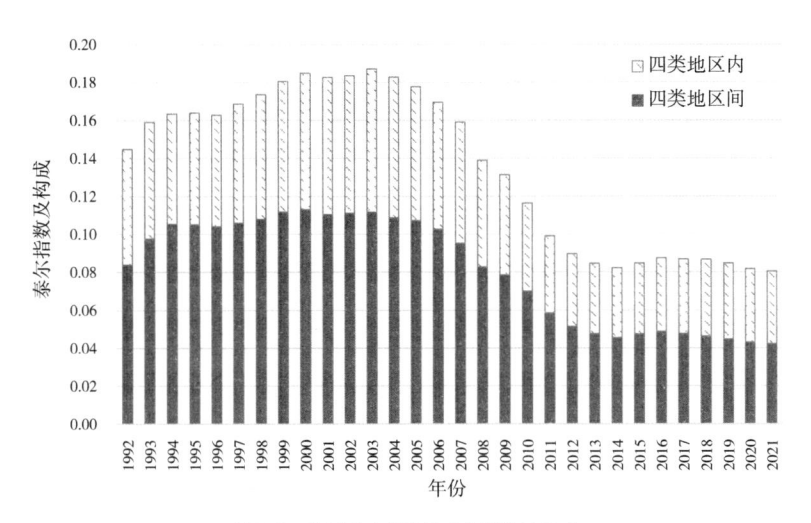

图7-2 地区生产总值的泰尔指数及构成

资料来源：国家统计局"国家数据"。

认识到地区差距类型的变化，并提出认识区域发展问题的方式，以及相应的研究范式变化的要求，目的是能够在政策制定与实施过程中更好地做到与时俱进和问题导向。实际上，随着区域发展战略的整体性、多元化、丰富性、立体感的增强，中国解决地区差距的新战略已经处在这样的演进过程中。

近年来，除了针对东部、中部、西部和东北的区域协调战略，国家还部署和实施了主体功能区战略、京津冀、粤港澳、长三角、海南、成渝等区域及长江和黄河两大流域等区域重大战略。此外，还有"两横三纵"城镇化战略布局和多核多层的城市群战略，以及针对一些拥有特殊目标和功能的地区批准设立的试验区、示范区、引领区、新区等；覆盖广泛、层次多样的开发区，以及扶贫开发和巩固脱贫成果战略中支持老、少、边、穷等特殊类型地区的政策等。

中国经济发展水平已经进入这样的阶段，从大的划分概念来看，已经没有任何一类地区持续存在发展条件缺乏的问题。与此相应，现存的地区差距主要是单个的地区，由局部性、独特性和非系统性因素造成的发展相对滞后的现象。发展差距仍然是我们不愿看到的结果，例如，它的存在具有扩大收入差距、降低生活质量均等化水平、使得现代化进程不平衡等不良效果，特别是，差距造成生产要素（特别是人口和劳动力）的流失，从而伤害地区的长期可持续增长能力，形成恶性循环的新形式表现。因此，因应这种地区差距类型变化，需要选用新的政策工具，以不断消除新的地区差距。

政策模式的转变有以下几个要点。首先，应该更加注重因地制宜选择消除地区差距的政策手段。既然地区差距不再是二元对立式的，大而化之的政策必然具有效果递减的性质，需要找出更具地方特性的原因，使政策应对更具特别的针对性。其次，创造生产要素充分流动的体制机制，改善营商环境和消费便利性，让潜在的赶超机会能够适时转化为发展实践。最后，实现基本公共服务在所有地区的均等覆盖，实现地区发展水平与社会保障和其他公共品的可得性脱钩，保障全体居民基本生活质量同步提高。

政策选择：是"取其轻"，还是"取其重"

面对中国经济发展阶段的变化，以及随之而来的新情况和新挑战，政策必须做出及时、有效的回应。这就要求我们就一系列重要的应对政策做出恰当的选择。而政策选择的正确性和有效性取决于我们能否与时俱进地形成新的思维方式，把政策选择的出发点调整到最适宜的位置。从"取其轻"到"取其重"的思维范式转变，就是一个需要进行的思维方式更新。

传统的思维方式更接近于把政策选择视为一种"两害相权取其轻"的博弈。重大的政策选择通常是在面对严峻挑战的条件下，通过放弃惯常的做法而避免有害的结果。因此，"取其轻"策略着眼于避免或补救不利的结果。但是，这一选择往往会遇到激励不足和激励不相容的问题。与此相对，另一种思维方式是更加主动地寻求进行"两利相权取其重"的博弈。这种出发点着眼于发现变化本身可能产生的有利机会，从诸多选项中选择能够抓住最优机遇的政策，通过形成更强的激励和激励相容性，争取达到尽可能好的实践结果。

从中国面临的最主要挑战来看，政策应对要取得实效，亟待进行这样的范式转换。例如，作为具有"环球同此凉热"性质的两种现象，即人口老龄化和气候变化，它们既是影响人类未来和制约世界经济发展的普遍性问题，也是中国经济持续发展不可回避的关键挑战。只有运用新的思维方式，才能在这两个领域做出富有成效的政策部署。

面对老龄化程度加深条件下的养老压力，习惯性思维通常尝试在三种政策变化中"取其轻"，或者选择提高养老保险缴费率，或者选择降低给付水平从而保障水平，或者选择提高退休年龄。在人口抚养比变化趋势和养老金可持续性之间的矛盾不断加剧的情况下，进行这样的政策选择无疑是最直截了当的，似乎也是不可避免的。但是，由于这里提供的选择机会本质上是在民生相关的"多取"和"少予"选项中"取其轻"，如果只局限于这些被动的选择，不仅会陷入艰难的两难抉择，还难免造成降低民生福祉的后果。

对中国来说，三项政策选择中的任何一个选项都会带来"不能承受之轻"。首先，中国在社会保障支出总体水平尚低的情况下，企业基本社会保险缴费负担已经很重，如果进一步提高的话，经营成本会显著上涨，市场竞争力势必受到严重伤害。其次，退休人员的养老保险给付水平总体来说偏低，特别是存在不均等现象，影响老年人的收入和消费，不利于老年人成为稳定的中等收入群体。养老保险给付水平进一步降低，不仅会降低民生福祉，还会从需求侧对经济增长造成冲击。最后，在大龄劳动者平均受教育程度较低的情况下，为避免使他们成为劳动力市场的脆弱群体，延迟退休必须以循序渐进的方式推进。

与此相反，"取其重"的政策思路是选择"多予"和"少取"的结合。无论是作为大龄劳动者还是作为养老金领取者，老年人首先是社会保护、社会共济和社会福利当之无愧的受益人，同时也作为劳动者和消费者对经济增长做出贡献。充分的社会保障覆盖则是他们受到必要的社会保护、得以发挥积极贡献者作用的制度前提。

在尽力而为和量力而为的前提下，越是充分的社会保障，越有助于在人口负增长和深度老龄化时代最大限度地抵消趋势性消费孱弱的效应。只有把提高劳动收入（多予）而不是降低养老金给付（少予）作为提高劳动参与率的出发点，才可能实质性地推动延迟退休，进而达到增加劳动力供给和增进民生福祉的预期目标。与此同时，在正确和充分的激励下，与养老相关的产业还将成为新的经济增长点，创造超大规模消费市场。

为了推动发展方式的转型、履行应对气候变化的大国责任，中国宣布力争 2030 年前二氧化碳排放达到峰值，努力争取 2060 年前实现碳中和目标。实现"双碳目标"，也迫切要求实现认识上的范式转换和实践中的模式转变。传统思路把发展与减排视为一种"替代取舍"关系，而这种范式会妨碍推进双碳目标取得实质性进展。由于认为达到减排目标会导致 GDP 增长减速，一些地方政府仍然把增长作为硬指标、减排作为软指标，在优先序的取舍中重增长、轻减排。

从汲取国际教训的角度来看，我们还需要保持警惕，这种政策倾向会诱导一些投资者和企业的寻租行为，导致实质性的减排成效与做出的承诺及获得的政府补贴不相匹配，甚至还有"洗绿"之嫌。此外，在遇到意外冲击性事件时，譬如能源安全保障受到威胁的情况下，目标的轻重缓急很容易发生偏移，甚至可能出现进退失据或矫枉过正的政策摇摆。

虽然推进实现双碳目标涉及生产方式和生活方式的深刻变革，但是无论从一般规律还是从中国国情来说，应该把握一些关键的突破口，包括可再生能源对化石能源的替代，能源效率的大幅度提高，以及减少排放、碳捕获和封存、除碳技术的采用。可见，采用"取其重"的思维范式，就是充分利用能源技术的革命性突破和可再生能源价格的大幅度下降，以及其他相关科技的发展，让实现双碳目标本身成为赢得新增长机会的过程。只有激励机制健全且激励相容，才能把减排充分转化为新的经济增长点和引导科技创新的过程，从而吸引大规模投资蜂拥而至，并从减排中而非仅仅从补贴中获得投资回报。

极端气候的频繁出现已经把气候变化变成了有目共睹的气候灾难，地缘冲突加剧的趋势也造成对各国能源安全的冲击，如严重干旱减弱水力发电能力、地区军事冲突阻碍能源供应等。在能源供应出现非常规的紧张局面时，发展与安全的优先序天平无疑会向安全一方倾斜。这时，作为一种安全措施，利用传统能源供应满足一时之需往往成为不得已的必要做法。但是，在采取权宜之计时，需要立足于以退为进、退一步进两步，并且在退的同时就应该有进的方案。因此，更具"取其重"性质的策略应该着眼于转危为机。

在能源替代、减碳技术应用和绿色发展转型过程中，政府、投资者和企业都在进行成本收益的考量。从短期和直接结果看，危机的出现似乎提高了能源替代的成本，降低了能源替代的收益，向后拉动转型。但是，立足于长远考虑，危机的出现恰恰给出了完全相反的信号，使延迟能源替代的代价变得越发难以承受，从而提高了能源替代、应用新技术和绿色转型的战略收益。正如经济学家常说的：不要浪费掉一次难得的危机，抓住任何一个可以导致预期发生变化的机会，将其转化为有用的激励，就可以加快推进双碳目标的实现进程。

第二部分
三个分配领域的改革红利

第八章
消除城乡二元结构

中国式现代化面临诸多现实挑战，也为经济学提出了理论课题。其中一个在实践中亟待突破、在理论上富有挑战性的题目是，各国普遍追求的现代化目标如何通过中国式道路实现，这涉及一般规律在特殊国情下的表现方式。更具体来说，如何消除长期存在的城乡二元结构。由经济学家刘易斯定义的二元经济发展是发展中国家利用劳动力丰富这一资源比较优势兑现潜在的人口红利，实现快速的经济增长，从而实现对发达国家赶超的重要发展阶段。随着剩余劳动力转移、非农产业就业扩大，以及城市化带来更均等的基本公共服务，城乡收入差距趋于缩小。

作为二元经济发展的综合性结果，经济社会结构的二元性特征，即城乡之间发展水平和生活质量之间的强烈反差，也在这个过程中得以减弱。然而，作为现代化表现特征的一些关键经济社会发展指标，虽然随人均收入水平提高而有所改善，却并非人均收入水平提高的自然结果。缩小在这些关键指标上的城乡差距，应该成为新发展时期的政策着眼点和措施着力点。

旨在缩小城乡二元结构的发展，既遵循现代化的一般规律，也有实现过程中的中国特色。中国经济发展阶段和现代化进程已经演进到这样的阶段，要求在2035年基本实现现代化之前的这个短暂窗口期内，在城乡均衡发展的重要领域实现突破，显著缩小在关键经济社会指标上的差距。本章从推动乡村振兴和新型城镇化等路径着眼，揭示消除城乡二元结构对促进共同富裕的目的性意义，同时阐释相应举措的特殊性，提出有利于从供需两侧保持增长速度的改革建议。

抓住消除差距的窗口期

从现在起到2035年基本实现现代化，中国将经历从中等偏上收入国家到高收入国家的实质性跨越，即从发展中国家到发达国家的跨越。这个重要的窗口期又可以分成两个区段，相应地，中国发展面临的挑战可以从两个方面来认识。第一是稳定跨越中等收入阶段，免于很多国家遭遇过的中等收入陷阱的困扰。应该说，这个阶段性任务目前已经取得明显成效。第二是巩固和提升作为高收入国家的地位，并着力在关键发展指标上缩小乃至消除与发达国家平均水平的差距。能否顺利应对这两个关键挑战，特别是实现第二个区段的目标，不是轻轻松松的任务，取决于中国经济社会发展的表现，也决定着基本实现现代化的成色。

按照世界银行口径，2021年中国人均GDP达到12 556美元，已经接近于高收入国家门槛水平。大体来说，我们可以把人均GDP处于12 000~23 000美元区间的国家看作对高收入国家进行三等分的第一组别。从这一组别的门槛水平起步，到达第二个三等分组的门槛水平，即意味着进入中等发达国家行列，是中国在2035年要实现的远景目标。因此，可以形象地把这个发展阶段称为现代化"从门槛到中途"的阶段。

以21个近年来稳定处于这个区间的国家作为参照基准，我们可以更好地认识到，除了人均收入，现阶段中国还需要在哪些体现现代化内涵的关键指标上实现对参照国家的加速赶超。虽然可以列入这个清单的指标不胜枚举，但我们这里抓住几个既作为基本实现现代化目标又作为实现目标必要手段的关键指标，以反映中国已经达到和需要进一步赶超的经济发展质量、城乡平衡发展水平和共同富裕程度。

利用世界银行发布的最新数据，我们在表8-1中列举了劳动生产率（每个就业人员创造的GDP）、农业劳动生产率（每个农业劳动力平均生产的增加值）、农业就业比重（务农劳动力占全部劳动力的比重）、城市化率（城市人口比重）和政府支出比重（政府提供货物和服务活动的货币支出占GDP的比重），并把中国与"门槛到中途"国家（即参照国家）的简单平均水平进行比较，计算出中国与平均水平的差距（相当于参照国家平均水平的百分比）。

表8-1 若干现代化相关指标的差距

	劳动生产率	农业劳动生产率	农业就业比重	城市化率	政府支出比重
中国	31 234美元	5 609美元	25%	61%	34%
参照国家	65 578美元	19 134美元	7%	71%	35%
中国差距	48%	29%	368%	87%	97%

资料来源：世界银行公开数据库。

通过这些关键指标的比较，我们可以从城乡二元结构的角度，看到中国已经达到的现代化水平及预期达到的目标，缩小在这些指标上与更高发展阶段国家之间的差距，为我们提示了实现目标需要采取的行动。具体来说，从这些方面着眼的进一步改革，可以从供给侧保持和提高潜在增长率，从需求侧创造条件以确保增长潜力得到充分发挥。诚然，中国在城乡均衡发展方面存在一定的差距。揭示这些指标上的差距，也为我们指出了缩小乃至消除差距的方向和途径。

首先，在整体劳动生产率上，中国与参照国家之间仍然存在较大的差距，亟待加快提高，实现对这个组别国家的赶超。作为现代化的决定性标志，劳动生产率既反映一个经济体的产出能力，也是经济增长成果的综合体现，还是发展成果能够获得共享的基础。因此，把提高劳动生产率作为现代化任务，可以实现目标与手段的有机结合。

其次，缩小劳动生产率差距的一个重要途径是继续和深化资源重新配置，通过加快农业剩余劳动力的转移，一方面提高农业劳动生产率，另一方面推动城市化水平进一步提高。也就是说，提高农业劳动生产率可以通过两个途径促进整体劳动生产率的提高。第一，农业作为国民经济的一个产业和组成部分，以单位要素投入的产出增长体现的劳动生产率的提高，自然也是对整体生产率的贡献。第二，农业劳动生产率的提高通常依靠一个分母效应，即通过剩余劳动力的转移减少农业就业数量和比重。这个过程同时提升了资源重新配置的效率。

最后，城市化水平的提高和城乡更加平衡发展要求政府显著增加社会性支出，提升社会整体福利水平。虽然从表 8-1 上的数据看，就政府支出占 GDP 的比重这一指标来说，中国跟参照国家平均水平不相上下。但是，中国政府支出中用于经济活动的占比较高，社会性支出的占比明显偏低。显著缩小基本公共服务水平上的城乡差距，要求政府大幅提高社会性支出的比重。

乡村振兴的产业抓手

城乡二元结构的一个重要表现是城乡居民收入差距顽固地存在。存在这一现象的原因之一是农村居民收入提高的源泉不可持续，产业支撑的基础不牢靠。让我们基于农村居民收入来源构成进行分析。2021 年，在农村居民可支配收入中，工资性收入、经营净收入、财产净收入和转移净收入的比重分别为 42.0%、34.7%、2.5% 和 20.8%。2011—2021 年农村居民可支配收入的增长中，这四个构成部分分别贡献了 45.3%、27.7%、2.7% 和

24.3%。在这期间，可以作为农业收入代理指标的经营性收入，在全部可支配收入中的比重持续且显著地下降，对整体收入增长的贡献率也有所降低。

这种状况固然再次提示农业劳动力继续转移的必要，然而我们还可以从更一般的角度看待这个问题。那就是，中国农业的发展面临激励严重不足的制约。经济学家常说，只要把激励搞对，农民可以点石成金。的确，搞对激励是摆在中国农业发展面前的重要命题。中国式现代化过程既包括农业农村现代化这个重要组成部分，也要求各个产业和地区实现同步现代化。乡村振兴的一个重要内容是产业兴旺，虽然这并不仅指农业，但是农业是农村最主要的产业支柱，也是安身立命之本，无疑应该具有最高的优先序。此外，粮食安全的核心是农业生产能力，需要农业生产要素供给和劳动生产率提高予以双重保障。

归根结底，务农收入低是因为农业比较收益低。一个简单的问题切入点是从农产品价格水平上找原因，希望价格的提高可以改善务农激励。然而，人均耕地相对不足这个资源禀赋，决定了中国农业总体上不是一个具有比较优势的产业。因此，国际市场上的农产品价格，特别是粮食价格，注定为国内价格设定了天花板，使其无法大幅超出这个上限。可见，改善农业生产的激励需要另辟蹊径。中国农业劳动生产率相对低的现状意味着这是一个巨大的潜力所在，也就是说，提高劳动生产率，使农业成为能够自立且有利可图的产业，是改善激励的必由之路。

农业劳动生产率通常用每个劳动者生产的农产品数量（额）

衡量，有时也可以用农业的产出比重与就业比重相比，这个比率可以被称为"比较劳动生产率"。例如，根据最新的数据计算，中国第一产业的比较劳动生产率为0.3，第二产业和第三产业分别为1.4和1.1。较大比重的劳动力仅仅创造较小比重的增加值，则注定了该产业难以具有足够激励人们投入其中的比较收益。因此，提高农业劳动生产率涉及减小分母和扩大分子两条途径。

减小分母就是减少务农劳动力数量。这一点已经有所讨论，随后还将继续涉及。我们先来讨论如何扩大分子，即在不增加或少增加生产要素的前提下提高农产品的产出数量。中国农业劳动生产率不仅大大低于参照国家平均水平，而且低于中等偏上收入国家的平均水平。中国经济在诸多方面的表现通常都超越同等发展水平的其他国家，在农业劳动生产率方面为何存在如此大的差距呢？或者我们要问，在这个方面，中国有什么特别之处吗？

由土地资源禀赋决定，受农业经营体制影响，中国农业的最大特征是超小的经营规模。中国农户平均拥有的承包土地面积，自实行家庭联产承包制以来，没有发生过根本性的变化，目前大约为0.67公顷。[①] 从各种信息可知，在全世界范围，这个农业土地经营规模都可谓瞠乎其后。[②] 这造成农业劳动力没有施展身手

[①] 1公顷=10 000平方米。——编者注

[②] 参见 Food and Agriculture Organization of the United Nations. 2000 World Census of Agriculture: Main Results and Metadata by Country (1996-2005)[M]. Rome: FAO, 2010; Hannah Ritchie, Max Roser. Farm Size and Productivity[EB/OL]. [2022-10-25]. https://ourworldindata.org/farm-size。

的土地空间。2006年进行的全国第二次农业普查显示，近80%的务农劳动力经营的土地面积小于10亩（见图8-1）。[①] 在如此狭小的土地面积上，不仅劳动力注定要成为剩余要素，资本要素的报酬递减现象也十分明显，集中表现为劳动生产率低下。

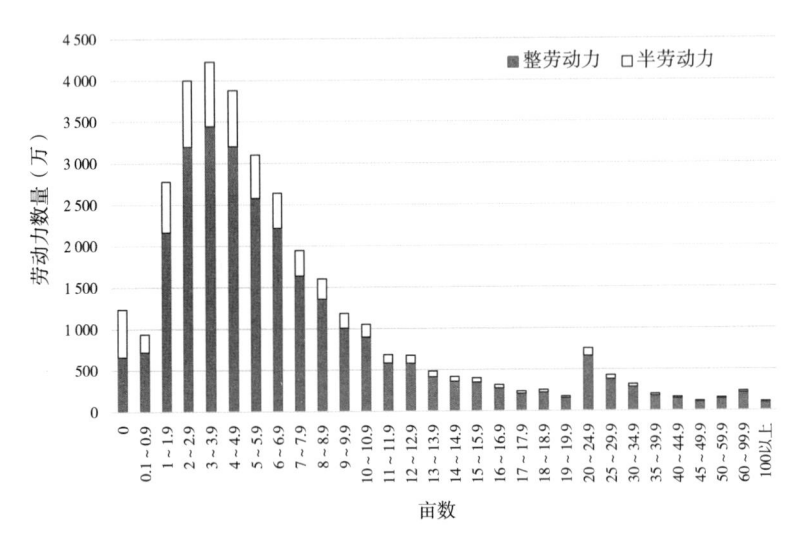

图8-1 劳动力经营耕地面积的分布

资料来源：国务院第二次全国农业普查领导小组办公室，中华人民共和国国家统计局. 中国第二次全国农业普查资料汇编（农村卷）[M]. 北京：中国统计出版社，2009.

实际上，农业经营规模狭小、劳动生产率低下，进而造成这个产业的比较收益持续处于低水平，不仅伤害生产者和经营者的积极性，导致要素投入不足，也在更宏观的层面妨碍这个产业应用先进的科技成果和市场机制设计。无论就中国科学技术整体水

---

① 1亩 ≈ 666.67平方米。——编者注

平来讲，还是就农业科技水平来讲，中国在世界上的地位已经显著提升，足以解决农业增加产量和提高质量的绝大多数需求。

此外，无论在金融领域还是在期货领域，市场机制设计的发展日新月异，人们甚至可以在不存在实体经济产出的情况下，针对一种概念或趋势判断进行市场交易，也就是说，诸多困扰中国农业生产的不确定性市场现象，本来也是可以通过市场技术得以解决的。例如，生猪价格大起大落，难以归于均衡水平的现象导致所谓的"猪周期"，损害养猪企业和农户的利益。可以预期的是，期货市场本可以通过机制设计予以破解。

然而，任何技术要得到实际应用，进而在特定的产业中诱致出技术变迁，或者形成市场均衡，归根结底取决于这个产业整体上是否具有可营利性。设想在直接生产者都不能获得充分的价格刺激的条件下，如何激励派生的市场参与者进行技术创新和制度创新。因此，只有农业劳动生产率提高的自然障碍被拆除，这个产业得以自立并有利可图，现成的技术才会得到应用，新的技术才能得以发明，才能最终实现农业生产方式现代化。

存在"城市化陷阱"吗

对于中国城镇化的学术和政策讨论，既存在一些旷日持久的争论，也出现了一些新的疑惑。从理论层面讨论或进行国际比较时，我们一般使用"城市化"这个词语，表示城市人口比重持续提高的过程。而在中国的政策研究层面，我们往往使用"城镇化"这个词语。除了表达与城市化相同的发展内容，城镇化特别强调了中国在这个方面的独特性，突出了一些特有的关注点。例如，防止大城市（特别是超大城市）过度膨胀，更加倚重中小城市及小城镇的作用，注重保持城乡之间形成你中有我、我中有你的相互依存关系，以及避免在一些发展中国家常见的"城市病"。

在某种程度上，中国的政策制定者也好，理论研究者也好，对此形成了思想方法上的路径依赖，总体来说具有正面效果。与此同时，面对新的发展任务，理论和政策也在不断创新。在城镇化战略和政策上，这个初衷与时俱进地演化为党的二十大提出的以人为核心的新型城镇化战略部署。一方面，坚持以城市群、都市圈为依托构建大中小城市协调发展格局，旨在从内涵上激发城市化的各种新动能，譬如发挥大城市发展的规模经济和集聚效应；另一方面，也强调以县城为重要载体的城镇化建设，从外延方面挖掘城市化潜力，扩大城市化的区域范围，提高各级城市的经济辐射力。

然而，随着城镇化水平的提高，特别是随着农业转移人口大规模离开农村，成为各级城镇的常住人口，新一代农民工的人口特征已经大不同于他们的前辈，有进有退的人口流动模式难以维系。这时，也有人开始忧心忡忡，担心进一步提高城镇化率会导致过度城市化，诱发种种城市病症状。也有人从中国人口规模巨大的历史和现状着眼，质疑中国的城市化是否应该达到国际一般经验建议的水平。

一个经常被拿来作为前车之鉴的例子就是在一些发展中国家（特别是拉丁美洲和加勒比地区国家）出现的"城市化陷阱"。与之相伴随的则是所谓的城市病，主要表现为城市公用基础设施不足、公共服务供给不充分、社会保护缺失等现象，在极端情况下，还会表现为失业、贫困乃至犯罪现象泛滥。在回答这种城市化陷阱是否存在，或者是否对中国有比照意义之前，为了尽可能准确地勾画中国城镇化的前景，有必要从经验上了解一下城市化陷阱，进而做出理论判断，揭示政策含义。

拉丁美洲和加勒比地区国家的城市给人留下的突出印象就是，其城市或近郊山坡上鳞次栉比的贫民窟社区及住宅。这种表面形象与这一地区的城市两极分化、收入差距过大，从而形成种种社会问题等现象，恰好构成表里一致的呼应。众所周知的一般规律是，城市化的推进通常伴随着经济发展或人均收入水平的提高。从这个意义上，拉丁美洲和加勒比地区国家往往显现出过度城市化的趋势。

先来看统计数字，2020年，拉丁美洲和加勒比地区中等收入国家的平均城市化率高达80.5%，比世界银行定义的中等偏上收入国家的平均水平高出13个百分点，仅比高收入国家的平均水平低1.24个百分点。如果把拉丁美洲和加勒比地区所有国家包括在内，也就是说把该地区的高收入国家也包括在内，平均城市化率仅比高收入国家的平均水平低0.64个百分点。

下面，我们尝试分析拉丁美洲和加勒比地区国家过度城市化现象产生的历史原因、现实困扰和鉴戒意义。在讲到这一地区的国家时，我们将主要按照世界银行的口径，剔除高收入国家。总体观察拉丁美洲和加勒比地区中等收入国家的发展水平，2020年人均GDP（2015年价格）为7 611美元。当然，我们把拉丁美洲和加勒比地区作为一个整体进行考察，固然容易抓住其具有共性的突出特点，但也不可避免地忽略了一些国别差异。

第一个特点是，拉丁美洲和加勒比地区的国家确实存在过度城市化现象，究其原因，可以形容为"随风起而来，却不能随云落而去"。经济史表明，其早期的经济发展水平与北美洲和欧洲国家并没有什么显著的差异，并且在落后于欧美国家之后，也一度出现过表现良好的时期。例如，在20世纪六七十年代，该地区实现了较高的经济增长速度。也正是在这个发展时期，城市化水平迅速提升，从1961年的48.7%提高到1981年的63.8%，提高了15个百分点（见图8-2）。

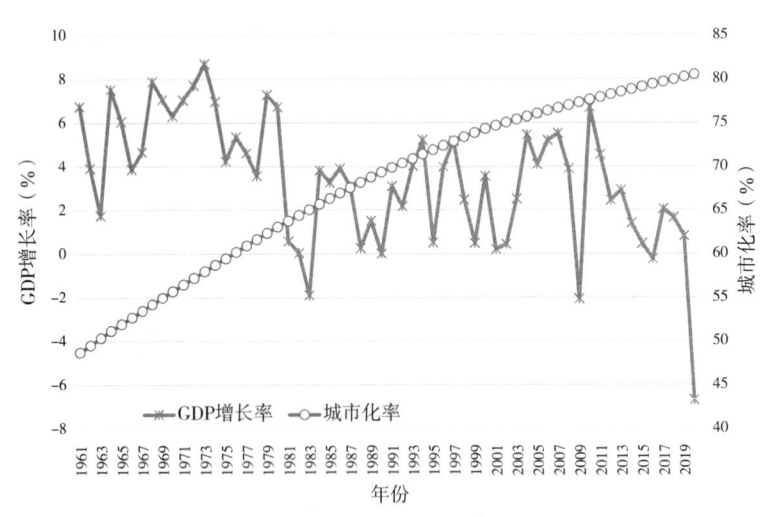

图8-2 拉丁美洲和加勒比地区国家的经济增长率和城市化率
资料来源：世界银行公开数据库。

在这里，我们可以把这个时期拉丁美洲和加勒比地区国家的城市化表现与中国改革开放时期进行比较。中国在经历了 40 余年的高速增长之后，城市化率从 1978 年的 17.9% 提高到 2020 年的 63.9%，这个城市化率恰好与拉丁美洲和加勒比地区国家 1981 年经济增长开始停滞时的水平相当。那一年拉丁美洲和加勒比地区国家人均 GDP 的平均水平（按照 2015 年不变价）为 5 881 美元，按照相同的口径，2020 年中国的人均 GDP 高达 10 431 美元。

我们再回过头来考察拉丁美洲和加勒比地区国家的情况。在经历了高速增长和城市化之后，它们的经济增长经历多次起伏，多数都陷入了长期的增长徘徊和停滞状况，使这一地区成为中等收入陷阱的典型样板。然而，在经济增长陷入停滞的同时，城市化进程却仍在继续，最终达到如今全球最高的城市化水平。可以说，在城市化水平超过 80% 后，一般情况下也没有太大的余地继续提高了。

第二个特点是，农村到城市的迁移并非成功的故事，迁移者大多陷于两难处境——既难以回头又前程无望。大批在高速经济增长时期涌入城市的新移民，在经济增长开始停滞的情况下却难以回流，甚至在城市化长期保持较快速度的情况下，大批迁移者继续进入城市。形成这种过度城市化格局的重要原因之一与拉丁美洲和加勒比地区国家的一个共有特征有关，即土地所有制结构。

例如，以中国农户平均土地规模 0.67 公顷为基准，尼加拉瓜和巴西的农场平均规模分别为中国的 47 倍和 109 倍，相当于欧美国家的水平。土地经营规模大，固然与土地资源禀赋有关，也可以有利于农业生产率的提高，但是由于土地所有权过度集中，大量人口没有自己的土地可以耕种，农业产生了排斥劳动力的倾向，在城市从事非正规就业成为迁移劳动力被迫的选择。

与此同时，拉丁美洲和加勒比地区国家还经历了过早去工业化和去制造业化的过程。例如，平均而言，该地区制造业增加值占GDP的比重从1985年的25%下降到如今只有12%。结果是，服务业的GDP占比提高过快且高达60.3%，比中等偏上收入国家的平均水平高5.1个百分点，比中国高8.2个百分点。由于该地区服务业的劳动生产率仅为工业的77%，这种产业结构特点意味着资源配置的内卷化，劳动生产率长期得不到提高，因而不足以支撑劳动报酬的增长，导致收入差距扩大、贫困现象普遍化。

第三个特点是，政府的社会福利政策口惠而实不至，做不大蛋糕也分不好蛋糕。在拉丁美洲和加勒比地区国家，大部分人口居住在城市，但是很多人从事的经济活动皆为非正规就业，即岗位不稳定、报酬水平低、缺乏社会保障和权益保护，社会流动性普遍很低。很多人居住在生活环境和社会治安都很差的贫民窟，成为中等收入陷阱的标志性景观。政治家在竞选时虽一味承诺，却只是为了获得选票，既然从根本上解决不了重启经济增长这个难题，任何承诺均成为无源之水、无米之炊，即使采取了一些再分配手段，实施了一些社会发展政策，效果也并不明显。

虽然相对来说拉丁美洲和加勒比地区国家的平均政府支出规模占GDP比重较高，甚至已经接近世界平均水平和高收入国家的平均水平，但是仍然显著低于欧盟国家的平均水平（相当于后者的77.9%）。并且，很多国家存在政府低效率和腐败现象，这种政府支出并没有产生缩小收入差距的明显效果。例如，除墨西哥和智利之外的其他OECD（经济合作与发展组织）成员国，通过税收和转移支付等再分配手段，把基尼系数从初次分配的0.47降到0.31，降低幅度高达34.7%。然而，有可比数据且相对发达的四个拉丁美洲国家（墨西哥、智利、巴西和哥斯达黎加）再分配前后的基尼系数分别为0.52和0.47，降低幅度仅为10.0%。

正如把拉丁美洲和加勒比地区许多国家因经济增长乏善可陈而长期未能摆脱中等收入国家地位的现象称为"中等收入陷阱"，也有人认为其城市化也陷入了类似的"陷阱"，并且两种陷阱之间相互关联、互为因果。虽然这个教训对于中国的下一步城镇化策略有所启示，却不应该成为任何减慢城镇化速度的理由。城市化是现代化的题中应有之义，中国不能成为例外，否则现代化的成色就是不足的。

对中国来说，缩小与参照国家在城市化率上的差距、消除户籍人口城镇化率与常住人口城镇化率的差别是发展的当务之急，不容有丝毫的拖延。不过，由于拉丁美洲和加勒比地区国家的城市化陷阱是由多种因素造成的，很多属于发展过程中特别是从中等收入阶段向高收入阶段过渡的现象，我们仍然有必要从中国的针对性出发，以此作为鉴戒。概括起来，从以下方面汲取教训，有助于提高中国城镇化的质量、增强可持续性。

首先，稳定制造业在国民经济中的比重，保持制造业作为转移劳动力主要吸纳部门的地位，防止服务业就业内卷和整体劳动生产率下降，以保持转移劳动力的收入随经济增长而稳定提高。中国制造业增加值占GDP的比重从2006年就开始降低，已经从当时的32.5%下降到2019年的26.8%，大体相当于拉丁美洲和加勒比地区国家这一比重开始降低时的水平。而且，中国在制造业比重开始下降的时候，按2015年不变价计算的人均GDP仅为3 800美元，按照可比口径，比拉丁美洲和加勒比地区国家制造业比重开始下降的1985年人均GDP水平（5 676美元）还低。

其次，要确保转移劳动力和落户新市民继续享有农村土地及集体资产收益的权益。从趋势上和宏观层面看，城市化过程不会逆转。但是，对个体而言，各种风险和不确定性都是存在的，既要鼓励前行也应该留有退路。这应该成为一般规律和个体差异相结合、兼顾公平与效率的中国特色城市化解决方案。与此同时，也需要积极探索土地和其他权益的有偿退出机制，以此推动土地规模经营的扩大，使新移民通过变现财产性收入形成家庭保险基金和城镇创业的种子基金。

最后，加快推进城乡基本公共服务的均等化进程，让农村劳动力转移和人口流动的基本动机回归资源重新配置。如果人口流动更多是出于寻求流入地更好的基本公共服务，导致蜂拥而至的话，就会降低流入地政府接纳新移民的财政能力和积极性，反而会贻误户籍制度改革的时机。一旦城乡之间和地区之间基本公共服务供给差距显著缩小，人们就完全依据就业机会等信号做出是否流动和迁移的抉择，可以更好地发挥劳动力市场配置资源的功能，各级政府推动户籍制度改革的激励更为相容，城镇化过程也将更加有序。

农业农村的要素供给和配置

早期的发展经济学在讨论农业与经济发展的关系时，曾经十分关注农业在资本、劳动和土地方面做出的要素贡献。不过，中国经济发展发生的种种变化使得人们不再理直气壮地讨论农业的这些贡献和作用。首先，经济发展越过从农业中汲取工业化积累的阶段之后，政策倾向总体转向工业对农业的反哺，谈论农业对经济增长的资本贡献变得不合时宜。其次，中国经济已经跨过刘易斯拐点，农村的劳动年龄人口也已处于负增长，谈论剩余劳动力转移似乎不再那么紧迫。最后，保障粮食安全要求实施最严格的耕地保护政策，土地非农化也成为具有局限性的话题。

然而，设定一个话题是一回事，以什么样的价值取向进行讨论则是另一回事。

一方面，作为经济发展现象的相关问题，终究是回避不了的。在发展阶段和政策目标变化的条件下，我们大可根据新的情况，在一定的政策前提下，为关于农业的要素贡献讨论设立一个有益的框架，这样既不会忽略要素供给这个重要问题本身，也有助于得出合意的政策结论。

另一方面，农业作为自立的产业，因而具有要素的动员、配置和重新配置功能这一特征,并不意味着要素必然从农业向非农产业的单向流出。担心资源外流而限制要素流动,更有因噎废食之嫌。乡村振兴有赖于更充分、更有效和更有激励的要素供给,因此,我们迫切需要构建要素流动的激励机制和配置渠道。至于要素事实上如何流动,则取决于因时因地而形成的激励方向。

从如何动员资本要素这个角度看,长期以来流行的思路是发展与小规模农户经营相适应的小型金融机构。在资本匮乏、生产方式落后和贫困现象比较普遍的时代,这种"以小对小"的小额信贷有其聊胜于无的性质,或许也能产生一定的效果。例如,在包括中国在内的各国扶贫努力中,格莱珉式(Grameen)的小额信贷项目发挥过有益的作用。然而,这种思路如今已经难以服务于实现农业农村现代化的目标。撇开嫌贫爱富的偏好与金融机构的规模并无必然的关联不说,小银行由于缺乏规模经济和技术优势,抗风险能力较弱,即便不是更为趋利,也更加不具备呵护弱势农户的底气。

中国农村已经发生的两个重要变化,相应地改变了资本动员和金融发展的性质。其一,在城乡之间的发展和收入差距有所缩小的同时,农村内部的差距明显扩大。从积极的方面,这说明农村有了足够大的财富积累,可以也应该将其动员起来成为发展性的资源。其二,资本和创业者下乡现象的出现,说明对农业和农村产业的投资并非注定无利可图。相应地,资源在城乡之间也从单方向流出变成双向流动。这样,我们需要的不再是屈尊俯就的金融机构,而是借助现代金融改造农业生产方式,使后者与现代金融体系相适应。只要把激励搞对，越是大型金融机构，越有能力和空间做出适应性的技术和制度创新。

农村土地要素也有巨大的开发潜力，服务于保障粮食安全、促进乡村振兴、增加农民收入，直至推动实现农业农村现代化。虽然农村承包土地、农民宅基地和集体经营性建设用地在用途上和管理要求上不尽相同，但是，这三种类型土地的共同之处在于它们都是农村的重要生产要素、保障农民增加收入的财产权益，因而也是乡村振兴和城乡融合发展不可或缺的资源。

推动乡村振兴也好，冲刺农业农村现代化也好，都需要资源的投入。工业反哺农业、城市支持乡村的政策倾斜固然主要反映在政府的投入方面，但是产业兴旺和现代化的题中应有之义就是使农业成为一个能够自立自强的产业，自然包括自我积累和配置生产要素的能力。改革开放以来，中国经济高速增长，得益于土地得到更广泛的开发和配置。如今，农村土地是乡村振兴和农业农村现代化的必要资源。因此，在坚持土地集体所有制性质不改变、耕地红线不突破、农民利益不受损三条底线的基础上，要使土地回归作为生产要素的功能，逐渐与社会保障功能脱离，才能做到物尽其用。

无论是与参照国家的平均水平相比，还是相对于农业生产方式的现状，都可以得出这样的结论：中国农业劳动力比重依然过大。1991—2021年，每个农业劳动力拥有的农业机械总动力增长了7.6倍，而每个农业劳动力生产的农业实际增加值仅增长了6.6倍。这说明农业劳动生产率的提高速度与机械化水平的提高并不同步，或者说农业机械化提升劳动生产率的功能未能得到充分的发挥。

这在很大程度上与农业经营规模过小造成的资本报酬递减现象有关。从这个意义上说，农业中仍然存在有待转移的剩余劳动力。反过来，这种状况又阻碍农业生产方式的提升。例如，在21世纪的第一个10年中，农业机械总动力的增长超前于农业劳动生产率的增长，这一状况使得农业机械化水平的进一步提升得不到生产率的支撑，因而难以保持可持续性，以致在21世纪的第二个10年中，农业机械总动力的增长明显滞后。

关于劳动要素，它无疑应该遵循从农业向非农产业转移的单方向规律。首先，既然是剩余劳动力，其转移出来就不会影响农业产出，因此，农业中能够释放多少剩余劳动力，几乎就能以相同的幅度提高劳动生产率。并且，无论由于什么原因，农业劳动力的逆流都意味着资源配置的退化。其次，劳动力从农业向城镇非农产业转移是在这个发展阶段中国特有的劳动力供给来源，对于缓解劳动力短缺造成企业成本过快上升的势头，从而为制造业比较优势转换留出必要的时间和空间至关重要。最后，劳动力转移得以继续进行，意味着中国经济仍有机会享受资源重新配置效率，生产率持续提升得以保持。所有这些都意味着从供给侧提高潜在增长率。

要素的动员过程也是要素配置和重新配置的过程，是劳动生产率提高可持续的重要源泉。如果从定量的角度来衡量经济发展水平或国家现代化，劳动生产率既表示已经达到的水平，也揭示达到预期水平的潜在能力。所以，从目标和手段相统一的角度来看，劳动生产率是一个核心的现代化指标。从中国面临的经济增长制约来看，劳动生产率更是不可或缺的新动能所在。

因此，从中长期目标任务来讲，劳动生产率是基本实现现代化所要补足的最大短板。目前，中国每个就业人员创造的GDP尚未达到参照国家平均水平的一半，差距可谓巨大。不仅如此，在中国经济增长趋于减速的同时，提高劳动生产率的堵点也明显增多，速度也呈现显著下降的趋势，这将进一步加大在劳动生产率方面赶超参照国家的难度。

一般来说，劳动生产率或全要素生产率的提高有三个主要途径或源泉。第一条途径可以被称为前沿创新，即站在科技前沿自主创新，并将其转化为生产率的提高。第二条途径是利用后发优势，即主要通过借鉴、模仿和消化发达国家的技术，形成自身需要的应用型技术，并投入应用来提高生产率。在这两条提高生产率的途径中，科研机构、技术研发部门和企业是创新的主要载体。当然，这里以科技创新作为代表，体制机制创新也是同样的道理。第三条途径是资源的重新配置，即主要依靠企业等市场主体的自发动力，通过要素流动和重新配置，缩小产业之间、地区之间和企业之间的要素回报率，进而通过优胜劣汰缩小生产率差距，从整体上提高生产率。也可以说，这条途径是通过让创新者成长、让落后者出局把创新成果转化为生产率的具体机制。

在人口红利开始消失之前，譬如在1978—2010年，农业劳动力向非农产业转移标志着疾风暴雨式的资源重新配置，成为中国经济整体生产率提高的主要部分。随着经济发展阶段变化，生产率持续提升固然需要更多地依靠科技创新，但是既然农业劳动力的转移仍有巨大的潜力，也就意味着仍然存在资源重新配置的潜力可供挖掘。因此，如果把消除城乡二元结构看作改革的过程，由此产生的劳动力供给增量和资源重新配置效率则是真金白银般的改革红利，将直接转化为潜在增长率的提高。

真实的需求侧改革红利

消除城乡二元结构，主要体现于推进新型城镇化和促进乡村振兴等任务中。推进这一经济发展、结构调整和格局变化的过程，要求对一系列体制机制进行改革。这类改革既是供给侧改革——提高中国经济的潜在增长能力，也是需求侧改革——增强需求因素对经济增长的支撑能力。在此前讨论供给侧改革红利的基础上，现在我们转向需求侧改革红利，着重观察劳动力的进一步转移和更深入的城镇化可以对居民消费产生的积极影响。

由于特殊的国情特征，我们通常用两个指标表达中国的城镇化水平：一是常住人口城镇化率，指在城镇居住六个月及以上时间的人口占全部人口的比重；二是户籍人口城镇化率，指具有城镇户口的人口占全部人口的比重。2021年，这两个城镇化率分别为64.7%和46.7%，两者相差18个百分点，对应着2.55亿人口。在这部分人口中，最主要的部分是外出农民工。根据国家统计局《2021年农民工监测调查报告》，离开本乡镇6个月及以上时间的农民工数量为1.72亿，其中年底仍在城镇居住的为1.33亿人。此外还包括农民工的随迁家庭成员，以及其他在城镇居住时间超过6个月的非城镇户籍人口。

我们在这里关注的主要是作为中国城镇化主要贡献者的农民工。既然存在两个城镇化率，我们不妨认为城镇化有两个步骤：第一步，农民工迁移到城镇务工和居住，为城镇经济发展做贡献；第二步，农民工获得城镇户口，成为享受均等基本公共服务的市民。虽然在逻辑上和时间上，这两个城镇化步骤具有先后之间的继起关系，然而在实际中，在第一步之后未必有第二步的跟进。也就是说，以农民工市民化为核心的户籍制度改革仍然是受政策影响推进相对缓慢的过程。

即便如此，分别观察这两个城镇化步骤仍然有意义。因为这两个城镇化步骤分别都能创造真实的改革红利。这里，我们从扩大消费需求来定义改革红利，并且从已有的研究来观察这种红利的显著程度。OECD中国经济政策研究室的研究表明，一经迁移到城镇就业和居住，农村劳动力的消费即可提高28%；如果进城农民工获得城镇户口，他们的消费便可以再提高27%。[①]

在中国的语境中，这个结论并不难理解。一旦农民工及其家庭成员获得城镇户籍身份，无论是由于更稳定的就业和收入，还

---

① Margit Molnar, Thomas Chalaux, Qiang Ren. Urbanisation and Household Consumption in China[R].OECD Economics Department Working Papers No.1434, 2017.

是由于更好、更充分的基本公共服务供给，都可以由此明显消除家庭消费的后顾之忧，大幅度提高消费倾向。从居民消费扩大可以增强需求可持续性从而支撑潜在增长率的效应看，第二步城镇化或者说户籍制度改革是具有极高优先序的改革领域。

与消费扩大相伴随，户籍人口城镇化还具有一个效应，即促进第三产业的发展。在经济发展的早期阶段，城市一般与工厂矿山的集聚地紧密联系在一起。一旦经济发展超越了高速工业化阶段，第三产业便成为城市发展更重要的驱动力。图 8-3 展示了 185 个国家和地区的跨国数据，从中可以清楚地看到，城市化率与服务业就业比重之间存在显著的正相关关系，并且越是处于较高的城市化阶段，譬如城市化率超过 70% 以后，城市化和服务业之间的关系越紧密，服务业发展的领先趋势越明显。

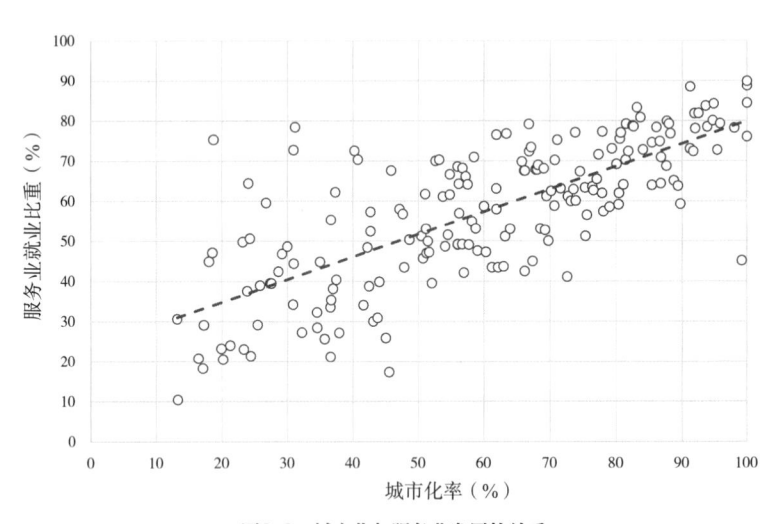

图8-3 城市化与服务业发展的关系

资料来源：世界银行公开数据库。

从跨国数据比较中定位中国的情况，可以发现中国的服务业就业比重总体上相对滞后于自身的发展阶段。例如，从国际劳工组织以模拟方式估算的服务业就业比重来看，2019年，世界平均水平为50.6%，高收入国家平均为74.1%，中等偏上收入国家平均为53.2%，而中国仅为47.3%。国家统计局发布的2021年的数据为48.0%。如果进行同样的国际比较，中国的城市化率也相对滞后于自身的发展阶段。例如，2021年世界平均城市化率为56.6%，高收入国家平均为81.5%，中等偏上收入国家平均为68.4%，中国为62.5%。国家统计局发布的2021年中国城镇化率为64.7%。

从表面上看，同服务业就业比重相比，中国的城镇化向国际一般水平的靠拢更为明显。但是，还应该看到的是，在常住人口和户籍人口两个城镇化之间仍然存在巨大的差别。这也提示我们，在城镇的就业和居住缺乏长期预期、不能享受均等的基本公共服务，以及未能完全融入城市社会，终究使得农民工的消费有后顾之忧。所以，城镇化止步于第一个步骤，必然产生对城市化和服务业发展的巨大制约。这也再次表明，通过户籍制度改革推动农民工落户，是城镇化提高质量和保持可持续性的关键。

第九章
提高社会流动性

　　社会流动性的提高同时体现发展的途径和目标。社会流动包括横向流动和纵向流动,两者既紧密而内在地结合在一起,也可能在一定的时期因一定的原因而产生一定程度的脱节。一般来说,横向流动着眼于提高资源的配置效率,纵向流动则关乎人的社会福祉。迄今为止,中国取得的经济增长奇迹和脱贫成就,归根结底是在社会流动性两个内涵相统一的情况下实现的。

　　随着发展不平衡、不充分与人民日益增长的美好生活需要之间的矛盾成为新时代社会的主要矛盾,促进全体人民共同富裕的任务日益紧迫,并且需求因素成为经济增长常态制约,增强社会流动这两个方面的平衡性就成为比以往任何时候都更紧迫的议事日程。事实上,当我们说社会发展相对滞后于经济发展时,或者说不平衡问题比不充分问题更突出时,实际上就包含了纵向流动相对滞后于横向流动这一事实。本章将从人口社会结构、家庭可持续发展、劳动力市场和社会福利体系等方面讨论如何提高社会流动性。

橄榄型社会结构为什么重要

中国 14 亿多人口是持续扩大居民消费的基础。但是，人口的社会结构是怎样的，换句话说，中等收入群体的规模和占比显著地影响到消费潜力的发挥。目前，中国正是由于以中等收入群体为主体的橄榄型社会结构尚未形成，消费潜力仍然受到严重的抑制。2020 年，中国人口的世界占比为 18.2%，中国居民消费总额的世界占比却仅为 11.9%。设想如果中国居民消费能够达到与人口相同的世界占比，中国的居民消费总额可以从 5.6 万亿美元增加到 8.5 万亿美元，提高幅度高达 52.1%。

用"橄榄型"描述人口的社会结构，是从收入或社会福祉的意义上做出的一种表达，旨在突出中等收入群体在全部人口中占主体这个特征。与橄榄型结构形成反差的是金字塔型社会结构，以低收入群体构成社会结构庞大的底座为特征。不言而喻，推动金字塔型社会结构向橄榄型社会结构转变，就意味着让尽可能多的低收入者成为中等收入者。

以中等收入群体为主体的橄榄型社会结构具有充分的道义基础、深刻的理论依据和丰富的经验证据。首先，使人口中占比最大的群体获得体面的收入、享有基本公共服务、生活质量能够伴随经济发展不断提高是实现社会公平正义、人人有机会向上流动的必然要求。其次，有恒产者有恒心，这个群体最容易形成符合社会规范的共同价值观，从而成为社会稳定的中坚力量。最后，由于这个社会结构具有向上单向流动的动态性，一方面，低收入群体改善生活的期盼不断得以实现,因而不失信心,愿意付出不懈的努力;另一方面,较小的低收入群体比重使得社会政策托底具有可行性和充足性。

在此前提下,形成橄榄型社会结构对于中国经济,无论从必要性还是紧迫性来说,都具有特殊的现实含义。随着经济增长越来越受到需求因素的常态制约,以及居民消费逐渐成为需求因素中最重要的拉动力,中国庞大的人口规模被看作潜在的超大规模市场。诚然,人口就是消费者的总和,人口规模巨大是形成超大规模消费市场的天然优势。在这方面,中国的确具有无可比拟、得天独厚的优势。然而,正如 GDP 总量不同于人均 GDP,人均 GDP 与人均可支配收入也有差别,并且人均可支配收入并不会完全转化为人均消费一样,人口规模转化为消费规模也不是自然而然发生的,需要一系列重要的条件。

我们先来列举几个基础条件。第一是持续增长的消费力。这要求居民可支配收入不仅持续增长,而且保持与 GDP 增长基本同步,同时在各人口群体之间实现较为均等的分配。第二是不断改善的消费品市场可及性和便利性。这要求企业具有足够的激励,开拓市场和瞄准消费者。第三是水平合理且不断增强的消费倾向。稳定的就业岗位及收入来源、充分的社会保障乃至基本公共服务水平是确保消费后顾无忧的前提。上述这些条件的成熟过程就是超大规模市场的形成过程。

也就是说,我们不应该期待上述条件会自然成熟,以及中等收入群体作为超大规模消费市场的作用从天而降。恰当地理解事物之间的逻辑关系,有助于政府形成正确的政策思路,企业形成有效的经营策略,个人形成增加消费的信心。为了创造这些条件,最重要的是形成一种动态格局,以社会流动为主要途径,使低收入者源源不断地进入中等收入行列。实际上,这个动态过程本身就是超大规模消费的开发与利用。我们设想这个动态过程的此岸为目前的低收入群体,彼岸为已经存在的中等收入群体。比较常见的思路和策略是分别针对这两个群体来挖掘消费市场潜力。

在现实中,市场人士看到了庞大的中等收入群体的消费潜力,作为消费品生产者的企业一般都以瞄准中等收入群体作为自己的基本经营策略。从商业动机来说,瞄准中等收入群体的做法无可厚非,通常也会取得成功。但是,从政策目标来看,这种做法并未对培养中等收入群体(即从此岸到彼岸的过渡)做出直接的贡献。近年来,学术界的研究成果也帮助企业形成了一些新的理念,即企业尝试以低收入者(即"金字塔底层")为服务对象,以期实现盈利目标和社会责任的结合。[①]这种学术研究和商业实践提倡大型公司依靠自身拥有的规模经济和高效供应链优势,通过提供高质低价的产品获得穷人的消费市场,既帮助了穷人,也可从这种服务中赢利。

从收入水平两端的任一人群入手,挖掘消费潜力,占领和扩大市场,无疑都是重要的。但是,从政策的角度来看,在瞄准两

---

① C.K.普拉哈拉德. 金字塔底层的财富:为穷人服务的创新性商业模式 [M]. 傅婧瑛,译. 北京:人民邮电出版社,2015.

个收入群体的同时，更需要着眼于从低收入者向中等收入者转变的动态过程。也就是说，同时着眼于此岸和彼岸及过渡的过程，可以使挖掘消费潜力的努力与整体经济社会目标和行动有机结合起来。

由于这样的思路同社会流动这一扩大中等收入群体的根本途径、方式和手段都是一致的，所以我们可以预期产生几点结果：第一，有助于形成全社会的合力，把增加收入与扩大消费结合得更紧密；第二，收入政策和社会保护机制与扩大消费需求目标紧密结合，能够把打破需求制约的紧迫要求与实现共同富裕的终极目标统一起来；第三，使各种扩大中等收入群体和扩大居民消费的政策手段，与企业的盈利目标及社会责任实现衔接和互补。

人口老龄化与社会流动性

从国际比较来看，还不能说中国已经形成橄榄型社会结构。这可以分别从中等收入群体的规模及比重，以及城乡居民可支配收入水平来观察。从统计上说，中等收入群体作为人口的组成部分，总规模和所占比重仍然较小。按照国家发展和改革委员会的说明，以三口之家年收入在 10 万~50 万元之间为标准，中国目前符合条件的家庭约 1.4 亿户，其包括的人口即为中等收入群体，略微超过 4 亿人，仅相当于全国人口的 30% 左右。如果按照相对标准来定义，中国的中等收入群体比重，即收入在平均水平 0.5~1 倍之间的人口比重，也仅为 33%，远低于丹麦和日本的 50%，也低于美国的 36%。[①]

再来看城乡居民可支配收入分组的水平。OECD 成员国普遍采用的相对贫困标准，即收入处于中位收入的 50% 水平以下的群体，被定义为相对贫困人口。在中国语境中，我们以此作为"相对收入基准"。2021 年，中国居民可支配收入的中位数为 29 975 元，相对收入基准为 14 988 元；城镇居民可支配收入的中位数为 43 504 元，相对收入基准为 21 752 元；农村居民可支配收入中位数为 16 902 元，相对收入基准为 8 451 元。如果把这样的相对收入基准作为参照系，可以看到，城乡还有较大比重的居民处于这个标准以下（见图 9-1）。

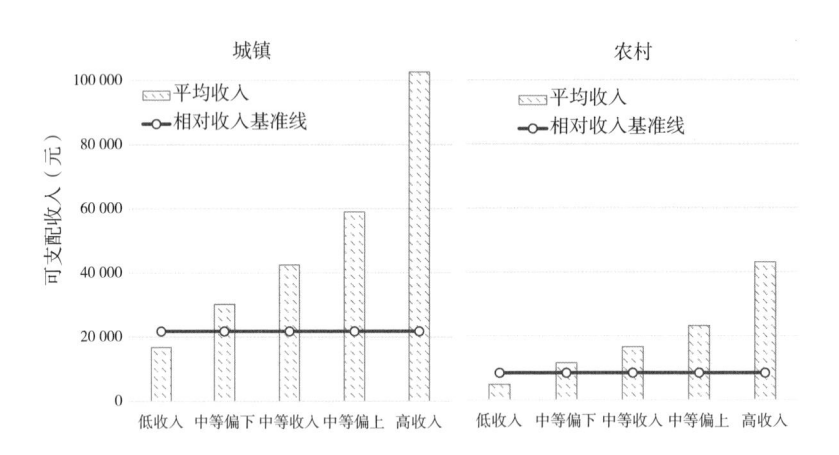

图9-1 城乡居民可支配收入分组水平

资料来源：国家统计局"国家数据"。

---

① 中金研究院，中金公司研究部. 迈向橄榄型社会：增长、分配与公共政策选择[M]. 北京：中信出版集团，2022：40.

橄榄型社会结构尚未形成，与发展阶段、社会流动性不足及提前减弱有很大关系。当我们对于究竟是哪些因素制约中国的社会流动进行分析时，直接看到的似乎是一个自然的因素——与经济发展阶段相关。改革开放以来，在收获人口红利期间，中国社会的横向流动非常通畅。随着人口红利的式微和经济增长速度的降低，这种社会横向流动趋于减慢。特别是随着2011年劳动年龄人口达到峰值之后进入负增长，劳动力短缺、人力资本相对不足、资源重新配置空间缩小，不仅本身就是流动性降低的表现，还通过经济增长减速的作用产生降低社会流动性的效应。

从收入效应来看，随着经济增长减速，非农就业的增速也必然放慢，整体劳动参与率有所下降，虽然工资水平仍然保持较快增长，影响全体居民生活水平改善的工资总规模却不再能够像过去那样快速扩大。从结构效应来看，劳动力在城乡之间、地区之间、产业之间、行业之间、企业之间的流动性降低，职业结构的转变也相应放缓，这都意味着社会横向流动的空间因发展阶段变化而自然缩小。随着横向流动空间的缩小，纵向流动的通道也逐渐收窄。

此外，还有一个派生因素，产生进一步阻碍社会流动的结果。中国的高速经济增长同时伴随着教育的快速发展、产业结构的急剧调整及生产要素的大幅度重新配置，归因于那一时期蕴含大量的机会，可以说人人都能获得改善生活的机会，并且不会抢占别人的机会，因此社会整体实现了帕累托改进。一旦改善的机会变少，社会流动或多或少就会具有零和博弈的性质，也就是说一个人获得某个改善的机会，就潜在地有可能使别人的机会减少。因此，总体上来说，社会流动性也受到机会相对减少的不利影响。可以说，这种变化是人口转变到达一定阶段的结果。

随着中国进入老龄社会，社会流动性降低也是一种规律性现象。从个体角度看，随着年龄的增长，人们会对自己的预期工作寿命做出相对消极的评估，结果是追求职业转换、行业转移和居住地变化的倾向减弱，职业上升空间相应缩小，收入增长速度也会减慢。这种现象的加总表现则是人口老龄化倾向于降低社会整体的横向流动和纵向流动。从社会层面来看，进入老龄社会后，保持社会流动性需要形成一个老年友好型的环境，生活环境、就业环境、创业环境等均需要顺应人口年龄结构的变化，然而这种环境的形成终究需要一段时间。

前面提到，经济增长速度下降也好，人口老龄化也好，都会造成降低社会流动性的效应。然而，经济增长速度减慢和老龄化归根结底都是经济发展阶段自然变化的结果，那么社会流动性是不是注定会越来越弱？如果确是这样，将对中国建设橄榄型社会结构产生不利的影响。应该说，虽然老龄化是不可逆的，经济增长速度下行也是必然趋势，但是通过消除各种体制性障碍，以及创造其他必要的条件，中国仍然可以有巨大的人口社会流动空间。

拓宽家庭预算曲线：职业与照料

形成中等收入群体为主体的橄榄型社会结构，既要借助人口横向流动这一途径，又要求实现人口纵向流动这一目标。通常，这种流动皆是以家庭为基本单位进行、实现和衡量。在阻碍社会流动的诸多障碍中，整体上处于十分拮据状况的家庭预算约束，特别是以往关注较少的家庭时间预算约束，不仅应该名列其中，而且应该予以格外的重视。

这是因为家庭是人口再生产、人力资源形成和人力资本积累的基本单位，也就是说，家庭的功能不仅涉及家庭发展，还与经济社会发展紧密相关，特别是关乎社会流动性。家庭预算约束过紧，在空间和时间上均会产生显著的负外部性。也就是说，家庭层面的取舍难题最终将对全社会产生长期的不利影响。所以，问题要得到根本解决，需要借助公共政策职能有所作为，在制度安排上实现一劳永逸。

通常，人口再生产职能的重要环节和内容是以家庭为基本单位实施的。也就是说，在共同的财务收支预算和时间安排基础上，家庭成员从事消费、储蓄、生育、养育和教育子女、就业和（针对"一老一小"和患病及残疾家庭成员的）照料等活动。家庭的预算约束，即相当于家庭从事这些活动的资源禀赋，通过对这些活动的影响，分别促进或阻碍家庭的发展。其结果在很大程度上反映社会流动性和居民收入质量的高低，以及共同富裕的成色。

如前所述，由于中等收入群体还没有成为中国社会的主体，很多家庭面临十分拮据的财务预算约束。不仅如此，家庭的其他资源预算同样处于紧约束和紧运行的状态。其中，时间不仅是家庭职能得以履行不可或缺的条件，还通过其特有的性质对家庭发展产生短期和长期的影响。因为时间流逝的不可逆性，所以每时每日对个人的一生来说都是不可再生的资源。然而，家庭生育、养育和教育子女的行为在某种意义上相当于对父母生命的延续，所以是时间最接近于被再生出来的方式。因此，定量观察家庭的时间预算约束，有助于我们理解许多重要的现象，得出更有针对性的政策结论。

如图9-2所示，我们的主要观察对象是横坐标所表示的15~49岁这个生育年龄人群，其中20~34岁这一群体被人口学家称为"生育旺盛年龄人群"。以年龄做基准的劳动收入和家务劳动时间变化，恰好可以反映家庭成员在寻求职业发展与履行家庭照料责任之间的艰难取舍。鉴于中国女性家务劳动时间平均为男性的2.6倍，在国际比较中处于较高水平，因此，我们在图中使用女性的家务劳动时间占比，以便最恰当地反映家庭预算约束这枚硬币的家庭发展侧面。

对个人来说，无论是生育期还是生育旺盛期，在年龄上都是同主要的劳动参与期重合的。特别是在整个生育旺盛期，个人劳动收入始终处于攀升阶段，而一旦达到劳动收入的最高点，则只能维持数年，从40岁开始便迅速降低。与此同时，女性的家务劳动负担也在攀升，并于30岁左右达到最高点，在整个生育年龄都保持在这个高水平上。

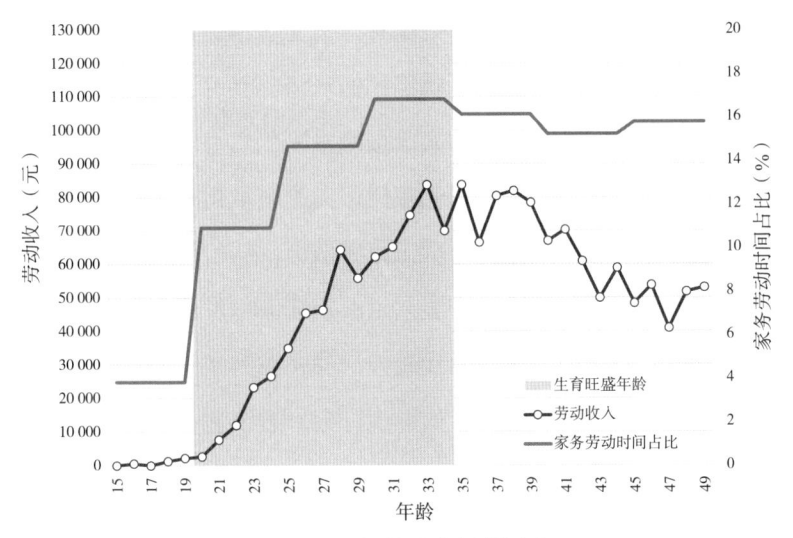

图9-2　职业发展与家庭发展的取舍

资料来源：城镇分年龄"劳动收入"数据来自"中国城市劳动力调查（2016）"；"家务劳动时间占比"系女性非SNA（国民账户体系）活动时间占全天的比例，来自国家统计局《2008年时间利用调查资料汇编》，http://www.stats.gov.cn/ztjc/ztsj/2008sjly/。

从表面来看，家庭预算约束的拮据似乎是一个无解的两难问题。一方面，家庭成员需要兼顾职业发展和家庭发展双重职能，对增强社会流动提出郑重的需求；另一方面，雇主追求劳动力利用效率最大化，似乎也无可厚非。找到破解这个难题的出路，要求我们重新认识人口再生产责任的本质，重新定义家庭功能和家庭发展对社会整体的含义。

这里，我们需要引进一个经济学概念，即"鲍莫尔成本病"（Baumol's cost disease）。威廉·鲍莫尔曾经以表演艺术为例，尝试解释一种产业的劳动生产率长期滞后于社会平均水平的现象。与制造业所具有的生产率不断提高和单位成本不断下降的特征正相反，表演艺术的生产率始终没有什么显著的提高，结果只能是单位成本不断上升。不过，既然人们对演出具有实际的甚至是日益增长的需求，这个行当的实际报酬水平仍然可以随全社会报酬水平的提高而水涨船高。也就是说，无论采取何种具体方式解决，表演艺术是依靠生产率的分享而存在的。

如果把鲍莫尔讨论的表演艺术改换成家庭发展中的必要活动，譬如以家庭照料为这方面的代表性活动，破解家庭两难抉择的思路将日益清晰。不仅如此，如果说社会对表演艺术的持续需求反映了生活质量的提升和多样化，人口再生产则关乎全社会的发展可持续性。虽然两种情形都要求对生产率进行分享，前一情形仍然属于私人需求，可以用市场机制解决的成分更大一些；后一情形则涉及社会效益，政府应该发挥较大的作用。

换句话说，能够产生社会效益的事务，例如这里涉及的对未成年子女的照料和对老年人的照护，自然不应该让家庭独自承担，甚至也不能完全由市场方式予以满足。对于照料工作具有的社会收益性质，或者说关于把照料工作作为某种程度的公共服务，由社会提供或承担支出，我们可以做进一步的阐释。

既然存在市场失灵现象，纯粹基于市场供求关系的价格形成机制则不足以保障这种社会必要服务的充分供给，由此形成的这种服务的供不应求常常导致该领域就业活动的非正规化。在很多情况下，社会只能依靠刚刚进入劳动力市场的非熟练劳动者，特别是农村转移劳动力满足对这类服务的需求。这些新来乍到者通常接受较低的保留工资和不尽如人意的工作条件，从而处于非正规就业状态。然而，这种非正常劳动力供给的时间窗口也是短暂的。一旦这些劳动者在劳动力市场上获得了更多的信息和更强的适应性，他们就会离开这个岗位，需求者只好转向下一批新成长劳动力。

在这种条件下，照料岗位必然始终处于从业者报酬不充分的状态，同时也难以提高服务质量。结果是，这个领域的劳动力供给愈加短缺，导致家庭时间预算无法摆脱紧约束，总体上表现为一个恶性循环。打破这个恶性循环的根本出路是让照料工作乃至更多的家庭发展活动获得更多的公益性待遇。从恶性循环转向良性循环的路径和步骤简述如下。

第一步，把目前家庭成员承担的家务劳动尽可能转化为社会化供给，其中的照料活动应该按照基本公共服务的政策思路予以扶持。具体来说，通过补贴和其他优惠措施鼓励发展托儿所、养老院和社区照料机构，使成本真正降低到家庭可以承受的水平，从而解放家务劳动。这种做法的必要性不仅在于照料工作具有的社会收益性质，而且由于家务劳动社会化可以显著增加经济总量。国家统计局发布的《2018年全国时间利用调查公报》显示，城乡居民所从事的以家务劳动为主的无酬劳动时间相当于有酬劳动时间的52.7%。这就是说，无酬劳动中任何一个部分被市场活动替代都意味着GDP总量增加相同的比例。

第二步，把目前家庭或者市场承担的部分职能纳入基本公共服务供给体系。我们先来认识以下三个特征化事实：其一，经济学家发现，教育的社会收益率与教育阶段层次成反比，即越是在低年龄的教育阶段，社会收益率越高，显然学前教育具有最高的社会收益率；其二，相对于私人收益率，社会收益率高的活动领域正是政府应当承担支出责任之所在；其三，在较低的年龄阶段，照料与教育之间并没有明确的分界线，通常是融为一体的。

按照这三个特征化事实或者规律来判断，以特定的方式把儿童照料作为基本公共服务内容，适时把学前教育纳入义务教育要求，或实现这个阶段的全覆盖免费教育，可以显著缓解家庭预算约束，同时达到提高生育意愿和生育率，以及提升人力资本积累的多重要求。此外，针对老年人的照料在道理上也是相同的，同样需要做出类似的制度安排。

第三步，营造家庭友好型的政策环境和社会氛围。除了承担必要的财政支出责任予以扶持，政府还应该通过监督法规的执行、制订行业发展规划、建立公私合作伙伴关系等方式，把促进家庭发展纳入自身常规的职能范围，并引导其他组织承担相关的社会责任。在中国，社区是最接近家庭且同时履行部分政府职能的社会组织，它们直接参与照料活动的组织和运行，具有天然的便利，也能够产生恰当的激励。此外，企业把遵守劳动法、承担社会责任和改变发展取向结合起来，把员工福祉纳入企业经营函数，可以在拓宽家庭财务预算和时间预算方面有所作为。

数字经济时代的劳动力内卷

人们常常对就业做出两种类型划分，即正规就业与非正规就业。大体上，我们可以按照是否具有正式劳动合同、参加基本社会保险、稳定的岗位、合理的劳动时间、符合社会平均水平的工资和待遇等区分正规就业与非正规就业。实际上，对哪些劳动者处于何种就业的类型做出区分在个体层面通常是可行的，然而在宏观层面做出整体评估则有较大的难度。不过，我们可以从众多调查和研究中得到一些规律性的经验，借助城镇就业结构数据，尝试做出一种粗线条的识别。

我们从官方统计中看到的城镇就业数据其实并非来自同一个统计体系。从基于住户的抽样调查数据，我们可以得到城镇就业人员这个加总数据，同时，由于抽样规模等技术原因，无法从同一数据来源获得更详细的分类就业数据。因此，要想得到分类就业数，就要诉诸报表制度中汇总的数据，以及其他部门的调查数据。具体来说，根据报表制度和相关部门的数据，城镇就业可以按照国有单位、城镇集体单位、股份合作单位、联营单位、有限责任公司、股份有限公司、私营企业、港澳台商投资单位、外商投资单位及个体城镇就业等做出分类。为了简明起见，我们对这种划分进行适当的合并，由此得到按经济类型划分的城镇就业结构（见图9-3）。

根据前述的识别标准，城镇就业这个统计数据有两个组成部分，具有典型的灵活就业特征，我们可以粗略地将其视为非正规就业。第一个部分是个体就业，包括自我雇用及个体工商户雇用的人员。显然，在几乎所有就业条件上，这种就业类型都难以满足正规就业的标准。2019年，这个群体占城镇就业的25.8%。

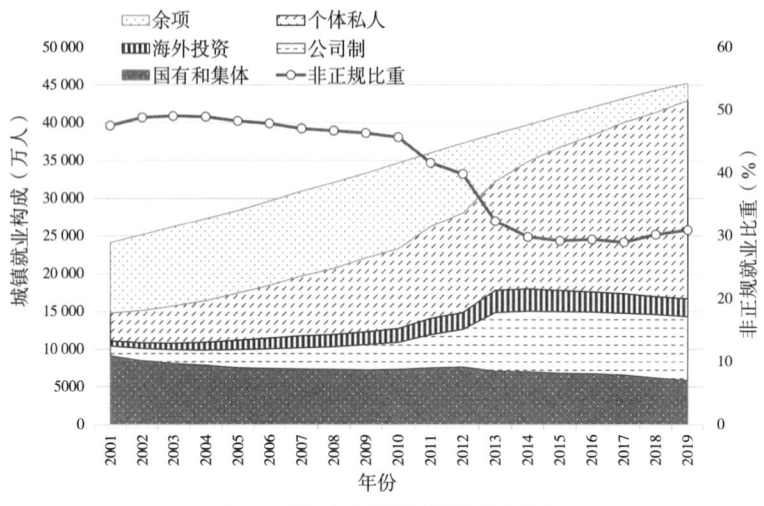

图9-3 按经济类型划分的城镇就业结构

资料来源：国家统计局"国家数据"。

第二个部分则是一个统计余项，基于住户调查得到的全部城镇就业总数与各种经济类型就业的加总数之间存在一个差额或余项，大体上反映了那些没有被单位或工商登记部门记录的就业人员。2019年，这部分人群占城镇就业的5.1%。把上述两个部分合计起来，占到城镇就业的30.9%。这个比例的变化轨迹可以反映出城镇非正规就业或灵活就业的特征。

在20世纪90年代中期以前，就业仍在一定程度上保留着计划经济的特征，劳动力市场尚未充分发育，灵活就业比重并不高，1990年仅为17.2%。伴随着国有企业进行减员增效改革，作为应对严重的失业下岗现象的手段，灵活就业开始受到鼓励，比重逐渐提高并在2003年达到49.1%。由于那个时候劳动力市场制度尚不完善，所以灵活就业与非正规就业两个概念之间几乎可以画等号。随着就业形势逐渐好转，特别是2004年中国经济跨过刘易斯拐点，劳动力短缺现象日益加剧，以及2011年以后劳动年龄人口负增长，灵活就业比重显著下降，2013年之后大体稳定在30%左右。

可见，灵活就业是打破计划经济"铁饭碗"的产物。同时，劳动力市场制度的完善有利于就业规范程度的提高。伴随着中国经济跨过刘易斯拐点，劳动立法和执法进一步增强，最低工资、集体协商、劳动合同等制度得到迅速推广，基本社会保险制度的覆盖率也大幅提升，这些都增强了就业的规范化程度。在一定意义上，很多灵活就业人员也获得了较好的社会保护，并不完全等同于非正规就业。

近年来，随着平台经济的发展，以及新型职业和新的就业形态的涌现，新创就业岗位采取了灵活就业的形式，同时或多或少具有非正规就业的性质。与此相应，非正规就业比重不再下降，甚至有一定的回升迹象。我们不应排斥灵活就业创造岗位的有益功能，也欢迎新型职业和新的就业形态的产生，但是也要防止和抑制非正规就业的过度出现及其负面效果。非正规就业产生的负面效果主要体现为以下两种现象，均可以用劳动力内卷予以刻画。

首先，劳动力配置呈现不利于整体生产率提高的倾向。非正规就业通常与劳动力过度集中于低生产率行业的现象有关。一方面，没有与企业签订正式劳动合同的劳动者，以及在个体工商户甚至未注册市场主体中就业的群体，显然更多地从事低生产率的工作。另一方面，农业劳动生产率低于非农产业，普通服务业的劳动生产率也低于制造业。2021 年，第一产业、第二产业和第三产业的劳动生产率（每个就业人员创造的增加值）分别为 4.87 万元、20.77 万元和 17.00 万元。因此，非正规就业增长和比例的提高意味着劳动力向低生产率产业的配置。

其次，非熟练劳动者工资及普通家庭收入的提高受到抑制。根据第七次全国人口普查数据，2020 年，在全部 15～59 岁劳动年龄人口中，受教育水平在初中及以下的占 39.0%，高中的占 24.8%，高等教育的占 36.2%。劳动力的这种人力资本禀赋状况意味着非正规就业的劳动力供给潜力仍然很大，这种供求关系加上这类就业的低生产率性质，决定了他们的工资水平及其提高均受到抑制。与此同时，这个就业群体获得的社会保护程度也明显低于其他群体。

国际比较研究显示，工资平等程度是社会流动性的重要支柱，也恰恰是中国劳动力市场的弱项。例如，以中国的整体劳动收入中位数为界，位于底部 50% 的劳动收入仅相当于位于顶部 50% 的劳动收入的 12.9%，低工资人群的比重达到 21.9%。[①] 由此可以联想到，正是由于就业的非正规性质，造成这种抑制工资提高、压低家庭收入、抑制居民消费进而阻碍社会流动的弊端。

[①] World Economic Forum.The Global Social Mobility Report 2020: Equality, Opportunity and a New Economic Imperative[M]. Geneva: World Economic Forum, 2020: 63.

我们也可以从一个统计现象进一步观察非正规就业与收入分配状况之间的相关关系。20世纪90年代以来，中国城镇非正规就业比重与反映收入差距的重要指标基尼系数的起伏变化几乎遵循了完全相同的轨迹（见图9-4）。这显然说明，越是较大比例的劳动者群体处于非正规就业状态，意味着越大的人口比重未能获得体面的工资和合理的收入，全社会收入分配的公平程度也就越低。

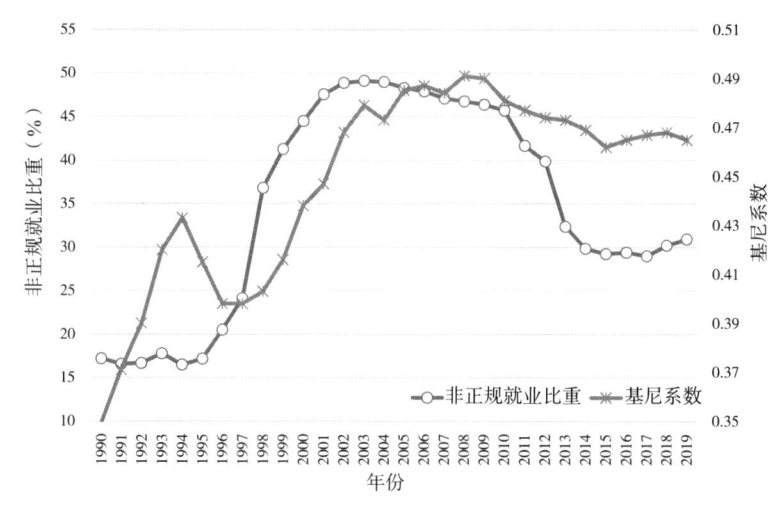

图9-4 就业正规性与收入分配状况同步变化

资料来源：就业数据及近年来的基尼系数来自国家统计局"国家数据"；早年的基尼系数来源可参见 Fang Cai. China's Economic Growth Prospects: From Demographic Dividend to Reform Dividend[M]. Cheltenham: Edward Elgar, 2016: 180。

降低或缓解劳动力内卷给供给侧和需求侧带来的不利影响，需要破解经济发展过程中长期存在的诸多难题。具体来说，应该从以下三个方面着眼和着力。第一，使技术变革特别是数字经济发展成为产业之间和企业之间的连接器而不是分离器，促进生产率在不同类型的部门之间及不同规模的企业之间趋同，在全社会同步提高。第二，拆除尚存的体制机制障碍，疏通劳动力等生产要素的流动渠道，让劳动者及其家庭在资源重新配置过程中分享生产率。第三，扩大社会福利的供给范围和覆盖面，让所有领域的就业者享受均等的基本公共服务。

必须承认的是，数字经济的发展不断地颠覆我们对就业的认知，很多新创岗位与我们熟知的传统就业形态大异其趣。其中不乏对人力资本要求更高，因而从业者能够获得较高市场回报和充分社会保障的岗位，也有很多更具灵活就业性质的岗位，在就业稳定性、报酬水平和社会保护方面更具挑战性，快递骑手、网约车司机、剧本杀写手、带货主播等职业均存在社会保障体系的覆盖困难。这要求按照新型业态和新就业形态的特点，探索新型社会保障覆盖模式，使灵活就业不再是非正规就业的同义语，从而实现生产率提高、生产率分享、社会流动性增强和社会福利水平提高的统一。

阻断贫富分化的代际传递

前文讨论凯恩斯悖论时，我们提及凯恩斯以"我们孙辈的经济可能性"为题的著名文章。在这篇文章中，或者说凯恩斯悖论本身，关注的是生产率的代际分享问题。与此对应的是，社会流动既表现为个人终其一生的经济社会地位变化，或称代内社会流动，也表现为跨代的经济社会地位变化，即代际社会流动。本章前面的内容已经讨论了代内社会流动的一些重要问题，在此将更多地讨论代际社会流动问题。

可以说，几乎所有影响代内社会流动的因素都同时影响代际社会流动，或者说一个人或者家庭的经济社会地位通常具有代际传递的特点。在《了不起的盖茨比》一书中，美国作家斯科特·菲茨杰拉德以主人公的人生际遇，即"激流泛舟却无尽地被冲回到过去"的无奈，深刻揭示了跨越代际鸿沟之难。这个主题立意也启发了经济学家们，他们尝试以"了不得的盖茨比曲线"刻画这种经济社会地位的代际传递性质。

这条以盖茨比命名的曲线表达的是两个指标之间的正相关关系，即反映收入差距的基尼系数越大，父母收入地位对子女收入地位的影响程度越大。或者说，较大的收入差距通常伴随着不公平状况在代际的传递。研究显示，中国恰好也处在这条斜率为正且高度显著的曲线上面。[1]也就是说，与中国长期以来较大的基尼系数相对应，代际的社会流动性也较低。

在世界经济论坛发布的《2020年全球社会流动报告》中，包括健康、教育、技术、就业和社会保护等内容在内的10类指标被作为社会流动性的基本支柱。这些支柱既影响社会流动，又

---

[1] World Economic Forum.The Global Social Mobility Report 2020: Equality, Opportunity and a New Economic Imperative[M]. Geneva: World Economic Forum, 2020: 10.

都是影响收入分配的因素。这些因素的有利表现或不利表现分别引发良性循环或者恶性循环，塑造截然不同的社会流动格局。所以，从所有这些方面着眼和入手，使其朝着有利的方向改进，无疑是打破社会分层代际传递的必由之路。

尽管如此，在这 10 个影响社会流动性的支柱中，也有一些更值得关注的重点领域，可以作为阻断社会阶层分化的突破口。选择重点领域相当于确定政策的优先序，可以从两个原则着眼继续选择：一方面，这些领域一般而言具有更突出的代际传递性质；另一方面，相关问题对中国来说具有更直接的针对性。

世界经济论坛发布的报告指出，教育是促进机会均等的有力工具。在中国，在学术讨论和政策制定中，教育阻断贫困代际传递的作用通常都受到高度重视。道理在于，只有一个人具备了必要的人力资本，才有能力抓住无论何时何地出现的机会，沿着社会阶梯攀缘而上，实现社会的纵向流动。然而，每个人都有机会、有能力参与社会流动的前提条件并不简单在于教育的发展，而在于教育发展的公平性。在计算中国的社会流动指数时，这份报告对中国教育做出较高的整体评价，在教育机会这个支柱上给出了较高的分值，同时也指出，在教育质量的均等化这个支柱方面，中国仍有较大的改进余地。

用于教育的公共支出及其均等化水平是影响教育公平程度的关键因素。2012—2021 年，中国财政性教育经费占 GDP 的比重始终保持在不低于 4% 的水平上，总体上保障了教育公平。然而，在城乡之间、地区之间、各级各类教育之间，公共教育支出水平仍然存在不尽均等的现象。我们可以从生均经费来观察教育投入水平和均等化程度。根据官方统计数据，2020年全国各级教育生均一般公共预算教育经费在各省、自治区、直辖市之间仍存在较大差异，幼儿园、普通小学、普通初中、普通高中、中等职业学校和普通高等学校等各级教育经费的省际变异系数均具有较高的取值，分别为70.3%、43.5%、50.0%、62.7%、67.6%和64.9%。[①]

正如健康事业一样，教育始终受到经济学家的高度关注，更多的是由于其作为人力资本这种生产要素的培养功能，或者说该手段所具有的"做大蛋糕"的作用。然而，从"分好蛋糕"的角度，我们更需要关心由政府支出责任予以保障的教育公平。如果说教育发展本身并不能确保教育公平，教育的公平发展既能保障公平也能促进发展。这种认识同样适用于其他基本公共服务的供给。一旦在所有具有公共品性质的领域实现最大程度的基本保障和均等化，就能开启所有可能的社会流动通道，阻碍社会流动的门槛被削平，人人向上流动的天花板被洞穿。

---

① 引自中华人民共和国教育部网站 http://www.moe.gov.cn/srcsite/A05/s3040/202111/t20211130_583343.html。

第十章
再分配与基本公共服务供给

为了达到全体人民共同富裕的目标,需要借助初次分配、再分配和第三次分配功能在协调配套中共同发挥作用。诚然,这三个分配领域缺一不可,政府作用也都应该体现于每个领域之中。然而,政府在再分配领域应该发挥主导作用。如果说在初次分配和第三次分配领域,政府主要着眼于进行规制与规范、营造环境和创造激励,那么在再分配领域,政府还需要直接履行公共品提供者的职能,以影响收入分配格局和提高人民生活品质。

针对中国当前的现实要求,政府在再分配领域应该履行的职能至少包括三个方面。首先,实施收入分配政策。通过提高低收入群体的收入、扩大中等收入群体规模和合理调节高收入等方式,缩小城乡之间、地区之间、行业之间、企业之间和居民之间的不合理收入差距。其次,实施区域均衡发展战略。通过财政转移支付、旨在补短板的投资项目和其他引导和扶助性政策,促进地区经济发展均衡化。最后,提供均等化和充足的基本公共服务。就中国所处的发展阶段来说，这一任务可以具体确定为：建立健全面向全民、全生命周期的社会保护、社会共济和社会福利体系。

政府履行再分配职能是任何时期都不可或缺的。然而，在不同的发展阶段，这些职能的优先序排位有所不同，政策覆盖的范围和保障的水平通常也存在差别。随着中国总体上进入高收入国家行列，2035年基本实现现代化的目标期逐步临近，同时人口负增长带来的需求侧挑战也正在加剧，加大再分配力度和建设中国式福利国家的任务日益紧迫。本章着眼于破除关于再分配的传统观念，从促进人类发展的角度，讨论建立覆盖全民全生命周期的社会保障体系的必要性，提出中国式福利国家建设的政策建议。

实现共同富裕的终极手段

凯恩斯所著的《通论》一书的最后一句话多年来被广为引用：无论是从好处讲还是从坏处讲，最要命的东西不是既得利益，而是思想。人们引用这句话的意图无疑是强调思想的重要性。不过，关于既得利益与思想哪个更重要，凯恩斯的本意恐怕并不在于抑此扬彼，在这里，他只是以一种修辞方法意欲强调思想的重要性，却不是要强调既得利益不重要。凯恩斯把思想与既得利益相提并论，恰恰说明后者至少也具有同等的重要性。

如何分享生产率提高的成果，涉及一系列制度安排和政策设定，如何对诸多相关问题做出回应。例如，如何在初次分配领域做出最好的制度安排，使收入差距保持在较为合理的水平上；应该如何及以多大力度实施再分配政策，以保持公平与效率的有机统一；社会福利体系的包含范围应该多广、覆盖面应该多大及保障水平应该多高；等等。在对这些问题做出回答时，自始至终存在理论上的众说纷纭和观念上的针锋相对。特别是，理论也好，理念也好，最终能够转化为政策并产生真正且深远的影响，总是结合着既得利益在其中的作用。

长期以来，西方主流经济学思潮对上述问题的回答均基于所谓的"涓流效应"。美国经济学家米尔顿·弗里德曼不遗余力地宣扬，在奉行自由市场制度的社会里，合理的收入分配伦理应该是让每个人按照各自拥有的生产手段和参与经济活动的方式，获得相应的产出份额。因此，政府的作用是有限度的，仅限于界定和执行产权。[①] 换句话说，政府的职能只是维护这种权利格局，让每个人拥有自己的要素，并将其投入生产过程，做到各得其所。托马斯·皮凯蒂等人的研究证明资本收益大于劳动收益是一个规律性现象，因此，新自由主义经济学的"涓流效应"必然导致收入不平等的结果。

受到这种思潮影响，一些发达国家和发展中国家经历了几十年的市场原教旨主义实验，内容包括倡导政府干预的最小化、解除国家对市场活动的各种规制、容忍更多的垄断行为、消除或减

---

① Milton Friedman. Capitalism and Freedom[M]. Chicago: The University of Chicago Press, 1962: 161-162.

少社会保障和社会福利及收入分配向大资本倾斜等。新自由主义经济学及其政策主张在各国的实践并没有带来一致良好的经济增长表现，却导致普遍的收入分配状况恶化。

例如，在拉丁美洲一些典型的发展中国家，过大的收入差距成为这些国家长期深陷中等收入陷阱的典型表现。在美国和英国这样的发达国家，在分别经历了"里根革命"和"撒切尔革命"之后，出现严重的收入和财富两极化倾向，社会流动性大幅降低，几十年的政策实验最终结出社会分化和政治分裂的恶果。这种思想的危害已经为皮凯蒂等很多经济学家所证实，包括许多国家领导人甚至教皇在内的人物，也都纷纷质疑和主张摒弃涓流经济学。

然而，正如在新自由主义经济学盛行期间不乏反潮流的理论探索[①]，现今仍有不少学者和政治家自觉不自觉地相信"涓流效应"的存在，或者在政策建议和政策制定中暗含着涓流经济学的假设。这种假设包括"做大蛋糕"可以自然而然地解决"分好蛋糕"的问题、初次分配足以解决收入差距的问题及中等收入群体可以随着经济增长而自动成长并壮大等。这里，除了思想发挥的"要命"影响力，既得利益在其中发挥的作用，特别是造成这样一种现象——既得利益本身即成为理念和信条的组成部分，也颇

---

① 例如，在 20 世纪 80 年代中期，哈佛大学经济学教授魏茨曼就提出了分享经济和分享型工资的著名观点。参见 Martin Weitzman. The Simple Macroeconomics of Profit Sharing[J]. American Economic Review, 1985, 75(5): 937-953。

为值得予以仔细的审视。

严格来说，新自由主义经济学并不是一个分支学科，也不是严谨划分的经济学流派，而只是一个大众意义上的归类，或者圈内人的彼此认同，甚至是一种政治标签。它有多种表现形式和称呼，有些看似有着经济学流派的模样，有些则只是一个"绰号"而已。例如，供给学派、里根经济学、法经济学或者芝加哥学派等都与这个新自由主义潮流直接对应。新自由主义经济学家最懂得学以致用，对包括总统在内的政治家展开了卓有成效的思想攻势。例如，据说在餐巾纸上画出"拉弗曲线"并借此论证降低税率可导致税额增长的阿瑟·拉弗当年就是"里根经济学"的倡导者和贡献者，2019 年又被特朗普授予总统自由勋章。

为了把新自由主义思想渗透到法律生活中，特别是抵达那些握有是非判定和生死予夺权力的精英群体，从而影响司法判决过程，亨利·曼尼等经济学家还把目光转向联邦法官，从 1976 年开始对这个重要的群体进行经济学"培训"。从"开班"伊始到 1999 年，美国近半数的联邦法官参加过在不同休闲胜地举办的这种培训营，在度假般的环境中接受了具有倾向性的经济学思想和思维的浸礼。具有标志性意义的是，参加者中就包括美国最高法院最著名的保守派大法官克拉伦斯·托马斯。至于课程，总体上是按照芝加哥学派的口味安排的，罗纳德·哈里·科斯、米尔顿·弗里德曼等新自由主义大家都曾亲自授课，向法官们灌输了自由市场、解除管制、容忍垄断、遏制工会等理念。

在这样肥沃的土壤中播下的思想种子，必然会生根发芽、茁壮生长、开花结果。艾略特·阿什等经济学家采用计量方法，研究了通过这种传播渠道，法经济学思潮对司法实践的影响。他们发现，参加过联邦法官经济学培训班的法官们在表达意见时比其他人更多地使用经济学术语，在遇到涉及经济问题的案件时，常常做出更多具有保守主义倾向的判决，更易于对管制机构的决定予以否决，在反垄断法的案件中采取更包容的态度。① 也就是说，法经济学的新自由主义思想倾向通过对联邦法官的影响产生了实效。

由此可见，思想和既得利益都对社会公平正义的结果产生影响。社会收入分配状况如何，或者说经济增长过程中生产率的分享效果如何，取决于发展理念和发展模式是否更加注重发展成果的分享。中国在实现高速经济增长的时期，充分利用全球化提供的机遇，通过改革解除对生产要素特别是劳动力流动的体制束缚，促进了剩余劳动力的地区间和产业间转移，把人口红利转化为制造业的比较优势和国际竞争力，实现了经济增长与就业扩大、资源重新配置与城乡居民收入提高两个统一。正是由于这个时期经济发展具有共享的特征，中国创造出经济快速增长和社会长期稳定两大奇迹。

随着人口红利的迅速消失，主要依靠要素投入驱动增长的发展方式不再具有可持续性，要求转向创新发展模式。与此同时，

---

① Elliott Ash, Daniel L. Chen, Suresh Naidu.Ideas Have Consequences: The Impact of Law and Economics on American Justice[R]. NBER Working Paper No. 29788, 2022.

以居民消费为中心的需求因素日益成为经济增长的常态制约。如何从供给侧和需求侧保持经济增长的合理速度，同时使经济发展更具共享性，是中国当前面临的巨大挑战。遵循新发展理念，构建新发展格局，不断促进共同富裕，就是应对这些挑战的根本遵循。

如果说在较早的发展阶段，中国经济需要着重解决的问题是在初次分配领域努力"做大蛋糕"，如今则需要转向更加注重"分好蛋糕"的再分配领域。特别值得指出的是，"分好蛋糕"的举措并非零和博弈，而是具有生产性的制度功能，其中更蕴含着新的增长点。

以人类发展破解"生育率悖论"

在新自由主义经济学及其政策理念在一些国家甚嚣尘上的同时，也有另一种发展思潮开始流行，在理念上和政策上构成一种抗衡力量。例如，在阿马蒂亚·森的发展思想影响下，UNDP 从 1990 年开始撰写和出版《人类发展报告》，并编制 HDI 排行榜，倡导出另一种风尚，提醒人们不要忘记经济增长的根本目的是促进人类发展，敦促各国政府更加注重发展成果的分享。自这个报告和指数排名发布以来，在某种程度上成为一个有效的指挥棒，确实使很多政府在推动国家发展时超越了经济增长的层面，更加注重社会发展的层面。

UNDP编制的HDI由三个核心成分构成，分别是按购买力平价计算的人均GDP、以人均预期寿命代表的健康水平，以及以预期受教育年限和平均受教育年限表达的教育水平。与只考量人均GDP反映的"做大蛋糕"的效果相比，把健康和教育纳入指数构成不仅拓展了衡量发展的范围，相对而言也能更好地揭示"分好蛋糕"的效果。毕竟，人均收入的提高可以与极少数人的极度富裕相容，而健康和教育水平的提高却不可能仅靠少数人的改善就能达到。

根据HDI的分值，UNDP把纳入排位的国家和地区分别划分为四个组别。例如，在2021/2022年的报告中，UNDP总共为191个国家和地区进行了排位。[①]第一组包括66个国家和地区，被定义为具有极高人类发展水平，HDI取值在0.800~0.962之间；第二组包括49个国家和地区，被定义为高人类发展水平，HDI取值在0.703~0.796之间；第三组包括44个国家和地区，被定义为中等人类发展水平，HDI取值在0.550~0.699之间；第四组包括32个国家和地区，被定义为低人类发展水平，HDI取值在0.385~0.549之间。

对这四个组别具有的经济社会发展特征进行比较，平均来说，人类发展这个理念和统计指标至少可以更好地揭示两个方面的实

---

① The United Nations Development Programme. Human Development Report 2021/2022: Uncertain Times, Unsettled Lives: Shaping our Future in a Transforming World[M]. New York: UNDP, 2022.

践特点，以及相应的政策含义。一是更高的社会公平度。总体来说，人类发展水平越高意味着社会福利水平越高，收入差距越小。如果把0.4这个基尼系数作为收入分配状况好与坏的分界点，它也恰好把人类发展水平的前两组同后两组区分开来，其中第一组的基尼系数平均值仅为0.34。二是更高的政府再分配和社会福利水平。更高的人类发展水平和较小的收入差距并不是自然而然产生的，而是与政府的作为直接相关。仅以政府教育支出占GDP的比重为例，可以看到这个指标与HDI呈现显著的正相关关系。

上述两个特点意味着，在不断改善收入分配、不断提高基本公共服务满足程度从而使社会各群体处于相同的起跑线，并且社会存在更多的就业和创业机会的情况下，人人均有更多的机会，可以实现经济社会地位的向上攀升。这就是说，更高的人类发展水平与更强的社会流动性是对应的。我们把UNDP编制HDI的样本国家和地区（总数为191个）与世界经济论坛编制社会流动指数的样本国家（共82个）对应起来，便可以做出比较并发现，82个国家的两个指数之间存在显著的正相关关系（见图10-1），两个指数排位的相关系数高达0.95。

讲到社会流动性，通常指经济社会地位在代际的改变机会。也就是说，如果社会流动性不高，处于相对不利的社会分层上的父母就会对子女的经济社会地位变化产生较低的预期。由此可以推论，社会流动性偏低，通常导致较低的家庭生育意愿，从而降低社会生育率。反之亦然，如果社会流动性增强，譬如反映在人类发展水平的进一步提升，我们既可以冀望家庭生育决策回归真

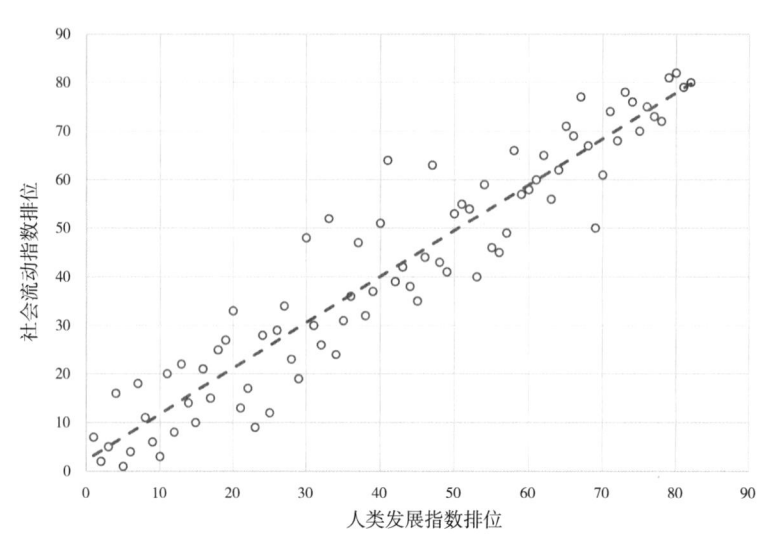

图10-1　人类发展水平与社会流动性的位序相关性

资料来源：The United Nations Development Programme. Human Development Report 2021/2022: Uncertain Times, Unsettled Lives: Shaping our Future in a Transforming World[M]. New York: UNDP, 2022; World Economic Forum. The Global Social Mobility Report 2020: Equality, Opportunity and a New Economic Imperative[M]. Geneva: World Economic Forum, 2020.

实的意愿，也可以预期社会生育率回归更可持续的水平。

生育率随经济社会发展水平的提高而下降，这是各国普遍观察到的现象。同时观察到的事实是，生育率长期处于较低水平，终会导致人口老龄化程度不断加深的后果，反过来削弱经济增长潜力，拖慢经济社会发展的步伐。由于研究者尚未充分认识到生育率变化决定因素的规律，在解释这种不对称乃至对立的因果关系方面颇显捉襟见肘，构成一个所谓的"生育率悖论"。然而，借鉴国际经验和分析中国的特殊人口转变过程，可以得出更乐观的结论：中国目前的低生育率并不是一种宿命。

联合国经济和社会事务部人口司在各国的调查中发现，无论当下的生育率高低，受访家庭表达出的生育偏好大约均为两个孩子。[1] 也就是说，在不存在特别制约因素的情况下，人们的意愿生育率大体上与更替水平生育率（2.1）是一致的。于是，对那些生育率低的国家来说，如果能够处理好或者消除阻碍生育的因素，例如从总体着眼提高人类发展水平、从特别关注点上促进性别平等和妇女赋权及完善生育健康服务等，生育率依然可望实现适度反弹。

已有的研究表明，人类发展水平既是一定时期内生育率下降的诱因，也可能在更高水平上成为生育率反弹的条件。例如，一些作者利用100多个国家的长期数据揭示，如果在达到很高的人类发展水平的同时，还能够满足性别平等这个条件，女性的生育率在其生育期的稍晚阶段会有所提高。从宏观统计上看，生育率触底回升的情形通常发生在HDI达到0.80～0.85之间，这属于"极高人类发展水平"的行列。[2] 在图10-2中，我们利用UNDP的人类发展报告团队提供的数据，可以形象地展示这种关系。

---

[1] United Nations, Department of Economic and Social Affairs, Population Division. World Population Prospects 2019: Highlights[M]. New York: United Nations, 2019: 9.
[2] Mikko Myrskylä, Hans-Peter Kohler, Francesco C. Billari. High Development and Fertility: Fertility at Older Reproductive Ages and Gender Equality Explain the Positive Link[R]. MPIDR Working Paper WP-2011-017, 2011.

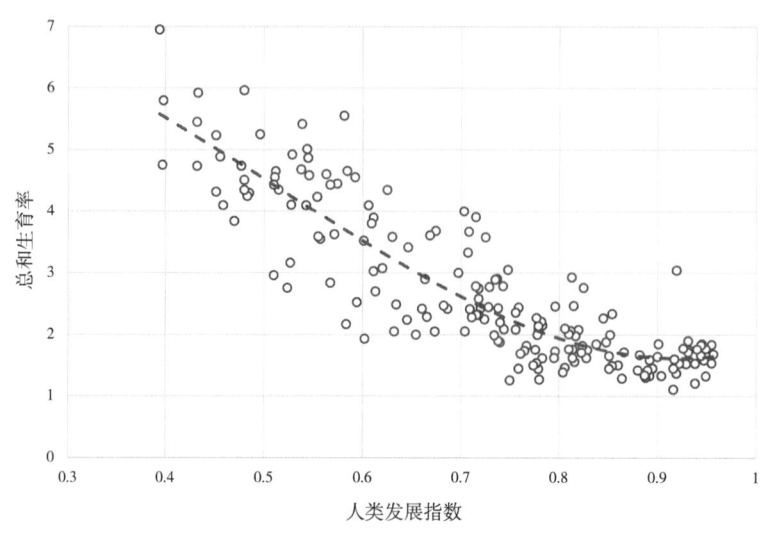

图10-2　人类发展水平与生育率的关系

资料来源：The United Nations Development Programme. Human Development Report 2020: The Next Frontier: Human Development and the Anthropocene[M]. New York: UNDP, 2020.

由于在一般经济社会发展因素之外，中国生育率的下降还受到生育政策的影响，中国家庭在或大或小的程度上仍然有未得到满足的生育意愿，因而具有生育率从目前极低水平向上反弹的独特潜力。因此，通过更完整的经济社会发展，特别是通过HDI的提升，有针对性地解决制约家庭发展的诸多因素，在社会范围和家庭内部创造更合意的职业与"三育"（生育、养育和教育子女）之间的平衡，可以预期生育率将朝着更替水平或意愿水平反弹。

HDI从内涵上强调的是经济增长和社会发展的统一，在统计意义上是一种更加集成地反映经济社会进步的指标，在促进途径上要求实现社会流动和政府提供社会福利的有机统一。自从 1990 年《人类发展报告》始创和 HDI 发布以来，中国成为唯一实现从"低人类发展水平"起步，跨越"中等人类发展水平"，进入"高人类发展水平"的国家。我们可以预期中国将在人类发展水平方面取得更大的进步。

从一般规律来看，中国已经进入一个要求再分配力度明显加大、社会福利体系加快建设的发展阶段；从特殊针对性来看，中国在未富先老国情下形成的极低生育率提出了通过提高基本公共服务水平和均等化，促使生育率向期望生育意愿回升的紧迫需要。中国作为人口大国，经历过人类历史上最大规模的劳动力流动和最大规模的人口转变，也完全有望创造最大规模的生育率回升，从而打破"生育率悖论"。

人力资本积累的机会窗口

一般来说，劳动年龄人口平均受教育年限的增长，分别受到教育发展水平和劳动年龄人口增长率的影响。改革开放期间，中国在人力资本积累方面经历过两次大的跨越，分别是 1986 年开始的普及九年制义务教育，以及 1999 年以来高等学校的扩大招生。在政府公共教育支出大幅增加的保障下，这两项重大举措显著提高了总人口和劳动年龄人口的平均受教育程度。例如，1982—2000 年，每 10 万人中的初中毕业生数量增长了 89.8%；

2000—2020年，每10万人中的大专及以上毕业生的数量增长了3.3倍。正如增长理论可以预期到的，人力资本的这种大跨越为中国经济高速增长做出了显著的贡献。

随着人口转变阶段的变化，人力资本改善的速度放缓。根据联合国的数据计算，中国20~59岁劳动年龄人口在20世纪80年代、90年代及21世纪第一个10年和第二个10年年平均增长率分别为3.04%、1.84%、1.41%和0.10%，其中2016—2020年，年均为负增长。与人口年龄结构变化相对应，以各级毕业生（未升学或辍学）的加总为代表的新成长劳动力也于2014年开始负增长。

与此同时，普及九年制义务教育和高校扩大招生的政策效应总体来说是一次性的，并不具有长期可持续效应。随着政策效应逐渐减弱，人均受教育年限的增长速度也相应放慢。在上述因素的作用下，无论是平均受教育年限的增量，还是人力资本禀赋较高的新成长劳动力增量，都已经处于减少的趋势中，不再能支撑人力资本总量的增长（见图10-3）。

在人力资本改善速度明显放慢的同时，中国正在迈入高质量发展阶段，增长模式迅速向生产率驱动型转变，对人力资本禀赋水平提出了更高的要求。教育既是人的全面发展这一发展目的的重要体现，也是人力资本水平提升的主要方式，是增长动能转换的关键之举。对中国来说，可以从以下具有坚实经验基础的角度来认识教育发展和深化的重要性和紧迫性。首先，国内外学术界对经济增长的计量分析都表明，受教育年限是永恒的经济增长变

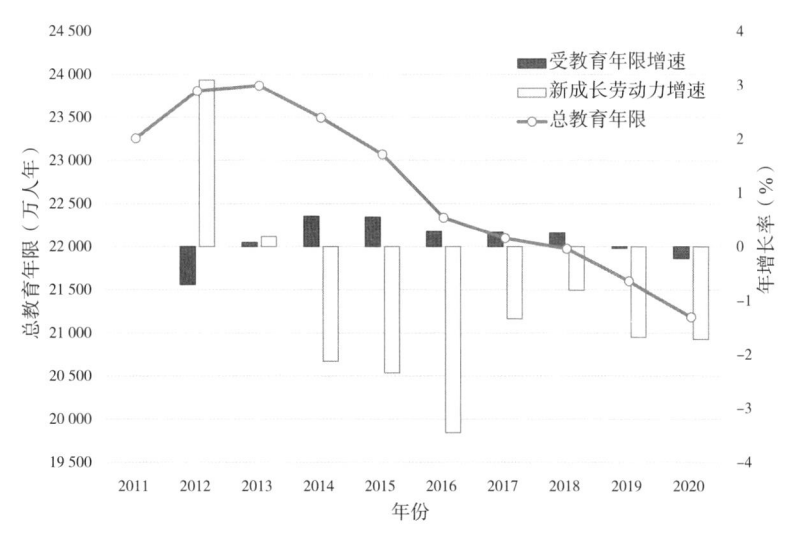

图10-3　新成长劳动力和受教育年限的增量

注："受教育年限增速"指平均受教育年限的年平均增长率，"新成长劳动力增速"指新成长劳动力（即各级各类毕业未升学及肄业人数）的年平均增长率，"总教育年限"指新成长劳动者总量与平均受教育年限的乘积。
资料来源：根据国家统计局和教育部数据估算，数据来自国家统计局"国家数据"和教育部网站 http://www.moe.gov.cn/。

量；其次，人力资本的提升是劳动者适应科技革命和产业结构变化的必要前提；再次，劳动生产率的提高归根结底靠劳动者素质的提升；最后，教育发展水平是国家竞争力的基础保障。

从国际比较来说，中国人口的平均受教育年限仍然较低。2019年，中国25岁及以上人口的平均受教育年限为8.1年，不仅低于极高人类发展水平的国家和高人类发展水平的国家的平均水平，也略低于世界平均水平。应该说，在中国经济和社会整体发展水平中，教育发展仍然是相对滞后的领域，表现为中国的平均受教育年限的世界排位显著落后于HDI的世界排位。更突出的短板在于，在劳动年龄人口中，大龄劳动力的受教育程度显著偏低，妨碍这部分人口就业寿命的延长和工资收入的增长。

一般通过教育数量和教育质量两方面的提升实现教育的发展和深化。提高受教育年限的抓手是在目前九年制义务教育的基础上向前和向后延长义务教育年限，即分别把学前教育和高中教育纳入义务教育范围，由政府的公共支出予以保障。提高教育质量的核心在于营造有序竞争的机制，处理好规范和竞争的平衡关系，增强全社会教育的活力。唯其如此，教育才能适应社会的需要，一方面是更强调认知能力和学习能力的通识教育，另一方面是完善包括软技能和更新技能在内的技能培养机制。从人民满意这一根本要求出发，教育发展的顶层设计关键在于看实践的效果，所以不宜预设教育阶段和类型的结构，更不应该匆忙采取分流措施。

在政策讨论中，一直有研究者执着地建议延长义务教育年限，而一个针锋相对的质疑也如影随形：扩大教育的钱从哪儿来？如今，无论是我们对教育发展规律达到的认识水平，还是中国经济发展达到的阶段，都足以让我们从逻辑上和经验上很好地回应这个疑问。也就是说，一个更加完整的顶层设计可以使中国教育发展总体上无须受资源的制约。

首先，按照经济规律和教育规律配置资源，提高教育公共资金的使用效率。人力资本投资与其他领域的投资一样，也存在边际报酬递减现象。因此，资源均衡化配置是提高资金使用效率的最佳途径。在区域之间、城乡之间，特别是在各级各类教育之间，仍然存在教育资源供给的差异，就意味着有限的资金配置尚有不合理之处，从提高总体受教育年限的目标看就是缺乏效率。

按照一般规律，政府的公共资金支出应该优先配置在社会收益率更高的领域。而教育经济学根据经验得出的结论是，教育社会收益率从高到低的顺序分别是学前、小学、初中、高中、高等教育、职业教育和技能培训等阶段。可见，按照更符合规律的顺序优化资源配置，有限的资源可以取得事半功倍的效果。

其次，扩大教育事业对内和对外开放，借助竞争机制和动员各界力量拓展资金来源和投入渠道。教育事业本身是多样化的，不同类型和不同阶段的教育具有不尽相同的社会公益性。在那些私人回报率相对高的领域，应该允许和鼓励民办教育和合作办学，使之成为实施总体教育发展战略的积极力量。此外，教育也是慈善事业和志愿者行动的重要活动领域，政府应该营造良好的社会环境和氛围，建立适当和有效的激励，让第三次分配机制在教育发展中发挥更大的作用。

最后，中国人口年龄结构的变化和经济增长的潜力，预期可以显著降低义务教育负担率，提高教育资金的保障程度。受人口结构变化的影响，2001—2021年，普通小学和初中的在校生人数合计已经在总量上减少了17.1%。在未来的人口负增长时代，一方面，义务教育阶段的人数预计将进一步显著减少；另一方面，如果公共教育支出保持占GDP的4%这一比例不变，教育资源的充足度将明显提升。

通过观察两个指标的变化，我们可以很确定地得出这个结论。从需求方来看，以4~18岁人口代表拓展的义务教育人口，以及以 19~64 岁人口代表拓展的就业人口，两者的比率即为义务教育负担比。从供给方来看，以预期的潜在增长率实现的 GDP 总量作为基准，其中的 4% 意味着可以得到保障的教育公共支出。如图 10-4 所示，2021—2035 年，在义务教育负担显著下降的同时，可用于教育的公共支出水平将显著提高。可以说，这个时期是中国教育实现第三次跨越的机会窗口，或者说是创造第二次人口红利的窗口期。

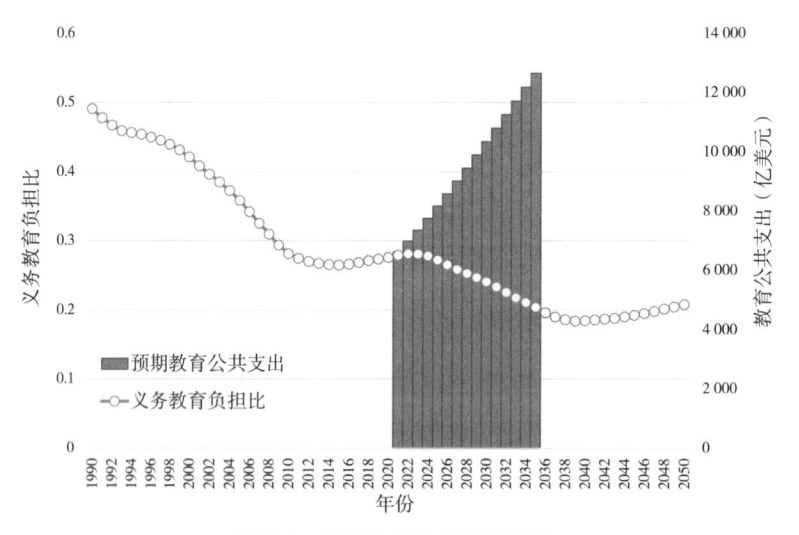

图10-4　教育发展和深化的机会窗口

资料来源：United Nations, Department of Economic and Social Affairs, Population Division. World Population Prospects 2022-Special Aggregates, Online Edition, 2022. GDP 数据系李雪松和陆旸的预测，参见中国发展研究基金会. 中国发展报告 2021—2022：走共同富裕之路 [M]. 北京：中国发展出版社，2022。

覆盖全民全生命周期的社会保障

党的十九大要求在幼有所育、学有所教、劳有所得、病有所医、老有所养、住有所居、弱有所扶上不断取得新进展。党的二十大提出健全基本公共服务体系，提高公共服务水平，增强均衡性和可及性，扎实推进共同富裕。这里提出的7个"有所"从全生命周期的角度界定了基本公共服务的范围，构成了一个完整的普惠型社会福利体系，应随着发展水平的提高不断完善和提升。在政策实施层面，国家已颁布《国家基本公共服务标准（2021年版）》，把7个"有所"等方面的内容纳入了基本公共服务范围，同时确立了各级政府等主体的支出责任。

对于7个"有所"的内涵和当前的紧迫任务，还可以从目标出发进行概括。首先，通过为生育、养育和教育子女提供更好的公共服务，提高家庭生育意愿，促使全社会生育率回归到更可持续的水平。其次，通过各级各类教育和终身学习多渠道提升人力资本水平，培养与高质量发展相适应、足以应对劳动力市场挑战的新型劳动者和创业者。再次，加快建立健全基本社会保障体系，提高全体人民的福祉，增进各群体的幸福感和安全感。最后，通过立法执法、制度建设和规制完善，提高劳动力市场的正规化水平，在扩大就业数量的同时提高就业质量。

在这四个方面的制度建设任务中，社会保障是最基本的公共服务制度，也是一种需要与日俱增的社会契约，具有三个彼此相通又相互独立的特征。第一，履行社会福利的功能，即满足全民共同的基本公共服务需要。第二，履行社会共济的功能，即以精算的原则在全社会范围统一筹集保险资金，平滑个人在不同生命周期内收入与支出之间的不均衡风险。第三，履行社会保护的功能。在创造性破坏过程中，市场主体将实现优胜劣汰，然而对于人本身，却不能以市场竞争结果形成"赢家"和"输家"，所以社会有责任保障遇困群体的基本生活。

作为现代化任务的一般规律，要实现提高人民福祉的目标，建立和完善社会福利体系是必然之举，既存在一般规律和共同要求，也要根据国情和面临的任务突出中国特色，因时因地进行调整和改革。无论是构造社会福利体系还是建设福利国家，都不必然意味着形成高福利或过度福利，要始终坚持尽力而为和量力而行的统一。应该看到的是，建立健全这一社会保障体系必然涉及一系列的经济社会体制改革、机制设计和政策调整，是一个需要把只争朝夕与久久为功有机结合，予以动态推动的系统工程。从应对人口负增长冲击的紧迫性，以及作为制度建设的长期性相结合的角度，我们可以概括几个关键的要求。

首先，社会福利保障的普惠性。普惠性是指以社会全体成员作为基本公共服务的供给对象，不以社会身份及人口学特征作为依据而差别对待。然而，在实际操作中仍然需要按照社会成员的现实需求，为相应人群提供特定的基本公共服务内容。我们讲在再分配中更加注重公平，就意味着需要从基本公共服务供给的均等性上着力。由于基本公共服务供给不均等的现状常常与社会福利项目的碎片化有关，所以强调普惠性即要对部分社会保障项目进行整合,以此消除碎片化的弊端。

其次,覆盖全体人民的全生命周期。基本公共服务和社会福利保障针对的是全部人口,而人口的基本特征首先表现为年龄结构。在不同的年龄,人们的基本需要不尽相同,包括从孕育、出生、抚养、在学到就业和医疗及安居、济困和养老等公共服务。社会福利供给着眼于全生命周期,是基本公共服务充分覆盖和均等化的重要保障。人口年龄分布还与人口的性别、居住地、就业和职业等特征相互交叉。这些人口特征的存在表明,对基本公共服务的需求既是全生命周期的,也是多样性和差异性的,需要社会福利体系予以满足。

最后,突出促进经济发展的社会政策特征。这主要体现为运用社会政策打破制约经济发展的社会短板和瓶颈,以"分好蛋糕"保持"做大蛋糕"的可持续性。在人口负增长和深度老龄化条件下,为了保持经济在合理区间内增长,供给侧和需求侧都需要打破一系列制约因素,其中充分和高质量就业、人力资本积累、劳动力转岗和流动、创造性破坏和消费需求扩大等都与社会保障水平密切相关。同时,社会福利体系并不是非生产性的,而是一种不可或缺的制度建设的结果,通过促进经济增长进而扩大资源总量的分母效应,这一体系有望实现自我强化和自我维持,从而具有长期可持续性。

劳动力市场制度建设

建立和规范各种劳动法规确定的有关劳动者权益和劳资关系的社会机制，即劳动力市场制度，使其充分体现劳动力与其他生产要素相比的特殊性，是把人本身作为保护对象的关键。也可以说，劳动力市场制度既是政府在劳动力市场上发挥作用的独特方式，也是社会保护劳动者的重要途径。劳动是一种以人为载体的特殊生产要素，因此，工资水平、工作待遇和劳动条件等的决定不仅遵循劳动力市场的供求关系规律，还要发挥最低工资、集体协商、劳动合同等相关劳动力市场制度的作用。

劳动生产率是工资增长的基础。但是，正如著名的皮凯蒂不等式所显示的，长期来看，劳动报酬的增长总是滞后于资本报酬的增长，这意味着劳动生产率的提高同样不会产生"涓流效应"。劳动者报酬的提高也好，社会总体收入分配的改善也好，也不能仅仅依靠劳动力市场上的供求机制，而需要有劳动力市场制度参与其中。

居住和就业在城市，却没有获得城市户口的农民工，表面来看是天生的自主就业群体，然而他们自发地参与劳动力市场，却没有获得平等的待遇。把农民工与具有城镇户籍身份的就业者进行比较，可以观察到劳动力市场待遇的差别，恰好说明劳动力市场制度是不能缺位的。国家统计局发布的数据显示，2021年，全国共有 1.72 亿离开户籍登记地所在乡镇的农民工，其中绝大多数在城市务工和居住。但是，这个群体仍未享受到平等的劳动力市场待遇，也未能获得均等的基本公共服务。根据中国社会科学院人口与劳动经济研究所进行的中国城市劳动力调查数据[①]，我们可以观察农民工与具有本地户籍的劳动力在相关待遇上存在的差异，以及2010—2016年的改善幅度（见表10-1）。

表10-1　城镇劳动力市场的差别对待

	2010 农民工	2010 本地劳动力	2016 农民工	2016 本地劳动力
周工作时间（小时）	57.0	43.7	55.2	43.9
月收入（元）	2 158	2 368	4 839	5 206
小时工资（元）	9.8	13.5	24.1	33.0
养老保险覆盖率（%）	26.4	77.9	32.6	80.8
失业保险覆盖率（%）	10.4	51.8	31.6	71.1
医疗保险覆盖率（%）	26.3	74.1	37.5	82.6

资料来源：根据中国社会科学院人口与劳动经济研究所进行的中国城市劳动力调查数据计算。

农民工在工资方面受到的差别对待，以及在基本社会保险方面的低覆盖率，反映出因户籍身份差别而导致的对这个群体的歧视性对待。2016年，农民工获得的小时工资仅为本地劳动力的73%。虽然农民工往往通过加班的方式增加工资收入，如他们每周实际工作小时数比本地劳动力高26%，但仍不足以缩小与本

---

① 2016年下半年进行的中国城市劳动力调查（第四轮），包括上海、福州、武汉、沈阳、西安、广州六个城市，调查有效样本涉及260个社区，包括6 478个家庭的15 448人，其中城市本地家庭3 897个、共9 753人，外来家庭2 581个、共5 695人。调查采用分层概率抽样方法，样本对所调查的城市具有代表性。详见 https://www.culs.org.cn。

地劳动力的收入差距。农民工参加基本社会保险的比例明显偏低。例如，养老保险、失业保险和医疗保险对农民工的覆盖水平分别仅相当于本地劳动力的40%、44%和45%。除了与农民工就业的不稳定有关，雇主为农民工参保的意愿更低，以及有正式劳动合同的就业比例较低，很多农民工是通过劳务派遣公司就业，这些都说明工资、就业和社会保险待遇的决定超越了劳动力供求机制的作用范围。

新科技革命及其引导的产业革命，不仅没有降低反而加强了劳动力市场制度的意义和作用。在应用新技术的过程中，会产生一个与就业扩大及劳动者保护相关的悖论。一方面，如果市场缺乏激励竞争的机制，企业有可能缺乏足够的动力采用新技术，劳动生产率增长缓慢也必然意味着工资不能相应地提高，无法达到高质量就业的要求；另一方面，即便企业有激励且实际采用了新技术，它们往往借助于新技术是资本替代劳动的特点，解雇现有工人或者缩减雇用规模，从整体和群体意义上都会对劳动者造成伤害。

破解这一悖论，劳动力市场制度具有不可替代的功能。或者说，制度建设和机制设计在新技术革命条件下具有了新的职能。制度的有机衔接有利于生产率提高与成果分享的激励相容。可以说，这是一种有劳动力市场制度介入其中的创造性破坏过程，以及社会总供给与总需求良性互动的过程。

国际经验表明，在经济整体层面或至少在一个产业范围内确立最低工资标准，意味着那些通过应用新技术得以提高劳动生产率的企业，与那些劳动生产率尚未提高的企业，可以在支付工人工资上保持相同的水平。也就是说，前一类企业通过提高劳动生产率获得了超额利润，并由此实现创新激励和成果分享的统一。[①] 劳动合同制度和其他稳定就业岗位的法规或契约，可以阻止企业凭借劳动生产率的提高并按照生产率提高的幅度解雇工人。此外，保证工人获得与社会必要需求相对应的工资和体面的就业岗位有助于扩大社会有效需求，激励企业在依靠扩大投资、改善管理和应用新技术提高劳动生产率的同时扩大产量和就业规模。

[①] 参见 https://econfip.org/policy-briefs/its-good-jobs-stupid/。

第十一章
创新向善的民生效应

在初次分配和再分配发挥缩小差距、改善民生和促进共同富裕的主导作用之外，包括慈善捐赠事业、志愿者行动、企业和社会组织的社会责任等内涵的第三次分配也有着很大的活动空间，是不可或缺或补充性的贡献渠道。数字经济引领的经济发展在推动数字技术与实体经济深度融合、促进产业升级换代从而催生新产业、新业态、新模式的同时，也带来一系列新的挑战。发挥第三次分配改善收入分配的作用将始终与应对这些挑战共生。

推动初次分配、再分配和第三次分配这三个分配领域的协调配套制度安排，其重要内容之一就是通过法律法规、社会规范、舆论引导及社会诚信体系营造一个制度环境和社会氛围，让各种市场主体自觉地把社会责任具体体现为科技向善、管理向善和创新向善的行动。本章将重点从企业层面阐述创新向善和善意助推的民生效应。

如何实现创新与共享的统一

如果没有体制性扭曲，或者说企业不能靠寻求保护和其他寻租方式生存和发展，而只能在创造性破坏环境中竞争发展的话，企业的职能就是创新发展。所以，对创新发展来说，关键在于营造良好的营商环境和优胜劣汰机制。然而，创新成果或者说生产率提高结果的分享却不会从企业的职能本身自然而然生长出来，这里同样不存在"涓流效应"。虽然企业或者企业家个人或多或少参与以慈善为主的第三次分配活动，但是就其作用而言也仅仅是补充性和边际性的，不能根本解决生产率分享问题，也不可能成为创新与共享相统一的主流方式。

我们可以通过国际比较认识这一点。英国慈善救助基金会每年编制"世界捐赠指数"，并对一些国家和地区进行排位。虽然年度之间变化很大，说明该指数并不足以反映国家或地区在捐赠方面的国际地位，但从中仍然可以看到，捐赠或者慈善活动并不是具有足够影响作用的分配领域。如图 11-1 所示，我们把这些国家和地区的排位与人均 GDP 对应起来，以便更好地认识慈善活动的作用程度和限度。图 11-1 展示的是 114 个国家和地区的数据，为简洁起见，图中未标出这些国家和地区的名称。

通过分析 2021 年被列入排位的国家和地区，我们观察到的情形和得出的结论是：慈善事业是否发达，与消除贫困的成效及人均收入水平并无显著的关系。例如，在跨国（地区）数据中，人均 GDP 水平与捐赠指数的位次完全没有相关关系。实际上，

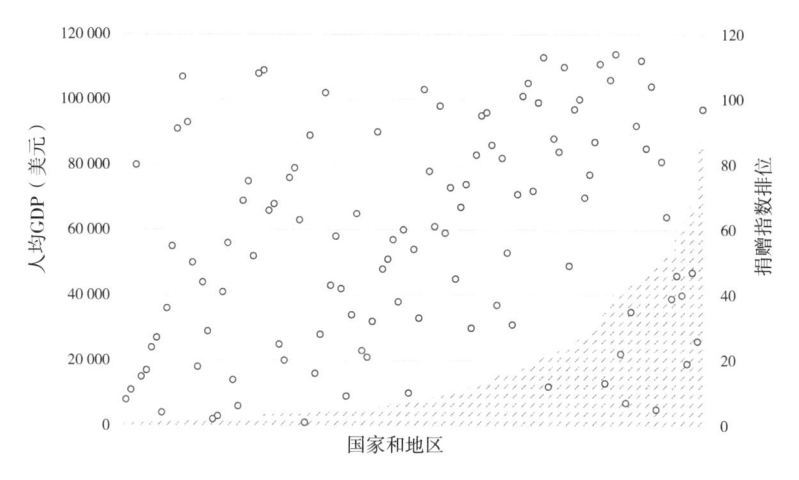

图11-1 人均GDP与捐赠指数排位

资料来源：Charities Aid Foundation. CAF World Giving Index 2021[EB/OL]. [2021-12-06]. https://www.cafonline.org/.

捐赠指数排位反倒与社会福利水平呈现一定程度的负相关关系。

更不可思议的是，名列捐赠指数前10位的国家包括缅甸、塞拉利昂和赞比亚这样的低收入或中等偏下收入国家，而排在垫底的后10位的国家竟包括日本、法国和意大利这样的高收入国家。其中，法国是政府社会性支出占GDP比重全球最高的国家。可见，即便在统计上并不显著的情况下，仍然可以从逻辑上说明，越是在国家承担社会保护职能不充分的情况下，越需要民间的慈善活动发挥补充作用。不过，民间慈善活动的作用终究不如政府履行职能来得有效。

这再次说明，虽然我们需要充分发挥初次分配、再分配和第三次分配的作用，但也要明确地认识到，三个分配领域的作用并不是等量齐观的。第三次分配领域只对初次分配领域和再分配领域进行补充。不仅如此，第三次分配并不限于慈善和志愿者活动，甚至也包含传统意义上的企业社会责任。任何行为和行动要具有可持续性的话，必须具有激励相容的动机。实现创新与共享的统一，同样需要形成有效的激励机制和激励相容的条件。

改变企业发展的目标函数

近些年来，国内外兴起一个讨论企业社会责任相关话题的小高潮。争论的问题范围虽然十分广泛，但是企业应该只对股东利润负责，还是应该兼顾更广泛的利益相关群体的诉求这一辩题，是其中关涉企业发展目标的最根本问题。其实，就这个问题存在旷日持久的争论，只是不同的观点在不同的时期更占上风。长期以来，新自由主义经济学给这个问题提供了最主流的答案。虽然不乏各种学理上的论证，但是米尔顿·弗里德曼以一篇广为引用的短文的标题直接成为后来实践的圭臬，即"企业唯一的社会责任就是增加利润"。[1]在很多西方国家，这一思想对实践产生了长达数十年的影响，对这些国家收入差距扩大、社会分化乃至政治分裂的痼疾负有责任。

有一个研究案例，可以为法国经济学家皮凯蒂深刻却枯燥乏

---

[1] Milton Friedman.The Social Responsibility of Business is to Increase Its Profits[N]. The New York Times Magazine, 1970-9-13.

味的历史统计补充一个鲜活的注脚，并且能够最好地诠释弗里德曼的思想如何转化为企业经理人的行动指南和经营行为，最终造成抑制生产率分享的恶果。德隆·阿西莫格鲁等学者的计量分析发现，拥有商业管理学位的经理人更倾向于压低员工的工资。平均而言，在这些经理人被任命后5年的时间里，员工工资低于对照企业的幅度在美国为6%、在丹麦为3%，相应地，劳动报酬份额低于对照企业的幅度在美国为5%、在丹麦为3%。

作者还运用可信的统计方法证明上述结果不是偶然的相关关系，而是显著的因果关系。一方面，研究对象中的企业经营表现并无提升，只是在劳动与资本报酬关系上更偏重于后者；另一方面，这些经理人压低工资的倾向与其他因素无关，只是由于接受了商学院教育中不予分享、唯股东利润为重的理念。[1]

思想和理念固然发挥了重要的作用，我们仍然不能忘记既得利益的作用。在弗里德曼的文章中，有一点分析不无道理：他设想，既然企业管理者受雇于企业所有者，那么如果存在过于关注或兼顾其他相关者利益的做法，譬如过多关心员工工资水平、客户满意度、社区接受度乃至更广泛的关联，从而使得企业所有者认为自己的利益没有得到最大化的重视，他们则会另请高明。这个过程可以是一个多次的博弈，直到雇到把所有者利益（即利

---

[1] Daron Acemoglu, Alex He, Daniel le Maire. Eclipse of Rent-sharing: The Effects of Managers' Business Education on Wages and the Labor Share in the US and Denmark[R]. NBER Working Paper No. 29874, 2022.

润）视为唯一目标的那个管理者为止。

从这个意义上说，企业不会无缘无故地把社会责任纳入企业目标，任何这样做的人或事，归根结底只是特例而不能成为普遍化的现象。把美国两个最负盛名的企业家亨利·福特和杰克·韦尔奇的经营理念和实践做一对比，可以最好地诠释企业目标选择中的这种悖论。虽然两个人都创造了成为通用标准的生产和经营方式，但是在对待员工的态度和做法上却大相径庭，在一定程度上分别代表着两种不同的企业目标模式。

可以说，福特是最早懂得把分享纳入企业经营目标的企业家，他把工人时薪提高一倍的做法被认为既符合"效率工资"的原理，更能够通过提高员工及家庭的消费能力使企业的效率、产出和利润更高、更可持续。虽然这种做法曾被作为"福特主义"内涵之一得到褒扬，也与罗斯托经济发展阶段划分中的"高水平大众消费"和"追求更高生活质量"阶段相契合，但是终究被后来的"韦尔奇主义"所取代。韦尔奇管理下的通用电气奉行"裁员、并购和资本运作"三位一体的方式，员工和其他利益相关方的分享都不再进入视野，在为股东赢得最大化利益的同时，也中饱了代理人的私囊。然而，这种企业经营理念和实践却在弗里德曼信条甚嚣尘上的时期获得了广泛的追捧和模仿。

福特和韦尔奇都是颇具传奇色彩的企业家，都一手打造了奇迹般的商业帝国。虽然两个人也都具有极强的个性，获得的社会评价却不尽相同。一般来说，福特更多地被人们认为富有同情心，乐于与利益相关方合作，善于分享产出和生产率提高的成果；韦尔奇则更多地被看作一个冷血的"中子杰克",一味地裁员和降薪,全力维护股东和高管的利益。然而,在那个时代的社会氛围中,弗里德曼信条支配着企业家行为,结果产生了"劣币驱逐良币"的现象:韦尔奇不仅统治通用电气20年,还在企业家万神殿的神坛上被顶礼膜拜长达40年。

既然社会责任不在企业目标中,第三次分配似乎就只能另辟蹊径。在很多情形下,企业先是一心追求利润,有了雄厚的财力以后再通过捐赠或者创办自己的基金会,以从事慈善事业的方式回馈社会。然而,企业家以个人的身份从事慈善活动并不是企业社会责任的体现,与普通人捐出小额善款或者参与志愿者活动并无不同。企业的社会责任必须是企业目标和日常经营模式中的有机组成部分。更重要的是,超大规模慈善基金会在做得差强人意的情况下,也只是在做政府所应做的事情的一部分。

尝试补充政府公共支出不足的努力固然是有益的,但是并不意味着应该以慈善基金会的职能在一定程度上取代政府提供基本公共服务的职能。因为在正常的国家发展条件下,不仅私人捐赠的规模无法与政府提供的社会保护资源分庭抗礼,而且慈善机构的事业眼界和决策机制终究不能与政府履行公共职能的出发点相提并论。

旨在增进社会保护、社会共济和社会福利的公共决策,譬如如何确定公共支出的领域、规模、优先序和实施方式,政府行为是建立在整个国家的治理能力基础上,着眼于实现社会目标。而在私人基金会,无论领导者多么高瞻远瞩,哪怕是与相关领域的权威专家保持着紧密的合作关系且抓住了气候变化、疫病大流行、非洲贫困等全球最紧迫议题的比尔·盖茨，也只是单个人的能力而已。更何况，慈善家个人也好，单个慈善机构也好，终究摆脱不了局部的偏好和利益，而这会不可避免地导致与集体偏好和公共利益的偏离。

有一个医药费用支出方面的案例，有助于说明这种集团游说与公共决策之间的抵牾。由于卫生资源是有限的，英国国家卫生署基于成本与疗效的考量，制定了医疗费用支出的标准，旨在最大化挽救生命。然而，癌症病人的有效游说活动最终促使政府出资筹措了一笔癌症药物基金，为那些不符合支出标准的昂贵治疗买单。虽然靠这笔额外费用进行的治疗，总体为癌症病人赢得了 5 600 年的额外寿命，但是如果这笔钱按照英国国家卫生署标准使用的话，本可以在其他医疗领域挽救 21 645 年的健康寿命。① 也就是说，是否遵循科学的支出标准，以延长的生命来计算，同一笔钱的使用效果之差高达 3.9∶1。

可见，第三次分配固然可以在多个领域、以多种方式进行，企业社会责任应该是最重要的方式。而企业应该履行的这种职能只有在一种激励相容的环境中，以义中取利或创新向善的方式才能最好地体现出来。我们先来对这两个概念做一些说明：义中取利是指企业通过在经营中体现社会目标并兼顾相关方利益，获得

---

① Minouche Shafik.What We Own Each Other: A New Social Contract for a Better Society[M]. Princeton and Oxford: Princeton University Press, 2021: 83-84.

盈利和实现自身发展；创新向善则是指企业把有利于社会的目标作为创新取向之一。义中取利与创新向善包含一致的内在理念和行动指南，结合起来就是指在激励相容的条件下，企业应该且可以承担的社会责任。

具体来说，企业应该纳入自身发展目标函数的内容包括哪些，如何使企业有动机这样做呢？《纽约时报》记者戴维·盖尔斯在一本新书中历数韦尔奇"使资本主义伤筋动骨"的罪状之后，也建议通过建立更广泛的利益相关机制来挽救资本主义，具体列出利润分享、提高普通员工在决策中的地位、提高税收及对高级经理人限薪等手段。[①] 这个清单虽然并不全面，但是企业函数的社会责任中最重要的部分大体上都已经包含其中。

很多人注意到如今欧洲的企业模式已经具有上述特征，问题在于这种格局不可能自然而然地产生，而是需要一系列制度安排和机制设计予以推动，与此对冲"股东第一"这个弗里德曼信条根深蒂固的影响，抵消经理人选择中的"劣币驱逐良币"效应，并且创造激励相容的条件，使企业受到正当的约束，拥有足够的动机，履行恰如其分的社会责任。也就是说，既然企业行为同时受到思想的引导和利益的支配，社会需要为企业分别设立正向激励和负向激励，以刚柔相济的方式促使经营行为及其后果与社会利益相一致。

---

① David Gelles. The Man Who Broke Capitalism: How Jack Welch Gutted the Heartland and Crushed the Soul of Corporate America—and How to Undo His Legacy[M]. New York: Simon & Schuster, 2022.

从理论和实践的角度，以下几个方面的制度安排不应缺位。首先，立法和执法，包括保护劳动者、反垄断、制止不正当竞争、消费者权益保护及环境保护等法规；其次，劳动力市场制度建设，包括最低工资、集体协商、劳动合同等制度，旨在从制度上和社会层面保护劳动力这种特殊要素，形成和谐的劳动关系；再次，制定体现社会责任的产业政策，通过禁止、排除、鼓励和补贴等手段促使企业经营符合社会目标；最后，实行再分配政策，在全覆盖的基础上不断提高社会福利水平。通过适度的税收手段避免财富的过度集中和代际传递，逐渐降低单纯逐利致富的经营动机。

在写作《我们孙辈的经济可能性》一文时，凯恩斯以多少有些疑惑的方式提出了一个命题：一旦人类的经济问题或基本生存问题在 100 年中得到解决，人们在数千年里形成的生存动机便不复存在，那么生活的目的和意义将何以寄托。回答这个命题，仅仅有生产率的提高还不够，还需要以各种方式分享不断提高的生产率。不妨做一种假设，如果上述制度安排能够达到这样的境界，以至企业家无须以追逐利润为唯一的激励，答案则十分明显，更广泛的社会责任也足以成为经营的动机。无论如何，制度建设总是可以帮助社会朝这个方向进步的。

数字化、算法与向善

中国的一些大型科技企业为自己提出了"科技向善"的口号，

这里，我们可以拓展这个概念的含义，用"创新向善"来表达。因为"创新"这个词在包含科技创新的同时，还有更丰富的内涵。按照经济学家熊彼特的概括，创新包括生产新产品、采用新方法、开辟新市场、获得新的投入品，以及采取新的组织形式。总而言之，创新是指重新组合各种生产要素形成新的企业生产函数，向善则是指一种更加主动采取的有利于全社会利益的态度和行为。

难道创新本身不是向善的吗？正如我们多次重复的那样，创新本身并不会产生"涓流效应"，因而也不自然而然地具有分享的性质。创新从微观上给企业带来利润，宏观结果则是促进经济增长。虽然新自由主义经济学宣称创新的结果可以通过"涓流效应"为更多群体分享，但经济史证明企业创新在给自身带来盈利的同时，即使能够促进经济增长，也并不能自动为整个社会均等分享。这就是说，就时间和地点而言，创新的发生与分享之间、成果与分配之间并不完全一致。这也可以解释为什么只有初次分配是不够的。

说到那些已经塑造出社会责任践行者形象的企业，它们的某种行动究竟出于何种动机，对局外人或社会来说也总是扑朔迷离的。虽然有很多亿万富豪在慈善事业上制造出有益社会效果的案例，但也不乏令人不解甚至值得怀疑的事例。一方面，常常发生的情形是，著名企业的领导者从不缺席达沃斯论坛这样的全球性精英聚会，漂亮话说得多，却较少付诸行动，口惠而实不至；另一方面，现实中的很多企业即便做着"光彩的事业"，眼里盯着的也是寻租机会或政策优惠，甚至有少数企业以"洗绿"的方式套取补贴、逃避税收及获取优惠项目。

这并不令人费解，归根结底，在微观层面，企业从事创新活动的激励是利润，如果企业的理念是对股东负责，即给投资者带来收益和回报，员工、客户、社区、社会和环境这些利益相关方固然有时可以被某些企业顾及，但是从制度意义上讲，这些并不在企业的目标函数或生产函数中。所以，我们把"创新向善"作为一个重要命题进行研究和倡导，既需要与科技创新本身关联起来，也需要设计出创新向善的适当激励。

实际上，无论是数字经济发展的技术手段，还是经济全球化的市场机制设计手段，对克服发展障碍、弥补市场缺陷来说，均已经达到无所不能的地步。这意味着，如果说由于存在经济学所谓的外部性，使企业在那些具有社会效益的活动面前望而却步的话，数字技术和市场手段完全可以把这种外部效应内部化，从而使企业在营利性的激励下蜂拥而上。

在一些西方国家，新自由主义经济政策坚持把注意力放在大企业身上，以种种政策优惠维持其优势地位，甚至不惜牺牲竞争机制，自欺欺人地以为可以通过"涓流效应"实现"大河有水，小河满"。这种理念不仅与中国倡导的以人民为中心的发展思想大相径庭，在一些发达国家也遭到诟病，在实践中常常被证明是失败的。从全球范围看，无论是发达国家还是新兴经济体，在政治上和政策上都开始有所反思。政策转向在一定程度上始于金融危机之后，强化于新冠疫情之中。总体而言，新的趋势是加大再分配力度，对初次分配结果进行调节，缩小社会收入差距。

然而，再分配力度的提高是有条件的，所以需要按照一定的节奏、循序渐进地进行。财力上需要量力而行，要与发展阶段相适应。并且，实现公平与效率有机统一，需要很强的治理能力，也要求一定的时间。此外，资源配置效率、创新动机、企业家激励大多形成于初次分配领域，再分配手段如何在不伤害这些机制的同时达到预期目标，分寸感的拿捏并非易事：增之一分则太长，减之一分则太短。正因如此，我们还需要第三次分配作为补充。对于这个分配领域，大家说得比较多的是慈善事业，此外还有志愿者行动和企业社会责任等。然而，最重要且最核心的是创新向善。

企业应该怎么做呢？这个 19 世纪俄罗斯作家车尔尼雪夫斯基式的问题在新时代是有答案的。基本思路是，企业可以有意识地创造出"涓流效应"。虽然"涓流效应"不能自然而然地产生，但是可以人为地创造。如果企业具有共享的理念、向善的动机、行动的愿望，它们就可以改变企业经营的目标函数，重塑创新的导向，通过技术发明、技术应用、算法及助推等方式实现创新向善。从技术的可能性来说，大型科技企业想做什么，如今都是可以做到的，关键是创新以什么为导向，是否具备恰当的激励。

企业创新向善的激励和动机从何而来？除了前文讲到的一系列外部环境和激励机制设计，重要的是企业应该认识到，无论从全社会范围来看，还是就具体的企业而言，公平和效率之间并不存在非此即彼或此消彼长的关系，而是可以形成相互促进的格局。也就是说，长期来看，效率的提高并不需要以公平为代价，单个企业在提升社会公平方面做出的贡献，最终可以得到真金白银的市场回报。

固守股东至上而未能做到创新向善，最终会使全社会付出昂贵的代价。问题在于，单个企业家或许不自知，或许有免费搭车的心态，因而不愿独自采取行动。破解这个悖论，除了有一个正面的答案，即此前已经阐述的创新向善的收益之外，还有一个负面的答案，那就是覆巢之下安有完卵，如果社会出了问题，每个企业都会付出成本。并且，正如所谓"蜘蛛侠信条"所说：能力越大，责任也越大，付出代价的程度无疑与企业的规模和既往成就成正比。这里，我们可以用列出负面清单的方式，帮助企业认识并避免这种潜在的代价。

首先，避免出现损害消费者预期，从而失去自身市场的后果。在新科技革命与老龄化同时发生的条件下，经济增长的常态，或者企业扩张会自然产生的结果，必然是产出能力大幅超过消费能力。一方面，这应该是研究周期现象和长期增长现象的宏观经济学的话题。特别是从需求侧来看，全社会层面存在过大的收入差距会妨碍形成超大规模消费群体。另一方面，这个现象在微观层面也有很强的政策含义。消费者是长了腿的，可以根据自己的偏好用脚投票。换句话说，对单个企业来说，市场不是理所当然的，要靠自己的企业信誉来赢得。

其次，避免产生对再分配力度的过大社会压力，防止形成不利于企业经营的政策环境。我们无疑需要再分配，但是实行再分配的力度究竟如何决定，既是一个随着经济发展水涨船高的过程，也是一个根据政策实施能力情随事迁的过程,需要循序渐进地提高。那么,在社会分享严重缺失的情况下,对再分配政策的需求就会超乎寻常的强烈,这种压力有可能造成再分配政策的早熟,不仅在国家层面超越了量力而行的限度,在企业层面也会造成税收、工资、福利和其他方面难以承受的负担。

最后,避免引发不利的社会舆论和政策反应,从而伤害企业激励和经济效率。生产率分享的缺位通常意味着过大的收入差距,如果问题日益严重且长期得不到良好解决,就会造成社会流动性降低的结果。那些无法靠一己之力改善自身经济社会地位的群体,自然会把问题归咎于技术进步、企业创新和数字经济发展。

滥觞于工业革命初期的"卢德主义"被不断花样翻新至今,就是一个经济现象转化为社会思潮的经典案例。这种思潮及其他类似思潮也在或大或小的程度上影响政策的抉择,在一些国家表现为民粹主义的竞选口号乃至实际做法终究造成了有害无益的结果。中国式现代化的过程要以和谐一致和凝聚共识为条件,创造和维护好这个条件,企业、社会和政府均有其责。

理念红利与善意助推

取向正确且能够与时俱进的理念可以转化为真金白银的发展红利。在改革开放时期,中国创造经济高速发展和社会长期稳定的奇迹都与理论创新和理念更新密不可分。随着进入人口负增长时代，中国经济发展面临全新的挑战。通过保持合理的增长速度，实现 14 亿多人口共同富裕的社会主义现代化有赖于把共享发展的理念落在实处，从而获得发展红利。

在前文中，我们讨论了营造创新向善的制度环境。在这个制度环境中，企业的日常经营、创新活动和履行社会责任的事业可以成为一个激励相容的整体过程。下面我们就讨论，在同样的制度环境和社会氛围中，企业还可以通过善意助推在创新向善中收获红利。

提高劳动生产率是市场主体应用包括数字技术在内的各种新技术的主要动机，而必要的政策导向和制度安排可以促进生产率的分享。经济发展的主动力系统和正式制度安排是激励企业创新向善的基础条件和动力来源。例如，越来越多的企业把"环境、社会、治理"（ESG）目标接受为投资的理念，体现于经营的过程，也结出了有益的成果。

同时，在正式的制度安排和创新活动之外，经济发展和社会生活中还存在巨大的空间，可以通过被经济学家称为"助推"的方式，在应用新技术中提高生产率分享的水平。[①] 正如词义所表现的那样，助推就是利用人们的心理特点和行为规律，为了促进某种变化的发生、推动进展，设计出一些技巧和微调的手段，润物细无声地施加一个额外的推动力。

---

① 理查德·塞勒，卡斯·桑斯坦. 助推：如何做出有关健康、财富与幸福的最佳决策 [M]. 刘宁，译. 北京：中信出版集团，2021.

有助于共享生产率成果的助推在三个分配领域皆可以得到体现。这里，我们着重从企业采用这种手段履行社会责任的角度观察。鉴于这种助推力量作为主动力系统和正式制度安排之外的事物，并且其运行环境具有非强制性、行为后果的副作用小、更倚重当事人的"向善"动机等特征，能否以这种方式自觉践行创新向善，是检验企业是否真心和真实履行社会责任的有益角度。

企业在履行社会责任时，尤其适合于借助这种助推方式，开辟更多善待员工、扶贫济困和改善收入分配的贡献渠道。在各种市场主体自觉地把社会责任体现为科技向善、管理向善和创新向善行动时，实施方式不仅表现为具有显著规模的创新活动，还包括体现在日常经营中的助推实践。如果说创新活动要求在应用的技术、投入的要素、组织的方式、开辟的市场等诸多方面有显著改变的话，助推只需在既有技术和要素条件下，在运作环节做出一些便利性或合理性调适，就可以向好的方面改变活动结果。

为了说明善意助推的性质和特点，我们不妨先来看一看普遍存在的"恶意助推"现象，作为一个镜像般的参照系。企业自觉改变这种做法就是善意助推的开端，进一步，还可以更加自觉地转向兼顾更广泛相关方利益的助推。一些企业，特别是某些科技平台企业往往恶意利用算法，达到降低企业成本、增加自身赢利的目标，有些实际上已经违反了反垄断、反不正当竞争和劳动合同等法规，也有些仅表现在一些不起眼的环节，游走于法律法规的边缘。例如，通过"二选一"方式排斥竞争对手，通过信息封锁和扭曲侵害消费者利益，滥用个人数据误导购买行为、人为制造针对弱势群体的数字鸿沟，利用不对等的劳动关系延长工作时间、降低工作条件标准、压低劳动报酬，等等。

实际上，在助推这种行为中，善意和恶意之间往往只有一步之遥，两者之间的界限常常是不清晰的。所以，需要避免一些常见的误用或滥用助推的情形，比如说避免以无痛的助推代替刮骨疗伤般的制度变革，以及把对服务对象的助推作为服务者推卸自身责任的手段，等等。这方面的一个例子是，有些发达国家用"默认"方式代替"选项"方式，提高了人们加入养老保险的知情度和便利性，提高了项目的参与率。然而，养老保险项目本身存在的不可持续性等问题终究要靠改革才能得到解决。在某种程度上，提高养老保险项目参与率，在缓解当前支付难题的同时，掩盖了根本解决问题的紧迫性。

现实中，我们常常会遇到这样的情况：虽然政策调整和体制改革已经发生，在日常的、琐细的和例行的执行中，仍然残留着大量过时的政策和旧体制的做法，阻碍着新政策、新体制完好执行和发挥作用。这种游离于正式制度安排之外的思维惰性、行为惯性和程序漏洞最适合采用助推的方式处理，特别是通过政府与社会和私人领域的合作，从每时每刻、一枝一叶这些细节上，磨合新体制的运行机制，提高新功能的知情度，充实新政策的内涵和工具箱。

可见，善意助推也需要正确和科学的理念、充分和相容的激励及恰如其分的公共监督。所有促进创新向善的正反激励同时具有引导企业善意助推的效果。同样地，善意助推也可以在更符合全社会利益的前提下为企业带来意想不到的红利。下面，我们以关于劳动时间的例子，说明微观层面的助推，哪怕并不涉及正规的制度变化，没有什么大幅度的动作，甚至只需一个或者几个小小的步骤，就可以产生意想不到的共赢结果。这个例子的选择，一方面关乎提高社会流动性这样的大命题，另一方面也有充分的实证经验和信息基础。

在前文中，我们讨论过家庭面对的工作与家务之间时间资源配置的取舍。鉴于家庭的时间资源是有限的，自身决定时间资源配置的选择空间也是有限的，因此，在这个两难抉择中，主动的一方或者说可以有所作为的一方无疑是企业。最低的要求是，企业应该摒弃"996 工作模式"，即早 9 点上班、晚 9 点下班、每周工作 6 天、加班成为常态的工作模式。因为无论是否在法规允许的限度内，对家庭时间预算高度拮据的现状来说，这种工作模式都难辞其咎。

进一步，我们来看如果企业接受较短的工作时间，对于企业自身、员工、社区和社会将会带来什么变化。首先，根据已有的实行每周四天工作制，或者其他减少工作时间的试验结果来看，无论是由于工作中的注意力更加集中，还是由于其他技术因素或心理因素，总之生产率并没有因此降低。其次，从烦冗的工作中释放出来的时间可以用来休息、休闲、学习、购物和旅游等，有利于扩大消费、提高人力资本和改善心理状态，均有利于增强社会流动。再次，把更多的时间用于生育、养育和教育子女，有利于在家务劳动和照料工作的责任分担中增强男女平等，从而提高家庭生育意愿和社会总和生育率。最后，经验表明，缩减工作时间和转变工作模式，也会产生减少碳足迹的意外效果。

促进这种变化既需要企业创新向善的配合，做到在工作时间乃至投入要素减少的同时，仍可保障生产率不变甚至有所提高，也需要经营方式和治理模式的相应转换，也就是说给各种形式的助推留出了巨大的空间。应该特别注重从劳动者的利益着眼，从微观层面为实行新的工作模式创造必要条件。这就是说，除了政府履行公共政策职责，在工作便利性、岗位稳定性、就业正规性及社会保护充足性等方面，企业助推也可以发挥积极的作用。

第三部分
建设中国式福利国家

第十二章
发展阶段与社会福利水平

　　政府主导的再分配政策有多重目标，因而也具有多种实施方式。最根本的目标是提高社会福利水平，对应的路径则是从各方面推进福利国家建设。围绕这个以福利国家建设命名的目标及其路径，中外学术界和政策领域多年来争论不休、褒贬不一，在理论和政策方面产生大量可供借鉴的有益结果，也不乏谬种流传。从中国面临的现代化任务及当前挑战着眼，我们先要认可这个话题的重要性和针对性；进一步，我们应该确信，通过推进中国式福利国家建设，不断提高社会福利水平，是从现在起直到21世纪中叶，中国实现两步走现代化的必然要求和必由之路。

　　实现基本公共服务均等化程度不断提高、共同富裕取得明显进展、多层次社会保障体系更加健全等一系列现代化目标，要求不断增强再分配力度、合理调整公共财政取向，总体上与福利国家建设的一般趋势是一致的。然而，值得特意回答的一个问题是：使用"福利国家"这个饱受争议的用语，是否有什么特别的需要？应该说，以一致的概念和用语描述取向相同的目标和过程，可以保障问题界定是正确且清晰的，有助于我们把握哪些经验可资借鉴、哪些教训应该记取、哪些路径值得探索和尝试、哪些陷阱和荆棘必须避开。

本章将回答相关理论和经验问题，并由此引申出必要的政策含义。首先，为了分阶段逐步实现上述目标，遵循尽力而为和量力而行相统一的原则建设中国式福利国家具有必然性、必要性和紧迫性。其次，正如中国式现代化有其自身的规定性和特点，使用国际通行的概念（即福利国家建设）并不否定中国特色和对一些内涵的扬弃。最后，即便不是在完全相同的意义上使用概念，以福利国家建设来标志性地概括社会福利水平提高的各项任务，在学理上和方法论上也是有意义的，对政策制定亦大有助益。

人口冲击是福利国家催化剂

迄今为止，发展经济学的研究重心经历过一些重要的转变。在较早的时期，全球很多国家和地区处于贫困状况，因此，那时的经济学家们孜孜不倦地探索摆脱贫困陷阱的途径。随着更多的国家和地区真的做到了摆脱普遍贫困，相继进入中等收入阶段，经济学家开始把如何摆脱中等收入陷阱纳入自己的研究题目。总体来说，关于长期经济发展的研究，旨在寻求什么是发展的必要条件。随着世界经济格局进一步演变，更多国家和地区跨入高收入阶段，或者临近这个门槛。这时，我们所关注的发展问题是否应该进一步扩展，我们最紧迫地希望得到的答案又是什么呢？

我们先来按照统一的收入分组标准，根据有数据的国家和地区分组状况，观察世界经济的格局变化。这里，我们把世界银行划分的四个收入组合并为两个经济体类别：第一是较低收入的经济体，把低收入和中等偏下收入两个组作为主要寻求摆脱贫困陷阱之途的经济体；第二是较高收入的经济体，把中等偏上收入和高收入两个组作为主要探寻跨越中等收入陷阱之途，以及解决迈入高收入门槛前后所面临的诸多问题的经济体。

数据显示，较低收入的经济体类别在所有国家和地区中的比重从1960年的74%下降到1990年的59%和2021年的41%；相应地，较高收入的经济体类别比重从1960年的26%提高到1990年的41%和2021年的59%。也就是说，当代全球有越来越多的国家和地区面临跨入高收入门槛前后的发展问题。

根据世界银行最新的划分标准，12 695美元这个人均GDP水平是中等收入和高收入的分界点。与这个标志性的分界点相联系，我们需要认清的是，在中等收入国家与高收入国家之间，除了人均收入，还有什么具有实质意义的区别、与此相关的挑战是什么、哪些障碍非跨越不可，以及哪些缺口必须填补。因为正如前文所述，中国目前已经处在这样的发展关口。对中国来说，上述问题可以转化为一个更切中要害的问题，即如何解决人口负增长导致的增长减速与现代化和共同富裕目标之间的矛盾。回答这个问题，我们可以从历史经验着眼。

学术刊物《人口与发展评论》对人口学家来说并不陌生，除了发表当代学者关于人口与发展的重要研究成果，该刊还有一个传统，即选择具有深远影响力的经典论文重新刊载。例如，该刊分别在1978年和2004年重刊了凯恩斯和阿尔文·汉森的文章，这两篇文章皆根据演讲写就。[1]虽然它们被重新刊载的时间相隔26年，但当年凯恩斯和汉森做演讲的时间间隔只有一年，分别在1937年和1938年。

凯恩斯和汉森的文章针对的几乎是完全相同的现象，即人口增长率显著降低，进而产生对经济增长的长期不利影响。两人都从需求的角度解释停滞的人口如何制约经济增长，也都有所体悟地提到，提高社会福利水平和改善收入分配格局对于解决问题或许有所助益。然而，他们都没有沿着这个方向深化理论和揭示政策含义。在这方面，同时代的一对瑞典夫妇在理论上探索得更彻底，在实践中也走得更远。由于缪尔达尔夫妇兼具著名学者和社会活动家的身份，所以他们的理念产生了实际的政策影响。

同样是在20世纪30年代，缪尔达尔夫妇通过著述和演讲，对人口增长速度减慢或总量减少可能导致的后果提出警告。在主张家庭自主生育权利的同时，他们倡导通过制度建设把生育和养育的负担从作为家庭责任转变到体现共济性的社会福利体系上面，

---

[1] John Maynard Keynes. Some Economic Consequences of a Declining Population[J]. Population and Development Review, 1978,4(3): 517-523; Alvin Hansen. On Economic Progress and Declining Population Growth[J]. Population and Development Review, 2004,30(2): 329-342.

借此鼓励人们结婚和生育。[①] 这一思想的传播及据此提出的政策建议，不仅为瑞典社会福利体系建设擘画了蓝图，也对其他国家的政策产生了深刻的影响。这一思潮与实践提示我们，社会福利体系与人口转变具有天然的联系，前者是因应后者挑战的制度选择的结果，后者则是前者作为制度变迁结果的催化剂。

相反的例子也可以得出同样的结论。马尔萨斯于1798年出版了《人口原理》第一版，其写作初衷是抨击英国的"济贫法"，试图阻止当时拟议中对该法的完善。历史上，从社会救助实践开始，演变到更广泛的社会保护乃至社会福利，始终存在支持和反对两种对立的观点。从马尔萨斯人口学说引申出来的政策含义必然是救助举措越多，越会诱导穷人生育更多的孩子，使追逐福利成为一种蜂拥而至的现象。因此，在旷日持久且莫衷一是的理论和政策辩论中，马尔萨斯的理论始终为这场辩论的反方（即社会福利制度的反对者）提供权威背书。类似地，中国著名学者马寅初教授撰写《新人口论》一书，提倡实行计划生育，也是从国民收入分配应该更多向积累倾斜、防止过多人口的消费挤占资金积累等逻辑出发的。

在截然不同的制度条件下，在发生了根本性变化的人口转变和经济发展阶段，中国当下的人口问题在性质上已经大不同于遥远的历史，我们自然也不能接受马尔萨斯或者马寅初的观点。然

[①] 吉川洋. 人口与日本经济 [M]. 殷国梁，陈伊人，王贝贝，译. 北京：九州出版社，2020：47-49.

而，他们认识经济社会发展与人口之间关系的逻辑，也从反方向映射着从缪尔达尔到凯恩斯、汉森再到萨默斯的相关理论，因而不乏值得借鉴的成分。也就是说，这些正面的和反面的人口观点都有助于我们认识在人口转变发生重要变化的关键时刻，构建社会福利体系必然是制度性的应对之举。

首先，人口增长放缓乃至负增长所产生的抑制社会总需求的效应需要有长期的制度安排予以抵消。这种效应既表现在投资需求上，也表现在消费需求上，而投资需求的减弱还会追加地降低消费需求。值得指出的是，这种需求制约现象并不是经济周期性波动中表现出的短期宏观经济现象，而是一种长期经济增长现象。因此，对应的政策举措不是短期工具箱中的刺激手段，而应该是长期的制度建设。

无论是从长期着眼促进人口增长，或者至少在一定程度上遏止人口过快减少的趋势，还是在更可预见的时间里，通过改变人们的预期和行为，例如提高居民收入、改善收入分配和提供更牢固的社会安全网，都有利于稳定或提高消费能力和消费倾向。无论称之为福利国家建设还是提高社会福利水平，无疑都是达到这两种目标所必要的制度建设。

其次，生育率和人口增长率的变化终究要反映在人口年龄结构的变化上，基于人口的全生命周期提出更高的公共服务需求。人口年龄结构的动态变化特点呈现一种"回声效应"，即人口结构格局相继经历由不同队列人口构成的高峰阶段，例如婴儿和儿童、青少年和青年、中青年、低龄老年人及高龄老年人。随着人口转变阶段的变化，居民对基本公共服务的需求也相应变化和扩大，例如，从生育、养育和教育子女到就业、医疗和住房，及至养老和济困，等等。因此，在人口负增长和老龄化程度加深的情况下，这类需求也与日俱增，既具有普遍性也呈现多样化。因此，根据短期需求信号，以相机决策的方式做出政策反应，已经难以满足日益增长的新要求，需要在顶层设计下推进制度建设。

最后，防止人口的长期减少和过度萎缩，需要从完善社会福利体系入手，解决更为根本性的社会外部性问题。在逐渐进入更深度老龄化社会的条件下，大龄劳动者就业、老年人赡养、高龄老年人照料等一系列公共服务无疑亟待进一步完善和加强。同时，根据"回声效应"原理，如何在儿童养育和教育阶段提供更好的基本公共服务，既是塑造未来劳动者和老年人的基础，也通过特定的激励和长远的预期影响家庭的生育意愿和社会生育率。因此，对儿童和青少年的关怀在年龄上应该更加前移，把营造更好的"三育"氛围作为完善基本公共服务体系的支撑点。

"老人之老"和"幼人之幼"

《孟子·梁惠王上》中的经典名言"老吾老以及人之老，幼吾幼以及人之幼"应该不仅是一个关于敬老爱幼、由己及人的道德说教。不妨同时读读另一段有异曲同工之妙的古典表述，《礼记》中说："大道之行也，天下为公。选贤与能，讲信修睦。故人不独亲其亲，不独子其子，使老有所终，壮有所用，幼有所长，矜、寡、孤、独、废疾者皆有所养，男有分，女有归。"对照理解则不难得出结论，这两段话都旨在说明养老育幼、扶弱济困和人尽其能是个人的需要和社会的职能，因而可以说这是社会保护、社会共济和社会福利思想的中国源头。

重温古人的智慧并非没有针对性。当代的现实是，社会思潮的流行使得很多人常常忘记了或者有意否认满足这些社会需求具有公共品供给性质。从世界范围来看，社会福利体系和福利国家的兴衰无不与此密切相关。例如，在第二次世界大战之后，不仅前述瑞典和北欧国家，实际上众多发达国家都建成了福利国家。曾经困扰凯恩斯和汉森的英美两国经济增长问题，也随着收入分配得到改善、中产阶级迅速扩大及未曾预料的"婴儿潮"的出现，一度销声匿迹。可以说，社会福利体系建设为两国赢得了为时不短的经济繁荣。

在西方政治中，更多的再分配功能和社会福利供给往往与政府拥有更大的行政权力如影随形。在一定程度上，政府干预经济的政策被认为是过度的，伤害了市场机制的作用。所以，福利国家也遭受到恶其余胥的待遇。20世纪80年代里根和撒切尔政府在美国和英国分别上台，全盘接受了新自由主义经济学教条，进而将市场原教旨主义理念转化为解除规制、减税、去福利化和私有化等一系列政策。在英美两国发生这种政策理念和实践方向变化的同时，很多发展中国家也接受了"华盛顿共识"，原计划经济国家实行了经济自由化，欧洲国家则对福利国家制度进行了大刀阔斧的改革，大多把政府的社会性职能抛诸云霄之外。

全球化的科技革命让跨国公司、大型科技企业和金融集团赚得盆满钵满，与此同时，公共政策和再分配的缺位却造成收入和财富差距显著拉大、收入两极分化、社会流动性下降和阶层固化及中产阶级萎缩等恶果，进而造成社会分化和政治分裂。2008—2009年国际金融危机之后，很多国家的政府开始重新认识社会保障的重要性，新冠疫情进一步推动了这种转变，社会福利体系的重建正在成为各国竞相争夺的制高点。

欧美国家在应对新冠疫情时前所未有地加大了公共支出力度，而且扩大以家庭为对象的常规公共支出的福利意图也越来越明显。有人预测，按照现行的趋势，到2026年，在所有主要发达经济体，政府支出占GDP的比重都将显著上升，超过2006年的水平。[①] 但是，要在实践中真正做到拨乱反正，仍然有待脱胎换骨的理念更新和刮骨疗伤的政策改革。紧密结合中国的实际，我们可以从两个角度来认识这个问题。

从理念来看，国内外对福利国家的严厉批评，或者直接来自新自由主义经济学，或者受到这个长期占主流地位思潮的先验影响。这个思潮的源头，或者毋宁说最具广泛影响力的观念，来自弗里德曼对福利国家的批评。在他看来，各种社会福利和社会保

---

① 参见 https://www.economist.com/leaders/2021/11/20/the-world-is-entering-a-new-era-of-big-government。

障项目必然具有以下弊端。①首先,这些项目的实施为政府扩大对经济生活的干预打开了突破口,违背了自由市场至上的信条;其次,在基金来源上加大了私营企业的税收负担,在资金支出上不具有财务责任和合理激励,因而项目的实施不具有可持续性;最后,社会福利体系以并不存在的社会共济原则代替了经济理性原则。

毋庸讳言,一些国家的社会福利体制确有弊病,不应该讳疾忌医。但是,在这种观念的影响下,从弗里德曼本人开始,遏制社会福利扩大的政策建议和政策实践延续多年——把孩子同洗澡水一起倒掉,对很多国家的社会福利体系造成致命的损害。然而,一些曾经作为"从摇篮到坟墓"之典型的国家,例如瑞典、丹麦、芬兰等北欧国家,在对传统社会福利模式进行改革的同时,保持和更新了福利国家的内涵,在公平与效率、竞争力与社会保护之间取得了较好的平衡,展示了相互促进的效果。

新自由主义经济学流行的时期,恰逢中国经历从计划经济向市场经济的转型,经济学家如饥似渴地吸收关于市场经济的知识。虽然在就业体制改革的同时,中国开始建立社会保障体系,但是总体来说尚不具备足够的经验和理论的积累,以甄别市场原教旨主义对福利国家批评中的不实之责,以致不少人把福利国家笼而统之地视为积弊,采取了理念上盲目批评和实践中避之不及的态

---

① Milton Friedman, Rose Friedman. Free to Choose: A Personal Statement[M]. San Diego: Harcourt Brace Jovanovich, 1990: 91-127.

度。如今，已经到了一个恰如其分地评估国际经验和教训的时候，亟待按照中国自身的发展要求和国情特点，重新认识福利国家建设这一现代化目标和路径。

从实践来看，虽然社会保障需要全面动员资源、发挥各主体的积极性，但是作为公共品由政府来提供的基本保障项目始终应该是主渠道。我们可以从养老保障的多支柱模式来认识这一点。毋庸置疑，接受世界银行的建议，中国发展多层次、多支柱的养老保险体系是合理的政策选择和发展方向。但是，在体系和制度的建设中，必须盯住完善基本养老保险制度这一优先目标，据此把握工作重心的分寸和推进过程的节奏。偏离这个方向，就难以做到在发展中保障和改善民生，难以解决好人民群众急难愁盼问题。

构成中国养老保险三支柱模式的分别是：第一支柱，社会统筹的基本养老保险；第二支柱，基于企业年金和职业年金的补充保险；第三支柱，基于税收优惠支持的个人储蓄型养老保险和商业保险。当我们讨论社会保障体系建设时，无疑指的是这个多层次、多支柱的体系。然而，从需要强调的重点及部署实际工作的推手来看，应该特别突出强调完善基本养老保险制度。撇开基本公共服务的公共品性质不说，这种做法还有几个相当现实的考虑。

首先，城乡就业非正规化程度过高的现状尚不足以树立并支撑养老保险的第二支柱。能否构建起实质性运行的第二支柱，取决于企业和职工劳动关系的正规化程度，而具备这种必要条件仍需时间。我们着眼于劳动要素相对稀缺性和劳动力市场制度发育水平，一度以为就业的非正规化程度会遵循一个倒 U 形变化轨迹，即存在一个转折点，跨过之后便一劳永逸。然而，一旦把数字经济的技术性质考虑进来，就业非正规性的趋势还可能发生周而复始的变化，即遵循一个横卧的 S 形轨迹。因此，根据事物变化的性质以制度建设应对才能确保基本养老保险良好运行，同时加快创造其他支柱得以树立并有效发挥作用的条件。

其次，无论是劳动者工资和居民收入的水平，还是中等收入群体的规模，尚不足以树立并支撑养老保险的第三支柱。例如，发展基于劳动者和居民个人自愿性储蓄、完全积累型的个人养老保险办法能否获得实质性的发展，归根结底取决于能够参与该保险项目的资金规模。由于劳动报酬占国民经济分配的比重偏低，居民消费尚未得到充分满足，所以对很大一部分就业者和居民来说，储蓄能力和意愿均不足。根据世界银行的数据，2020 年家庭消费支出总额占 GDP 的比重，中国仍处在 38.2% 这一很低的水平，与世界平均水平 55.3%、高收入国家平均水平 58.1% 和中等偏上收入国家平均水平 45.8% 相比，都有相当大的差距。

再次，从金融市场发育水平看，显著扩大第三支柱规模的市场条件尚不具备。迄今为止，养老保险的服务对象或潜在受益者对于第三支柱的热情远远低于金融机构及其从业者。除了缺乏储蓄能力和金融知识，更主要的是人们本能地感觉依靠金融市场运作的养老保险具有极大的不确定性。这种认识并不偏离金融发展的实际状况，养老保险第三支柱的发展确应仰仗金融体系的健康程度。

从发展阶段来说，中国金融发展的基本逻辑仍然是解除金融抑制，推进金融深化。在这个过程中，常常产生机制转变和监管能力滞后于金融规模扩张的现象。[①] 因此，金融机构的运作经验和自律意识、监管部门的风险控制能力，以及这一领域发生的道德风险、规避监管和脱实向虚的现象，都会以相同的程度表现为养老金市场风险。

最后，基本社会养老保险体系尚不完善，特别是存在碎片化和差别待遇现象。这也造成养老保险制度的累退性质，即收入高的群体能够更充分地享受基本养老保险，而在基本养老保险中获益不充分的群体恰恰不具备参与第二支柱和第三支柱的财务能力。2020年，全国共有2.88亿人领取基本养老保险，领取总金额为54 657亿元，其中，领取城乡居民养老保险的人数占55.7%，这些人领取的养老金比重仅为6.1%。也就是说，他们的养老保险待遇水平仅为城镇职工养老保险领取者的5.2%。此外，城镇职工养老保险还有企业、事业单位和行政部门之间的差别。改变这种现状既是基本公共服务均等化的题中应有之义，也是提高基本养老保障水平的当务之急。

尝试推动发展第二支柱和第三支柱的一个认识出发点是：随

[①]《径山报告》课题组. 中国金融改革路线图：构建现代金融体系[M]. 北京：中信出版集团，2020.

着人口抚养比的继续提高，现收现付性质的基本养老保险收支缺口将不断扩大，最终可能导致不敷支付，因此需要另外两根支柱合力支撑。与此同时，我们也需要牢记一点，在特定的国情下，这三根支柱的地位并不相同，其中基本养老保险具有定海神针的作用，只有解决好这一支柱的制度化和可持续问题，同时在制度环境方面创造有利于第二支柱和第三支柱发展的必要条件，才可能形成真正的"三足鼎立"。

尽力而为和量力而行的统一

在推进现代化的过程中不断增进人民福祉，在高质量发展中保障和改善民生、促进共同富裕，既是当务之急又是长期愿景，既要坚守目标又要扎实前行，既要只争朝夕又要有足够的历史耐心。特别是，改善民生需要超越初次分配，明显加大再分配力度，因此，更加需要遵循发展和分享的辩证法，以及坚持尽力而为和量力而行相统一的原则。下面，我们可以分别从理论、经验和教训等角度理解这个辩证关系和统一原则。

从以人民为中心发展思想出发，就意味着改善民生不是口号，而是发展的出发点和落脚点。只有把任务目标落实在过程中，根据发展阶段予以实施，才能真正达到预期的目标。在一些国家，政治家竞选时往往做出过多的福利承诺，或许由此得到了选票，然而有可能上台后便把做出的承诺置之脑后，口惠而实不至，也有可能面对经济增长乏力而束手无策,无法兑现做出的承诺。最终,与这种开空头支票的政治行为相对应,政治家往往要诉诸民粹主义、民族主义、单边主义和保护主义的政策。可见,坚持尽力和量力的统一恰恰是从根本上保障了发展的目的得以落实。

生产率的提高与分享一直处于对立统一的关系中,互为条件且相互依存。生产率的提高是为了分享,生产率的分享可以保证生产率的提高长期持续。一方面,如果没有生产率的持续提高和经济的合意增长作为必要的物质基础,共享就成为无源之水、无米之炊,任何再分配政策最终都不具有可持续性。另一方面,生产率的提高并不自动促成成果的分享,"做大蛋糕"并不必然保证能够"分好蛋糕"。在一些国家,初次分配领域缺乏必要的制度安排保证公平,也未能在再分配方面做出足够的政策努力,导致收入差距扩大、贫富两极分化并形成难以逾越的鸿沟,及至造成政治分裂和社会冲突。

做出初次分配、再分配、第三次分配协调配套的制度安排,才能保障在改善民生过程中做到尽力和量力的统一。自觉运用三个分配领域内各种有效的政策手段,才能把社会各方面的积极性和创新精神引导到共享发展的轨道。在三个分配领域进行的分配和再分配,既有形式上的差别,又有内涵和目标的相同相通之处。需要做到的是,在共同富裕这一最终目标之下,通过生产率的共享达到同途同归,实现全体居民收入均衡增长、城乡基本公共服务充分覆盖、高质量供给满足日益增长的美好生活需要。

在初次分配领域进行的资源配置过程,涉及要素报酬的决定、激励的形成和效率的创造，更加注重效率原则和激励机制。依托市场形成的激励机制，调动各个群体的就业、创业积极性，促进各行各业、各个地区的均衡繁荣发展，是实现生产率共享的前提。从初次分配领域创造效率的功能来看，大众创业带来的创新和生产率提高，不仅表现为物质财富的创造和经济繁荣，还有助于塑造参与创造、探索和迎接挑战的价值观，点燃广泛自主创新所必需的草根经济活力，最终达到充分就业、自我实现和个人成长。[①]

提高和共享生产率同样需要更好地发挥政府作用，也需要通过顶层设计指导下的制度创新，突出体现在促进创业、就业和推动改革等方面。国外有的研究把欧洲与美国进行比较，发现欧洲相对合理的收入分配固然与较完善的再分配不无关系，但同时也得益于初次分配领域的相关政策和制度安排。[②]对中国来说，在共同富裕的目标要求下，产业政策亟待以共享生产率的理念拓展实施的内涵和外延，从促进产业发展从而扩大就业规模转向创造更多更高质量的岗位。要使生产要素（特别是劳动力）的合理配置渠道畅通，不断改善国民经济分配结构，促进各群体的社会性流动。

在初次分配的基础上，政府通过税收、公共支出和转移支付等方式，实施国民收入的再分配，提供基本公共服务和其他社会

---

① 埃德蒙·费尔普斯. 大繁荣：大众创新如何带来国家繁荣[M]. 余江，译. 北京：中信出版集团，2013.

② Thomas Blanchet, Lucas Chancel, Amory Gethin. Why Is Europe More Equal than the United States?[J]. American Economic Journal: Applied Economics, 2022, 14(4): 480-518.

福利,是在再分配领域更好地发挥政府作用最重要的方式,在全社会范围内共享生产率的必要途径,进而实现全体人民共同富裕的终极手段。再分配的一项重要政策任务是通过政府的公共支出,保障和扩大基本公共服务供给,降低和应对居民面临的生计风险,补足居民的基本公共服务需求,所取得的总体效果与缩小收入差距是一致的。

推动生产率成果分享也应该成为包括每个人的向善行为及企业等各类主体履行社会责任的行动。最重要的参与方式就是自愿捐赠、慈善事业、志愿者活动和其他承担社会责任的行动。就出发点、内容和效果来说,这些行为和行动对社会来说是再分配的必要补充,对社会和市场主体来说是应该履行的社会责任,对每个人来说则是体现诚信、友善的日常行为准则。所以,完善这个分配领域是促进全社会和谐、增强凝聚力的必要途径。

社会福利支出恒等式

回顾关于福利国家的争论,我们会发现对立的观点往往从理念出发,主要从两个方向提出并秉持各自的主张,依据的分别是针锋相对的两种模式或类型,即被称为剩余型模式和制度型模式的两种社会福利模式。[1] 这两种模式的差异并不表现在保障水平

---

[1] Richard Titmuss.Social Policy: An Introduction[M].London: Allen and Unwin, 1974.

的差异上，而主要反映为理念上的大相径庭。前一种模式强调市场、个人、家庭和社会组织的作用，政府只需在最困难群体的社会救助方面，以及有限的基本生活保障方面承担责任。后一种模式则认为，作为一种再分配机制，社会福利保障在任何社会和任何发展阶段都是政府应该承担的责任。

虽然对立理念之间的争论旷日持久、莫衷一是，也分别产生了不尽相同的实践后果，但是从全球范围看也呈现实践上的趋同态势。在一定程度上，实践中的差异并不像理念上那样泾渭分明。之所以产生这种趋同，应该是为了应对现实挑战，各国在实践中不断试错的结果。社会福利体系的完善，或者说福利国家的出现、建设和兴衰，作为一个制度变迁过程，既建筑在特定政治哲学的思想基础上，也受到某些时代社会思潮的影响，同时也是因应特定发展阶段的需求诱致。接受当代资本主义发展的惨痛教训，从经济发展阶段和现实挑战出发，福利国家建设就不再是一个应该还是不应该做的先验问题，而是何时做及做到何种程度的策略问题。

提供充分且公平、覆盖全民和全生命周期的基本公共服务，建设全民共享型社会福利体系，或者说推进中国式福利国家建设，是当前再分配领域的中心任务。作为一种制度性承诺和宣示，国家构建社会福利体系并据此框架提供基本公共服务，确立这种供给的政府责任、范围和标准，就意味着规范而准确地界定了政府再分配政策的内涵和实施力度。关于扩大政府公共支出的必要性和财政能力的可持续性等问题，在中国和世界各国的相关政策选择和实践中,从政策承诺和生产率分享的角度,都有必要进行讨论。

尽力而为和量力而行相统一,既需要按照共享发展理念的要求对再分配政策所要达到的目标做出界定,确定该做什么和不该做什么,也需要按照发展阶段的要求,确定每一时期的再分配力度,保证其与日俱增。从理念上说,这个两点论原则的合理切点应该由一个基本公共服务或社会福利供给的恒等式来界定。这里,我们可以采用一个简洁的公式,对如何实现尽力而为和量力而行的有机统一做出形象的说明,即社会福利支出恒等式:

$$E - B = 0$$

式中,E 代表社会福利的实际支出水平,B 代表社会具有的潜在支出能力。

社会福利支出恒等式强调的是实际支出与实际财力之差恒等于零。一旦这个恒等关系不成立,则意味着未能做到尽力而为和量力而行的统一,社会福利支出水平便有改善的余地,社会福利政策就有调整的必要。例如,如果 $E - B > 0$,就表示社会福利水平超过了保持支出可持续的财力约束,出现"量力而行缺口",有必要依据实际能力调减支出水平;如果 $E - B < 0$,就表示社会福利水平尚未达到财力可以保证的潜力,形成"尽力而为缺口",有必要增加实际支出,把资源潜力真正用足、用尽。恪守社会福利支出恒等式,既要求秉持理念的决定性,也要求发挥分寸把握能力和技巧,增之一分则嫌长,减之一分则嫌短。

这个公式表达看似简而又简,却蕴含着丰富的意义,与一系列理论讨论和政策实践均密切相关。特别而言，这里强调的恒等关系对关于社会福利制度的传统观点，尤其是自20世纪80年代以来，受新自由主义经济学影响而形成的政策理念提出挑战。在笃信"涓流效应"的经济学教义和否认"社会"应该履行再分配职能的政策倾向影响下，福利国家的理论和实践明显向剩余型社会福利模式倾斜。痛感新自由主义政策实践造成的经济、社会和政治恶果，近年来关于福利国家的认识及相关的实践已经有所转变。

但是，只有打破传统的公共财政理念，特别是布雷顿森林体系机构、欧盟理事会、许多国家受新自由主义理念影响所倡导的"紧缩"做法，以及为财政支出设立的制度约束，才可能在实践中回归正常轨道。就此而言，把社会福利支出恒等式作为福利国家建设的原则，即一个拇指规则而非精算公式，无疑是有意义的。此外，虽然称之为社会福利支出恒等式，公式中的变量却是按照一定规律、根据经济发展阶段的变化而与时俱进的。

一旦根据一般规律、发展理念和国情特点做出社会福利体系的承诺和相应的资源配置，再分配举措就成为国家规范，约束性和规范性均得以增强。可见，在中国式社会福利体系建设过程中，需要在以人民为中心的发展思想引领下改革和完善财政体系，在新发展理念指导下实现财政理念的重塑。在下文中，我们将依据经验事实，结合一般规律和中国面临的特殊挑战，认识这种变化及其政策含义。

第十三章
"瓦格纳加速期"：规律与机遇

中国进入的发展阶段和预期实现的目标，都需要放在历史纵深中和国际视野里来增强认识。一方面，因为中国在更高阶段上的发展和不断推进的现代化是具有全球意义的现象，必然与世界及其舞台上的主要角色相互关联——既有合作也有竞争。只有努力做到知己知彼、人无我有、人有我强，才能克服全球化中的高度不确定性，实现自身的现代化。中国式福利国家建设既是现代化不可或缺的方面，也是国际竞争中必须占据的制高点。

另一方面，现实的紧迫感和应该具有的历史耐心始终构成一对辩证关系，是设计好和走好现代化路途的方法论。在福利国家建设中的具体体现则是要求从尽力而为和量力而行相统一的原则出发。因此，既始终认识和把握一般规律，又时时从自身国情特点出发，才能通过中国式的路径达到实现现代化的彼岸。本章介绍国家治理理念的新趋势，阐述福利国家建设的一般规律，讨论社会福利体系财务来源的理念和政策、成功与失败、事实和谬误，揭示对中国的含义。

打破"弗里德曼周期律"

20世纪80年代末，同为经济学家的弗里德曼夫妇写过一篇文章，认为笃信自由市场和崇尚政府干预作为两种对立的思潮和政策，分别会以波涌的方式存在，先是形成意识形态层面的潮流，随后当相应的思想取得主流地位进而转化为政策时，便形成了实践层面的潮流。一种思想和政策潮流占上风的情形延续特定时间之后，又会逐渐让位于另一种思想和政策潮流占上风的情形，而危机往往是重大转变的催化剂。他们指出，在欧美经济发展的历史上，这两种思想及政策潮流是以50~100年的时间间隔，交替着占据主流和主导地位。我们可以把这种观察结果称为"弗里德曼周期律"。

不仅是弗里德曼夫妇，其他许多思想家和研究者也不约而同地观察到这两个思潮及其周而复始、交叉占上风的现象，社会科学文献中也存在不少相关的经验证据。问题在于，为什么总是在对政府的信赖与对市场的痴迷之间形成相互对峙的两极，进而产生此消彼长的变化？为什么这种思潮和实践的周期被认为具有特定的时间尺度，即50~100年完成一个周期呢？

如果把政府与市场之间孰是孰非的争论限制在西方社会思潮

和政策取向的范围内,可以看到它萌芽于资本主义精神的起源时代,并在资本主义发展的整个过程中得以展开。面对这样宏大的主题及其涉及的庞杂内容,我们不妨采用一种简明的方式处理,即把西方思想史上的杰出人物一对一地排列出来,双方代表人物的思想和主张广为人知,因此我们可以以最短的篇幅传达尽可能多的信息。至少在以下几对思想家之间,在关于政府还是市场应该发挥更大作用的问题上存在强烈的反差。

马克斯·韦伯最先把新教伦理与资本主义精神联系起来,而这个在内涵上可以有无数种解说的"精神",自诞生伊始,便在马丁·路德和鹿特丹的伊拉斯谟两大思想家之间形成了旗帜鲜明的对峙。一方面,从路德开始的宗教改革各派别为追求世俗物质利益的思想体系发展做出贡献,启发了作为市场经济基础的个人主义认同;另一方面,伊拉斯谟从更富有人文精神的思想体系出发,以君主(政府)为对象宣扬"善政",甚至事无巨细地提出了清扫城镇、修路架桥、营建楼堂、清理水塘、疏浚河床、修筑河堤和开发沼泽等公共品供给的建议。

作为《国富论》作者的亚当·斯密与作为《道德情操论》作者的亚当·斯密对是否存在财富的"涓流效应",因而政府是否需要承担弥补市场缺陷的职责等问题,回答也并不全然一致,或者说侧重点不尽相同。一方面,斯密认为市场这只"看不见的手"通过调节不同个人之间的供给与需求行为,可以使不同人群各得其所,实现社会各阶级的普遍富裕;另一方面,他也并没有把劳动与资本这两种要素等量齐观,而是认识到两种要素具有不同的性质，因而劳动报酬之间的差异远远大于资本回报之间的差异，指出通往繁荣的道路上必然存在不平等，暗示政府实施扶困济贫等再分配政策的必要性。

在美国国父托马斯·杰斐逊和亚历山大·汉密尔顿之间也曾展开两种思潮及政策主张的著名论战。围绕奴隶制的合法性、中央政府权力和行动自由、发行国债、设立国家银行、国家扶持制造业发展等问题，两人展开了针锋相对且旷日持久的争论。秉持更加注重政府发挥作用的观点和政策主张的一方是汉密尔顿，在所有价值观和政策理念上都是杰斐逊的对立面。

类似的思想对决还在经济学家凯恩斯与哈耶克之间展开。在凯恩斯主义占主导的宏观经济学理论中，市场失灵已经是一个前提假设，这使政府干预经济在学理上具有了合法性。凯恩斯的经济学思想直接或间接地影响了许多国家经济政策的长期取向，包括在理论上支持了英美两国福利国家的形成。即便凯恩斯经济学的地位已经式微，但每逢爆发经济危机，各国的决策者总是不约而同地启用凯恩斯式手段，即政府出面实施各种刺激性政策。至于在社会认可上体验了过山车般跌宕起伏的哈耶克，则始终坚定不移地反对国家以任何形式介入经济，成为后来盛行的新自由主义经济学的精神教父。

从意识形态的高度和哲学的深度，围绕究竟是政府权力还是个人权利应该具有更高优先序等问题，在同为哈佛大学教授的政治哲学家约翰·罗尔斯和罗伯特·诺齐克之间也展开了影响广泛的学术论战。罗尔斯基于社会契约论提出平等权利的主张，内容包括开放的公平机会平等原则、社会最少获益成员优先的利益差异原则等。诺齐克则主张个人权利优先于国家权力，国家只能作用于个人权利之外的活动空间，并且个人权利决定国家的性质、合法性及职能，而不是相反。这两种思想所树立的价值判断标准分别对经济学家和政策制定者产生影响。

从较长的历史年代进行观察，可以看到在经济学家的影响下，政治家分别追逐政府和市场潮流的结果，最终形成了以数十年时间为量级的政策长波，无论在哪个波段，制度设计和政策选择都不可避免地产生过度的偏倚和倾斜，从而造成扭曲和失败。在付出惨痛的代价之后，另一个极端的思潮逐渐占上风并影响政策选择，同时意味着周期的倒转，这一转型过程同样会让社会付出代价。

对于政府与市场交替起伏的周期和频率问题，虽然不必在时长的准确性上较真，但也不妨思考一下以下道理和事实。其一，经济学和政治哲学的思想，无论对错，其影响力都远远超过人们所能理解的程度。从偏向政府到偏向市场的思想主导转变，需要一代人以上的时间才被人们所接受。其二，历史经验显示，思想和信念要转化为政策，从政策设计、提出、试验到被接纳直至全面实施，也需要足够长的时间。其三，新旧思潮及其政策的交替在心理和物理意义上也需要一段时间。可见，在西方国家，在理论逻辑上和历史逻辑上，"弗里德曼周期律"的确成立，一段周而复始的时间是比较漫长的。

人类的思想传承也好，现实中存在的认识也好，本来都是表现为一个广泛而完整的图谱形态。也就是说，无论什么样的思想和政策主张，总是可以从左到右排成一个依次过渡的序列，相互之间密切衔接。然而现实中，经济政策却是在极端化的环境中推行的，往往不能接受不同思想之间相互取长补短的"中庸之道"。一方面，由于经济学的发展越来越追求抽象、单一和至简的理论模型，而拒绝处理纷繁复杂却影响结果的中间变量；另一方面，由于互相竞争、非此即彼的党派政治总是彻底否定政治对手的思想和政策，把自己的政策主张的优越性绝对化，导致意识形态趋于极化。

某种思潮和政策主张一旦占据主导地位，就不能吸纳自己对立面可能提供的有益补充，这既增大了因政策绝对化而导致的失误率，也减少了随时修正错误以减少失败的机会。于是，所犯的错误便会以恶性循环的方式积累，直至把错误推到极端，以致只能通过政治过程来终结。换句话说，以改朝换代的方式对以前的思想和政策遗产进行根本清算，从而开始又一轮循环往复。相同的道理也决定了从一种思想及政策转向新的思想及政策的过程，会使社会付出巨大的代价。

政府和市场两种对立思潮及其政策取向形成潮汐一样的周而复始的现象，还受更深层因素的支配。除了由何种机制调节经济运行，政府和市场之间的分歧还体现在倡导政府履行收入和财富再分配的职能，与寄希望于市场自动解决分配不公问题的对立。在任何社会，无论是否到了不共戴天的程度，穷人和富人的分野和对立都是存在的。既然收入差距的不断扩大是一种趋势性现象，如果没有政府发挥再分配职能，初次分配领域的市场机制无法实质性缩小收入差距，最终会酿成社会对立和社会冲突。这也表明能够合理结合市场和政府各自的优点，从而尽可能避免"弗里德曼周期律"的政策有助于增强社会凝聚力、提升国家竞争力。

国家竞争力的新制高点

国家之间存在竞争关系，表现为在经济、贸易和技术方面的竞争。贸易和投资等国际分工活动，一方面通过市场主体之间的交易进行，另一方面受到国家整体实力的影响。迈克尔·波特较早构建的国家竞争优势理论认为，劳动力、自然资源和资本等生产要素的禀赋在经济发展中的作用日趋减弱，而表现为整体生产率、经营环境和支持性制度的国家竞争优势才是国家经济繁荣发展的源泉。[1] 于是，提高国家竞争力就不仅要倚仗企业的生产率，也需要国家在政策和制度安排上予以支持。

在当代国际关系领域，特别是以大国关系为核心的国际经济政治博弈中，人们热衷于谈论中国和美国之间进行冷战甚至热战的可能性，或者争论中美之间"战略性竞争"究竟是竞争什么。[2]

---

[1] 迈克尔·波特. 竞争战略 [M]. 郭武军，刘亮，译. 北京：华夏出版社，2002.
[2] Kurt M. Campbell, Jake Sullivan. Competition Without Catastrophe: How America Can Both Challenge and Coexist with China? [J].Foreign Affairs, 2019,98(5): 96-111.

在现实中，国家竞争关系日趋强化，表现在贸易摩擦乃至贸易战、供应链脱钩、科技封锁、颠覆性科技创新能力竞赛等一系列竞争关系之中。很多跨国公司和金融投资者也看到这些冲突的存在和可能的演进路径，尝试依此制定企业的竞争战略。

既然国家之间的竞争是一个不以人们意志为转移的客观存在，以增强国家竞争优势为目标的国家战略也就是顺理成章和必然的选择。这不仅体现在以其他国家为现实的或假想的对手，或干脆将其当作一个参照系，谋划自身的战略领先地位和政策优先序，也表现为在经济社会事务中更加强调恰如其分地发挥政府的作用，以克服市场在实现战略意图中可能出现的失灵现象。这种战略意图可以借用一句著名的论断来表述，就是国家要占据经济社会事务的制高点。[1]

对大国来说，这个制高点一般应该包括：在世界经济中具有影响力的经济总量，作为综合国力增强、人民生活水平提高保障的经济总量及人均水平的增长速度，总体上堪称完整或至少没有被卡脖子短板的供应链和科技体系，保障全体人民分享发展成果的社会福利体系和社会保护机制。国家竞争力及其制高点是由各种成分构成的综合国力的表现，需要从诸多领域全面推动形成。与此同时，根据世界经济的状况和国家所处的发展阶段，在塑造竞争力的过程中，侧重点也会随时随地有所变换。

---

[1] 丹尼尔·耶金，约瑟夫·斯坦尼斯罗. 制高点：重建现代世界的政府与市场之争[M]. 段宏，等译. 北京：外文出版社，2000.

中国在改革开放过程中没有盲目接受任何流行的思潮或既有的模式，而是根据自身所要解决的激励和效率问题，采取了渐进式的经济改革和对外开放方式，也努力保持经济增长和社会发展的协调，在逐步构建社会主义市场经济体制的同时，始终注重更好地发挥政府的作用。处理好政府与市场的关系，实现两者的相互补充和有效结合是一个需要不断探索的长期课题，而且政府参与经济活动的具体方式也要随着发展阶段和国情的变化与时俱进。

把以人民为中心作为改革开放发展的出发点和终极评判标准，决定了中国必然要把维护公平正义、改善收入分配、畅通社会流动通道、持续促进全体人民共同富裕作为政府必须占据的最优先级别的制高点。社会福利的竞赛并不意味着竞相提高福利支出水平。对中国来说，仍然要遵循尽力而为和量力而行的原则，着眼于达到社会福利水平与发展阶段之间的适应程度、公平与效率之间的统一程度、短期管用和长期可持续性之间的平衡程度。

由此出发，针对中国发展面临的全新挑战，我们需要从以下层面把握占领社会福利竞赛制高点的要求和路径。首先，社会福利的竞赛标志着再分配力度的显著增大，但并不意味着只围绕分配进行零和博弈。其次，社会福利水平提高可以确保经济在合理速度区间增长，创造真金白银的改革红利。再次，通过顶层设计可以以制度安排的方式保障社会福利支出可持续，保证尽力而为和量力而行的统一。最后，福利国家建设并不限于再分配领域的政策举措，在初次分配和第三次分配领域也可以大有作为。

中国语境中的瓦格纳法则

天底下没有免费的午餐，按照这句话的一般理解，社会福利必须靠公共支出予以保障。在经济学文献中，一个以阿道夫·瓦格纳命名的特征化事实被人们广为引述并提供日益丰富的经验检验，被称为"瓦格纳法则"。这个法则的含义是，随着人均收入水平的提高，人们对社会保护、反垄断和规制、执法和履约、文化教育和公共福利的需求不断扩大。由于这类公共品通常需要政府承担供给和支出的责任，所以政府支出占 GDP 的比重显现逐步上升的趋势。[①]

如果说这是个"一般规律"的话，它确实显得过于"一般"了。除了忽略了发展阶段的不同，它还把性质不同、目标不一的各种政府职能及其花费笼而统之地纳入"政府支出"这个概念或项目。特别是，政府支出这个财政项目也包含政府直接从事经济活动的支出，而此类活动及相应的支出水平常常由于经济体制在市场化倾向和非市场化倾向上的分野，因时因地而产生显著的差异。虽然囿于统计数据的可得性，在经验研究中有时需要借助这种无所不包的政府支出概念，但是我们关注的重点仍然在于政府在履行社会保护、社会共济和社会福利等方面的职能及其支出责任。

---

① Magnus Henrekson. Wagner's Law – A Spurious Relationship? [J]. Public Finance / Finances Publiques, 1993, 48 (2): 406-415.

相应地，在瓦格纳所揭示的政府支出比重随经济发展而提高这种相关性之外，前述与福利国家建设相关的理论可以有针对性地揭示因果关系，在统计上也可以通过政府社会福利支出不断提高的事实，特别是以这一支出占 GDP 的比重更狭义地界定和检验瓦格纳法则。

我们可以利用世界银行和国际货币基金组织数据库中的跨国时间序列数据，从统计上对瓦格纳法则做进一步的阐述。从瓦格纳法则的原意来看，随着人均 GDP 的提高，政府支出占 GDP 的比重总体呈现相应提高的趋势（见图 13-1a）。为了突出社会福利支出这个重点，我们还可以选择数据库中的住房和社区生活福利设施支出、健康支出、教育支出、社会保障支出，以及娱乐、文化和宗教支出，加总为对应着社会福利的相关支出，即社会性支出（见图 13-1b）。如图 13-1 所示，无论是政府支出占 GDP 的比重，还是社会性支出占政府支出的比重，都显现了随人均 GDP 增长而提高的趋势。

让我们进一步观察在不同经济发展阶段，政府支出比重和社会福利支出比重的提高呈现什么特点。按照人均 GDP 水平，可以把经济体分为以下五组：1 000 ~ 12 000 美元区间代表从中等收入到高收入的发展阶段，12 000 ~ 30 000 美元区间大体代表跨入高收入阶段后向中等发达国家行列迈进的发展阶段，30 000 ~ 40 000 美元区间大体代表趋近于高收入国家平均收入水平的发展阶段，40 000 ~ 50 000 美元区间及 50 000 美元以上代表极高收入水平的发展阶段。虽然这个分组不完全对应世界银行的

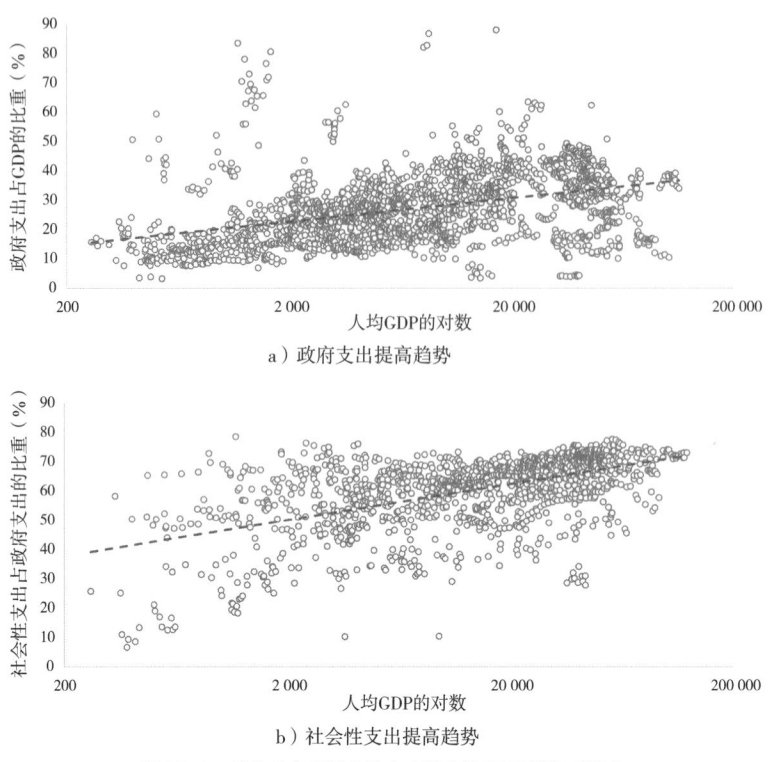

图13-1 政府支出及社会性支出随人均GDP增长而提高

资料来源：世界银行公开数据库；国际货币基金组织数据库（https://data.imf.org/）。

分组标准，但是总体上两者之间可以相互参照。

利用世界银行和国际货币基金组织的数据，我们构建了一个非平衡面板数据，使用面板固定效应方法，分别以政府支出占GDP的比重及社会性支出占政府支出的比重作为被解释变量，把人均GDP的对数作为解释变量，分别估算出两个比重（百分比）与人均GDP的关系。将估计得到的系数除以10，即得到两个比重对人均GDP增长的弹性系数（见表13-1）。[①]

[①] 蔡昉，贾朋. 构建中国式福利国家的理论和实践依据[J]. 比较, 2022（3）.

表13-1 政府支出及社会性支出比重对人均GDP的增长弹性

人均GDP（美元）	政府支出占GDP的比重	社会性支出占政府支出的比重
1 000 ~ 12 000	0.31	0.47
12 000 ~ 30 000	0.77	0.59
30 000 ~ 40 000	0.73	0.46
40 000 ~ 50 000	0.19	0.56
50 000以上	−0.03	0.29

资料来源：世界银行公开数据库；国际货币基金组织数据库。

先来观察发展阶段与政府支出占GDP比重的关系。表13-1第二列的系数表示人均GDP提高10%，政府支出占GDP的比重提升的百分点。除40 000~50 000美元及50 000美元以上组对应的系数在统计上不显著外，其他系数均在1%的水平上显著。再看发展阶段与社会性支出占政府支出比重的关系。表中第三列表示人均GDP提高10%，社会性支出占政府支出的比重提升的百分点。除40 000~50 000美元组对应的系数在统计上不显著外，其他系数均至少在10%的水平上显著。

从图13-1显示的趋势和表13-1列出的估算系数均可获知，在瓦格纳法则揭示的一般趋势中，还显现出一个特殊的阶段性表现，即在12 000~30 000美元这个人均GDP水平区间，政府支出占GDP的比重和社会性支出占政府支出的比重的提高速度都比在其他区间快。无论是跨国数据分析、国别研究还是中国现实都表明，人均GDP处在这个区间的国家通常刚刚跨过高收入门槛，进而开始为成为中等发达国家并巩固这一地位而努力。

相应地，处在这个收入区间的国家，通常面临共同的发展课题，即在促进经济增长与社会发展之间的协调性、在缩小与现代化目标差距的过程中，亟待通过补足民生和社会保障方面的短板，以及借助再分配手段实质性缩小整体收入差距。同时，由于人口老龄化的加剧，需求侧因素特别是居民消费对经济增长的制约日益显著，并且成为一个新常态，需要制度化的社会福利和更有力的民生举措，以居民消费能力和消费倾向的提高保持合理的经济增长速度。

按照2035年远景目标的部署，中国预计在2035年成为中等发达国家。我们不妨在各国数据加总和具体国别分析的双重意义上为这个目标确定一个参照范围，大体来说，这个目标范围为人均GDP处于23 000~40 000美元之间，简单平均值为30 000美元。可见，中国未来一二十年的发展恰好落在人均GDP从12 000美元向30 000美元提升这个区间。因此，如果说瓦格纳法则是一般性规律的话，我们可以从中国语境出发，把这个发展区间称为"瓦格纳加速期"，其间需要更大幅度地提高社会福利支出水平。

为人民群众的幸福感买单

实质性推进福利国家建设的关键点是遵循瓦格纳法则提示的一般规律，抓住"瓦格纳加速期"这个机会窗口，显著增加政府社会福利支出，缩小在这个方面与参照系之间的差距。为此，我们需要回答以下问题：这类公共支出的福利效应体现在何处，或者说钱花出去之后，我们可以预期立竿见影的社会收益率，还是应该从不同的视角看待这种回报，以及如何从制度层面筹集资金，并保持这个过程的长期可持续，等等。

个人和家庭的支出是为了从产品和服务中得到满足，市场主体的支出是为了从市场上获得投资回报，那么政府在社会福利方面的支出应该得到怎样的回报呢？让我们先从中国的语境中回答这个问题。中国式现代化是14亿多人共同富裕的现代化，人民生活更加幸福美好固然体现在人均GDP、可支配收入和财富等可以客观度量的方面，但当我们说提高人民群众的获得感、幸福感和满意度时，在某种程度上也反映着每个家庭和个人的主观感受。

作为个体和社会组成部分的人，对幸福生活的追求是分层次的，随着现代化的推进和人均收入的提高，人们对更充分、更高质量公共品的需求不断增长，也反映了需求从物质满足到精神追求、从当下急需到长远需要、从客观衡量到主观评价的递进性质。中国式福利国家建设所因应的正是这一需求层次不断升级的需要。相应地，政府在社会福利方面支出的目的便是提高人们的幸福感。

进入21世纪以来，在学术研究、政策制定和公共舆论等领域，关于幸福感的讨论明显增加。使用"谷歌词频统计器"查询，人们发现在各种出版物中，GDP和收入这样的用语出现频率明显下降，与此同时，幸福感、主观感受、生活满意度等表述大幅增多。①文字介质中的密集讨论意味着人们投入更多的资源进行研究，也说明可以预期新的研究进展。结合本节的主题，我们可以从幸福感研究迄今取得的成果中归纳出若干有益的信息。

各学科的研究均表明幸福感是可度量的，并且相应的指标可以具有较宽广的信息基础。从 2012 年开始，一批志同道合者共同撰写和出版了《世界幸福报告》，根据人均 GDP 及抽样调查获得的人们关于生活满意度、正面情绪、负面情绪等方面的自我陈述信息，计算出样本国家和地区的"幸福指数"，并公布排名结果。2022 年的报告研究显示，无论是在个人层面还是在跨国比较中，与公共服务水平密切相关的关于健康水平、高等教育、就业机会、对体制和机构的信任度，以及在基本公共服务保障基础上才能获得的选择自由度，均显著地增强人们的幸福感。②

既然主观幸福感是可以度量的，相应的指标也是可以得到改善的，因而提高幸福感可以成为公共政策制定的出发点和落脚点。在更高的发展阶段，由于收入匮乏和简单温饱已经不再是普遍现象，而且全球化的潮起潮落和各种形式竞争的加剧

---

① John F. Helliwell, Richard Layard, Jeffrey D. Sachs, Jan-Emmanuel De Neve, Lara B. Aknin, Shun Wang et al.. World Happiness Report 2022[M]. New York: Sustainable Development Solutions Network, 2022.
② John F. Helliwell, Richard Layard, Jeffrey D. Sachs, Jan-Emmanuel De Neve, Lara B. Aknin, Shun Wang et al.. World Happiness Report 2022[M]. New York: Sustainable Development Solutions Network, 2022.

都导致外部环境的不确定性日益增强,所以影响日常生活幸福感的制约因素更多地表现在公共生活领域。相应地,社会保护、社会共济和社会福利成为人们幸福感的制度保障。

结论是,更多人主观感受到的幸福感的增进是政府社会福利支出的回报。许多国家的政府对幸福感给予越来越多的关注,例如,在公共政策决策和沟通中,主观幸福感指标的运用越来越普遍,正是由于政治家逐渐懂得选民对政策的满意度植根于主观幸福感,会在投票中有所表达。乔治·沃德用欧洲数据进行的研究发现,主观幸福感不仅影响选民的投票倾向,而且这种影响力超过传统宏观经济指标的表现。[1]这或多或少可以解释为什么欧洲始终更具有福利国家传统。"选票效应"也可以拓展开来理解,即幸福感对于社会凝聚力、政府公信力、公民预期及企业和个人的创新精神无疑具有积极的影响。

迄今为止,幸福指数计算的科学性和排名的准确性尚无法与HDI相提并论。而且,主观性的指标毕竟会受到文化差异的影响,国家之间的可比性也是有折扣的。然而,将其作为一个另类视角,观察经济社会发展中被忽略的问题,也不失为有益的借鉴。在2019—2021年的幸福指数排名中,中国在全部146个国家和地区样本中居第72位。总体来说,中国的幸福指数排名与人均GDP及HDI排名是一致和对应的,并且与较早时期相比,中国

---

[1] George Ward. Happiness and Voting: Evidence from Four Decades of Elections in Europe[J]. American Journal of Political Science, 2019,64(1): 1-15.

位次的提升也十分迅速。可以预期，随着社会福利体系的完善，中国人民的幸福感将显著提升。

公共财政的可持续保障

相对于中国已经达到的发展阶段来说，中国的政府支出占GDP的比重及政府支出中社会性支出的占比均偏低。我们可以把人均GDP处于12 000～30 000美元区间的其他经济体作为参照组，以这两个比重的算术平均值与中国的实际水平进行比较。2020年，中国的政府支出占GDP的比重为33.9%，而参照组的平均值为40.4%；中国的社会性支出占政府支出的比重为52.4%，参照组的平均值为62.0%。[①] 可见，无论是以遵循一般规律的要求而言，还是从应对自身的紧迫挑战来说，在今后一二十年里，中国应该加快增加社会性支出，填补这方面存在的较大缺口，以便在社会福利水平上更符合发展阶段的要求。

关于扩大政府公共支出的必要性和财政能力可持续性的讨论，在国际上日益成为一个热点。随着基于历史教训的研究逐步深入，社会共识和政策倾向逐渐转向摒弃财政紧缩、扩大公共支出、提

---

① 李冰冰和汪德华按照可比口径整理了中国一般公共预算口径和全口径的功能分类财政支出结构，在国际比较中也得出相同的结论。参见李冰冰，汪德华. 1950—2021年中国财政支出科目体系的历史演变 [J]. 财经智库，2022（4）。

高社会福利水平这方面的结论。相应地，研究和争论越来越集中到"钱从何处来"这样的可行性问题上。在国际经济学界，讨论主要围绕政府过大的预算赤字和高负债率进行。相关的争论对于中国的政策制定也不无借鉴意义。

第一种观点以"现代货币理论"（MMT）为依据。这一理论的代表人物和积极倡导者斯蒂芬妮·凯尔顿认为，对发行主权货币的国家来说，政府负债和预算赤字的水平并不是问题。只要把握住不发生通货膨胀这个界限，政府尽可以借助自身的信用创造货币，为必要的公共服务和公共投资买单。[1] 近年来这种观点流行甚广，也遭到主流学者几乎异口同声的抨击。然而，这种政策主张在发达国家自国际金融危机以来的中央银行量化宽松，以及应对新冠疫情时期政府的慷慨补贴中得到了明显的政策体现。

这种在理论争论中遭到严厉诟病，在政策运用中却受到青睐的矛盾现象，说明看似激进的理论，其中也蕴含着一定的合理成分。金融的根本职能是动员资源，因此，货币发行是否超额归根结底取决于资源潜力是否已被挖掘殆尽。可以从充分就业的角度来看这一理论对中国的参考价值。从农业劳动力剩余、部分人群因就业困难而退出劳动力市场、照料性工作有紧迫需要却岗位不足，以及学历越高劳动力市场匹配度越低等现象的存在，可以看出就业并未达到充分状态，需要更多的公共支出来动员资源。

---

[1] Stephanie Kelton. The Deficit Myth: Modern Monetary Theory and the Birth of the People's Economy[M]. New York: Public Affairs, 2020.

第二种观点可概括为"低债务成本说"。奥利弗·布兰查德观察到，在无风险利率低于经济增长率（即 $r<g$）已经成为常态的情况下，债务可持续性和财政平衡的判别视角也好，现行债务和赤字水平的"红线"也好，都发生了明显的变化。政策含义是，既然负债的成本大大降低，已经具备这样的条件，政府可以从履行职能的必要性，而不是从财力的约束性来认识和出台财政政策。[①] 或许这就是实施量化宽松政策的现实，对于我们理解发达国家经济有所助益，对于中国尚无直接的借鉴意义。

第三种观点可概括为"扩大分母说"。约瑟夫·斯蒂格利茨指出，把债务率维持在可持续水平有两种途径：一是通过实行财政紧缩的政策减小分子，二是通过合理的投资促进经济增长以扩大分母。他认为，前一种途径已经被国际金融危机后欧盟的实践证明是失败的，而后一种途径被第二次世界大战后美国的实践证明是成功的。[②] 这种通过经济增长做大分母的思路，对于中国和西方国家都具有启发性和针对性。

只要经济总量、生产率和人均收入仍在提高，旨在提高人民福祉的社会性支出不仅是必要的，也应该且能够做到水涨船高。社会福利供给的资金保障归根结底在于经济保持合理增长速度。对处于"瓦格纳加速期"的中国来说，大幅度增加社会福利支出

[①] Olivier Blanchard.Public Debt and Low Interest Rates[J]. American Economic Review, 2019,109 (4):1197-1229.

[②] Joseph Stiglitz.Europe Should Not Return to Pre-pandemic Fiscal Rules[N]. Financial Times, 2021-9-23.

并提高其占 GDP 的比重，依靠的正是这个时期的潜在增长能力及实现潜力的保障能力。2021—2035 年，按照中方案预测的中国人均 GDP 潜在增长率大约为 4.8%。[①] 而 2006—2019 年，处在"瓦格纳加速期"这个收入水平上的国家和地区，人均 GDP 实际增长率的算术平均值仅为 1.21%。

在 2019 年世界经济论坛年会上，年轻的荷兰记者鲁特格尔·布雷格曼面对面抨击了与会的跨国公司领导者，可谓一石激起千层浪。他指出一个事实：那些在不平等加剧的全球化过程中挣得盆满钵满的富人都绝口不提税收问题，无异于消防员不讨论水的问题。这不是一次偶然的"遭遇战"，而是一个旷日持久的争论的缩影。许多研究都表明，在理论上，断言对富人减税可以增加财政收入的所谓"拉弗曲线"，是典型的新自由主义经济学，从未得到事实的验证；在政策上，"扩大支出而不征税"的做法更是美国式的右翼民粹主义。[②]

与新自由主义经济学的预言相反，合理规范的税收作为支撑社会福利体系的公共财政可持续来源，既是必需的也不意味着加重居民的负担。按照党的二十大提出的规范财富积累机制、保护合法收入、调节过高收入的要求，税收应从三个方面发挥对社会

---

① 中国发展研究基金会. 中国发展报告 2021—2022：走共同富裕之路 [M]. 北京：中国发展出版社，2022.
② Philip Coggan. A Painful Era of "Spend but Don't Tax" Faces Investors[N]. Financial Times, 2022-9-13; J. Paul Horne. America Has to End Its Toxic Tax Debate[N]. Financial Times, 2022-9-19.

福利体系的支撑作用：其一，增强税收的累进性质，税收主要应该由那些收入最高和极高的群体负担，而不是更多地摊在中等收入群体身上；其二，提高征税效率，做到应收尽收和应缴尽缴；其三，实现税收与基本公共服务供给的体制协调，让低收入和脆弱群体获得社会扶助，过上符合社会必要水平的体面生活。

从人类发展水平排在前 30 位的国家来看，税收水平（税收收入占 GDP 的比重）大都很高，比世界平均水平高出近 50%。这个数据来源中的"税收水平"主要反映中央政府一级的财政，并且不包括社会保障缴税（费），因而低估了一些国家的税收水平。剔除这些因素后，人类发展水平最高的国家的税收水平高于世界平均水平的幅度更超过 60%。不仅如此，这些国家在幸福指数榜上的排位也相当于它们的 HDI 位次。也就是说，高税收不仅并不削弱幸福感，反而是增进幸福感的必要条件。

第四部分
人口负增长时代的发展机遇

第十四章
更高发展阶段的政府作用

任何国家的实质性进步都需要通过两个不可或缺、相互补充的过程予以推动，体现在经济发展和社会发展两个方面。如何实现经济发展和社会发展之间的均衡，是关于发展的多学科研究的永恒话题，是公共政策制定中必须做出的抉择，各国的发展实践也提供了大量的经验和教训。在改革开放时期，中国创造了经济高速发展和社会长期稳定两个奇迹，意味着在这个方面交出了教科书级的合格答卷。与此同时，当我们讲到中国的发展仍然存在不平衡、不协调、不可持续的问题时，也包括经济发展和社会发展尚未取得应有的均衡和协调。

中国的发展已经进入崭新的阶段，一方面，经济社会发展在更高水平上实现均衡的任务更加紧迫；另一方面，做到这一点的必要条件，即观念转变的时机趋于成熟，同时涌现出新的实践机会。通过更好地界定政府职能，转变发展模式和实现范式转换，从理念、政策和实践上拓宽发展的内涵，经济和社会发展可以在更高水平上实现均衡。本章讨论中国在新发展阶段应该怎样推动理念和做法的除旧布新，同时围绕"分好蛋糕"是"做大蛋糕"的前提、分享生产率是提高生产率的前提介绍一些规律性的事实，提出相应的政策建议。

经济社会发展的更高水平均衡

此前章节论及的制高点要求也好，"瓦格纳加速期"规律也好，都表明对应着这样一个更高的发展阶段，需要在经济发展与社会发展之间取得更高水平的均衡。如前所述，更高阶段的经济发展任务可以用高质量发展作为内涵提出要求，更高阶段的社会发展任务则可以从中国式福利国家建设的角度提出要求。为了认识在中国语境中，即在迈向高收入的阶段和基本实现现代化的过程中，具体来说在今后一二十年里高质量发展与社会福利体系之间的均衡点，我们需要进一步讨论这两种更高形态的经济和社会发展之间的内在关系是什么，以及在达到更高水平均衡的过程中，如何更好地发挥政府的作用。

在较低的经济发展阶段，讨论政府职能的核心话题和难点是如何以最恰当的分寸处理好"做得太少"与"做得太多"之间的微妙关系。这方面以"刘易斯悖论"为典型，刘易斯曾经指出一个事实："政府的失败既可能是由于它们做得太少，也可能是由于它们做得太多。"[1] 在很长的时间里，囿于这个悖论，人们认为政府和市场的作用范围存在一种此消彼长的关系，学术讨论津津乐道于"少"与"多"的权衡取舍，政策制定则在两者之间游移不定，实践中往往形成钟摆式的起伏波动。

政府做多还是做少的权衡也反映一个国家在经济发展和社会发展的支持政策力度上存在取舍关系。在一些国家的经济史上，这样的权衡行为与政治周期（即竞选和政府更替）结合到一起，就形成了所谓的"弗里德曼周期律"。一旦选择错误或者产生过犹不及的结果，往往在较长的时间里都难以纠正。这种循环往复的政治取向和政策目标调整，出发点是政治集团争取选票，通常也确实会在特定时期给那些承诺变化的政治家带来收益。然而，即便这样那样的变化是一种纠错机制，也的确有可能在某个时刻纠正错误，钟摆摆动的时间过长，以及矫枉过正的做法，往往给全社会造成损失。

一个教训是，"弗里德曼周期律"的作用经久不衰，并产生不绝如缕的表现，在于同时存在的政策侧重点，不仅表现为政策实施倾向上的钟摆现象——周而复始的时间过久、节奏太慢，还表现为在权衡取舍中的摇摆不定，"周期律"变成了同一时间点上的空间纠缠。对于摆脱这种长期和短期的钟摆现象，在时间维度上表现出来的发展阶段变化往往会提供做出改变的最佳时机。

---

[1] 阿瑟·刘易斯. 经济增长理论 [M]. 梁小民，译. 上海：上海三联书店，上海人民出版社，1994.

也就是说，在国家进入更高发展阶段的情况下，在一定程度上便具备了"告别取舍"的条件。虽然在任何发展阶段都有必要性和可能性，尽可能好地达到经济和社会发展的均衡，然而如果未跨过必要的发展阈值，这种选择终究是两难。这里所谓的阈值有两个含义：第一，在人均收入尚未达到某个水平，即整体来说还存在匮乏问题时，实现均衡或多或少要靠取舍达到；第二，如果传统挑战和风险仍然很强烈，政策取向和优先序就难以改变，做出转变的政治经济成本就会大于收益。既然在政策选择上分寸的拿捏难度太大，在实践中犯错的概率也就较大。

在更高的发展阶段，譬如在人均收入水平达到高收入国家门槛之后，这种两难局面在很大程度上就消失了。也就是说，整体上达到的收入水平可以满足全体人民的基本生活需要，政府可以在较小的程度上直接干预经济活动。一般来说，政府做得太多的弊端主要表现在经济活动领域。但是，在总产出不充分的情况下，一方面，出于刺激经济增长的急切动机，政府不愿意放弃对经济活动的直接干预；另一方面，出于对伤害激励和效率的担心，政府难以理直气壮地扩大社会福利。

可以说，一个匮乏的社会如果不能在推动经济增长方面做到满弓紧弦，就不足以保障全体居民的温饱。反之，一旦政府不必过度纠结于这些掣肘因素，政策转变便更加顺理成章。经济产出和财富积累达到一定的程度，社会对公平正义的需求显著增强，促使政府转向更多的再分配，着眼于补足社会发展中的短板。这时，政府无须再在做多还是做少的两难中抉择，在物质需求不再是基本制约的条件下,公平正义保障和基本公共服务供给可谓多多益善。不仅如此,一系列与更高发展阶段相伴随的挑战和风险日益严峻化、清晰化,也必将使政府改变政策的成本收益考量发生变化。

在当代世界上,各国共同面对的三大趋势分别是新技术革命、经济全球化和气候变化。诚然,这些趋势给人类带来无限的机遇,能够始终抓住机遇就意味着可以不断提高社会福祉。同时,这些趋势带来的挑战、风险和冲击也是巨大的:一方面,挑战和风险一视同仁地给社会带来冲击;另一方面,人口特征差异决定了每个人或每个家庭承受风险的能力大相径庭。因此,社会上必然有一些群体会受到这些风险直接或间接的伤害。这时,扎牢社会保障安全网,以及推动更广泛的社会福利体系建设,在政府那里就有了最高等级的政策优先序。

发展内涵转变:超越GDP

在经济思想史上,由各种话题引起的学术争论并不鲜见。经济增长和社会发展究竟哪一个应该处于政策的优先位置,是一个历久弥新的话题和争论焦点,最近一次引人注目的争论在两位印度裔著名经济学家之间展开。2013 年,在具有全球影响力的期刊《经济学人》最不起眼的"读者来信"栏目中,先后刊登了巴格瓦蒂和森的来信。前者发难在先,严厉批评森一贯只讲再分配而忽视经济增长的倾向，并称其本末倒置。森的答复是，自己从未忽视经济增长，但是印度的最大短板始终是教育、卫生和营养等问题，政府在这些社会发展方面的投入严重不足。

这种争论终究得不出孰是孰非的结论。从两人争论的内容和口吻中，人们反而发现他们在这个问题上其实没有表面上那么大的分歧。也就是说，巴格瓦蒂从不反对在教育和健康这样的社会领域进行投入，而森也坚决否认自己认为经济增长不重要。显然，人们可以轻而易举地从这个争论中得出折中的结论，即发展过程应该同时兼顾经济增长和社会发展，保持两者之间的协调均衡。但是，如果承认两个世界级经济学家之间的唇枪舌剑并非只是因彼此心怀芥蒂而导致的意气用事之举，我们则应该思考得更加深入一些。

巴格瓦蒂的确更加强调经济增长，他与人合作撰写的著作就是以"增长为什么重要"为标题的。① 在书中，他把印度的改革区分为两条轨道，第一条是促进增长并因此实现减贫的改革措施，第二条是旨在提高健康和教育等公共服务的改革。最突显其理念之处在于，巴格瓦蒂提出所谓"肩膀说"，即第二条轨道必须站立于第一条轨道的肩膀之上。可见，在经济增长与社会发展孰先孰后这个问题上，关键点及微妙之处在于时机。如果按照"肩膀

---

① Jagdish Bhagwati, Arvind Panagariya.Why Growth Matters: How Economic Growth in India Reduced Poverty and the Lessons for Other Developing Countries[M]. New York: Public Affairs, 2013.

说"或"时机说"的逻辑，对巴格瓦蒂的改革思路予以扩展，至少在表面上与森的观点也就不那么针锋相对了。

在坚信时机问题重要的前提下，我们暂且将其搁置一下，先从以下方面理解为什么增长十分重要。从经济增长的早期阶段来看，在一个极度贫困的国家，增长几乎是从零起步，所以能够推动经济起飞的改革措施是头等重要的，否则经济增长甚至不能产生一个必要的基数。从维持经济增长来看，无论处在何种发展阶段或者时机如何，只要经济增长的步伐停下来，其他一切都将灰飞烟灭。

我们可以从 GDP 的两个特性来理解这个结论。从收入法视角来看，与再分配相关的社会福利支出项目都体现为经济循环中主体之间的支付转移，与经济活动构成一损俱损、一荣俱荣的关系，一旦经济增长停止，也就没有了来源。从支出法视角来看，GDP 并不是一个存量概念，不是可以留在那里慢慢享用的东西，而是一个流量概念，对应着每时每日生产出的产品和供给的服务，消费者、投资者、政府和进口者随即予以支付和使用。因此，GDP 的创造必须持续不断，才能维持必需的衣食住行、储蓄投资和社会福利。

森的发展思想也非简单地倡导再分配，而是着眼于提高人的"行为能力"。在《以自由看待发展》一书中，森实质性地丰富了发展的内涵和外延。[①] 在他看来，发展是拓展人们享有真实自由

---

① Amartya Sen.Development as Freedom[M]. New York: Alfred A. Knopf, 2000.

的过程。他在这里所说的"自由"并不是抽象意义上的概念，而是实质性的状态，指人们有理由珍视的那种生活的行为能力。可见，森认为人的全面发展的要求无法仅以物质方面的满足得到表达。

森以目的、手段和承诺这样一个三位一体的框架完整地阐释了他的发展思想。第一，自由作为发展的首要目的，是一个建构性的、无须进行实证检验的因而先验地独立存在的命题。第二，自由作为促进发展不可或缺的手段，是一个工具性或实证性的命题，可以分别由"自由可以促进发展"及"抑制自由便会阻碍发展"这两个事实予以检验。正如森所指出，政治自由、经济条件、社会机会、公开性和社会保护等权利和机会都能够单独或共同提升人的行为能力。第三，人的行为能力的提升归根结底取决于国家和社会的承诺及相应的制度安排。以社会扶助的方式扩大自由，是社会对个人的责任和承诺。

这就是说，一旦我们从根本上摆脱了物质产出不足的局限，社会或政府就应该以人的行为能力为准绳，无条件地提供覆盖全民和全生命周期的基本公共服务。虽然森本人始终不愿为这些"行为能力"列出一个清单，但是通过哲学家玛莎·努斯鲍姆的列举和说明，我们可以了解这些行为能力的内容和范围，即生命、健康、身体完整、感官、想象力、思维力、情感、实践理性、归属关系、与其他物种的关系、玩耍和控制自身所处环境等方面。[①]

---

① Elizabeth Stanton.The Human Development Index: A History[R]. PERI Working Paper No. 127, 2007.

也就是说，举凡物质生产不能涵盖而只能通过社会发展予以保障的方面，大都名列于这个清单。

同时还可以看到，面对气候变化和生物多样化带来的人类生存挑战，以公共品供给的方式做出相应制度安排也属于扩大人的行为能力的必要之举。按照罗默的内生增长理论的逻辑[①]，人类的经济活动可以按照两个时代进行区分，这两个时代不仅在时间上具有相互继起的关系，在空间上也具有长期并存的关系。在马尔萨斯时代，经济增长主要是开发和转化有形的资源，所以人口过多会导致经济活动过度，就会强化资源的稀缺性。在后马尔萨斯时代，相比物理形态的资源，创意具有了更重要的意义，其有助于更有效率地把资源转化为产出。人口越多，创意越多，经济增长的可持续性反而越强。

实际上，罗默并没有像经济史学家那样使用"马尔萨斯时代"和"后马尔萨斯时代"的划分，他的本意是指存在一个人类的早期时代，那时创意完全不起作用，用以区别于创意具有实质性意义的人类时代。所以，他有时还使用"更新世"（Pleistocene）这样更为久远的地质年代的比喻表达同样的意思。这样就更有利于我们接下来的讨论，因为在罗默的概念中，在创意对于经济增长的作用与日俱增的同时，人类也就进入了所谓的"人类世"（Anthropocene），人类活动对地球的影响越来越显著，直至导致如今的气候和生物多样化危机。

---

① 参见 https://www.econtalk.org/paul-romer-on-growth-cities-and-the-state-of-economics/。

从这个意义上讲，旨在提高生产率的创意越多、越高明，对地球的损害只会更大。根本性的解决方案终究在于未来的技术发展，也就是靠人类的创意消除温室气体排放、实现碳中和。与此同时，更加注重社会发展和社会福利体系建设也有助于携手科技解决方案达到这种境界。一般来说，面对不确定的时代和不安定的生活，个体的反应往往是更强烈的物质追求和财富积累，反而造成合成悖论，强化不可持续增长模式的激励。而用社会共济的方式消除不确定性和控制风险则不会加大对物质生产的压力，同时营造出创意喷涌的社会氛围。

无论在怎样的人均收入水平上，如果能够实现更加公平的分配，保障最基本的生活水平和公共服务，就可以相应减少对地球的索取。而在更高的发展阶段，当人的需求更多地转向人文追求时，创意就不再仅仅是罗默意义上旨在扩大资源开发强度的能力，而更符合森所倡导的那种能力，服务于扩大人的自由选择范围。这样的发展更加环境友好，更符合生态文明理念。

从"做大蛋糕"到"分好蛋糕"

2011年，中国15~59岁劳动年龄人口达到峰值，标志着人口红利从此加快消失。按照2012年世界银行的标准，人均GDP在4 086~12 615美元区间的国家被划分到中等偏上收入国家这个组别。也就是说，从2012年起，中国以中等偏上收入国家的身份（人均GDP达到6 301美元），经济增长速度进入下行区间。尚处于中等收入阶段便不再能够保持以往的增长速度，这种现实一度使得人们怀疑中国是否会落入所谓的中等收入陷阱。根据拉丁美洲一些国家的经验，收入分配状况的恶化是中等收入陷阱的突出表现之一。

在一定的发展阶段，经济增长减速可以说是一种规律性的现象。判断一个经济体是否受困于中等收入陷阱，并不在于看其经济增长速度是否有所降低，主要应该看增长速度下降的幅度是否合理，以及是否出现收入分配状况的恶化。从事后来看，中国成功地跨越了中等收入阶段，避免了很多国家在类似发展阶段的覆辙。我们可以从以下两个方面来观察。

首先，中国经济的实际增长率符合潜在增长率。我们可以从两个方面确认，在这个时期，中国经济的增长速度处在合意区间。一是把GDP潜在增长率与实际增长速度进行比较，研究估算表明，2011—2015年，中国经济的潜在增长率为7.6%，实际增长率为7.5%；2016—2020年的潜在增长率为6.2%，2016—2021年的实际增长率达到了6.0%。[①] 二是从跨国比较来看，2011—2021年，中国的GDP增长率达到6.7%，显著高于中等偏上收入国家平均水平（4.6%）、世界平均水平（2.6%）和高收入国家平均水平（1.6%）。

其次，在增长速度下行期间，中国的收入分配状况获得了一

---

① 蔡昉. 双侧记：人口老龄化如何影响中国经济增长？[J]. 比较，2021（2）.

定的改善。如图 14-1 所示，三种反映收入差距的指标分别为：帕尔玛比值，即居民中最高 10% 收入组的收入份额与最低 40% 收入组的收入份额之比；城乡收入差距，即城镇居民人均可支配收入与农村居民人均可支配收入之比；居民人均可支配收入基尼系数。这些反映收入差距的指标在 2010 年前总体上处于逐年上升的趋势，在 2010 年前后分别达到峰值，此后均有所下降，近年来保持在相对稳定的水平上。

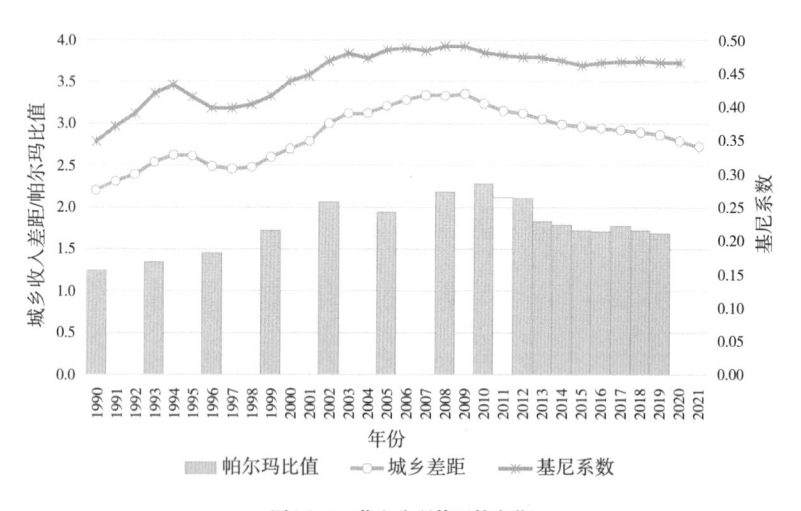

图14-1 收入分配状况的变化

资料来源：计算帕尔玛比值的数据来自世界收入不平等数据库，网址 https://wid.world；城乡差距和基尼系数来自国家统计局"国家数据"；早年的基尼系数来源可参见 Fang Cai. China's Economic Growth Prospects: From Demographic Dividend to Reform Dividend[M]. Cheltenham: Edward Elgar, 2016。

可以说，2011 年以来，中国以合意的增长速度和收入分配得到改善的表现总体上已经跨越了中等收入阶段，这是一个了不起的成绩。然而，在新发展阶段，中国保持合理增长速度和进一步改善收入分配，既是必须达到的要求也面临更大的挑战。应对这一挑战，政策理念需要实现根本性的转变，即从"做大蛋糕"以便"分好蛋糕"的范式转向"分好蛋糕"才能"做大蛋糕"的范式。如果说以往的政策抉择总要在增长与分配之间进行两难权衡和取舍的话，由于社会总需求已经成为增长的制约因素，所以直接着力于改善收入分配的努力同时也具有促进经济增长的效果。

围绕收入差距的变化规律，学者和政策制定者一直进行着孜孜不倦的探讨。一个理论上的参照系就是"库兹涅茨倒 U 形曲线"，即宣称随着人均收入水平的提高，收入差距遵循一个先扩大达到峰值后转而缩小的变化轨迹。这个概括遭到很多人的猛烈批评。例如，皮凯蒂提出的不等式 $r > g$，即资本收益的增长永远大于产出或劳动收益的增长，表明收入差距是不断扩大的，与库兹涅茨的"倒 U 形"假设就是完全相悖的。与其说库兹涅茨曲线的错误在于统计规律不符合事实，毋宁说是人们在理解该现象时以为其背后暗含着"涓流效应"的假设。

其实，库兹涅茨和皮凯蒂的假设都基于一定的事实，我们从理论上和经验上完全可以将其统一起来。也就是说，假如我们摒弃涓流经济学的出发点，即不再假设收入分配可以自然而然地得到改善，而是突出强调再分配政策的作用，就可以把库兹涅茨曲线作为一种政策目标，通过人为的努力使收入差距在恰当的时机进入不断缩小的轨道。为了说明这一点，我们来观察随着人类发展水平的提高，反映收入差距的基尼系数呈现怎样的变化趋势。

如图14-2所示，我们用152个国家的数据展示人类发展指数和基尼系数之间的关系。即便我们还不能理直气壮地宣称这里存在库兹涅茨的倒U形关系，毕竟可以观察到，随着人类发展水平的提高，收入差距缩小的趋势显而易见。特别值得注意的是，在人类发展指数处于0.7～0.8这个水平区间时，基尼系数下降的幅度明显加大，并且降低到0.4这个基准水平之下。根据联合国开发计划署的数据，2021年中国的人类发展指数为0.768，正好处在应该加快缩小收入差距的发展阶段。

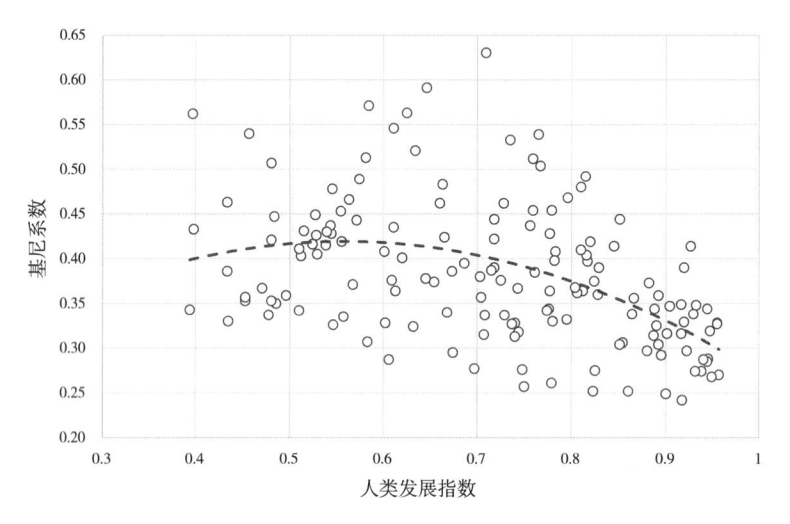

图14-2 人类发展水平与收入差距

资料来源：The United Nations Development Programme. Human Development Report 2021/2022: Uncertain Times, Unsettled Lives: Shaping our Future in a Transforming World[M]. New York: UNDP, 2022.

在经济学文献中，以往的研究大多以人均收入水平与收入差距指标进行比照，检验库兹涅茨曲线是否成立。撇开每种研究采用的具体计量技术不说，库兹涅茨本意只是也只能指出经济发展水平与收入差距之间的相关关系①，而无法直接揭示我们期待看到的因果关系。然而，用人类发展指数与基尼系数相比照的观察则可以弥补这种不足。由于人类发展指数能够比较全面地反映政府的再分配力度、基本公共服务的供给水平及由此产生的社会发展成效，在其与收入分配状况的关系中，自然就蕴含了作为缩小差距的手段的相关信息。换句话说，在特定的发展阶段，借助政府再分配手段缩小收入差距不是一种随机的巧合，而是一种主动的选择。

如何兼顾"创造"与"破坏"

说到通过再分配"分好蛋糕"，并不应该仅仅理解为用政策手段直接改变收入分配的结果，在很多情况下，再分配更主要是依据社会保护、社会共济和社会福利的理念，通过提供更好的基本公共服务发挥其功能。与这种形式相对应，通过"分好蛋糕"为"做大蛋糕"提供保障，也就相当于说，中国式福利国家的建设恰恰是创造性破坏机制得以发挥作用的前提，可以为生产率的提高保驾护航。

在1984年美国经济学会第96届年会上，远道而来的德国经

---

① Simon Kuznets.Economic Growth and Income Inequality[J].American Economic Review, 1955, 45(1):1-28.

济学家赫伯特·格尔施大胆预言，经济学将从此进入熊彼特时代。[①]这个判断的针对性在于，在那个时期，西方国家过分注重以宏观经济政策刺激增长，而忽略创新对于经济增长可持续性的重要作用。可见，格尔施强调的是经济学范式的转换，旨在由此激发经济增长的新动能。中国正在加剧的人口老龄化给经济增长（特别是生产率的提高）及经济增长模式的转变带来一系列严峻的挑战，为了有效应对这些挑战，中国需要在生产率研究方面进行深刻的范式转换。

生产率本质上是资源配置和重新配置效率。从理论上阐释资源重新配置从而提高生产率的过程，有两个著名的经济学范式，分别可以清晰地刻画库兹涅茨式的产业结构变化和熊彼特式的创造性破坏。库兹涅茨式的生产率源泉与人口红利密切相关，主要表现为农业剩余劳动力向非农产业（即生产率更高的领域）转移。总体来说，这种提高生产率的方式具有帕累托改进的性质，即劳动者、农户和非农产业的企业均从中获益，任何市场主体和人口群体都不会因此成为输家。在人口负增长时代，这一生产率提高的源泉尽管并没有枯竭，但毕竟已经趋于式微，亟待开启不再依赖人口红利的生产率提高模式。

熊彼特式的生产率源泉来自企业家在日常经营中的创新，以及在发生经济衰退时进行生产要素的重组，通过优胜劣汰机制让

---

① Herbert Giersch.The Age of Schumpeter[J]. American Economic Review, 1984,74(2): 103-109.

高生产率企业生存和扩张，使低生产率企业消亡或退出，达到创造性破坏的境界。可以预期的是，在这种生产率提高的过程中，市场主体的命运不尽相同，必然是有成有败、有赢有输，其结果也会使一部分劳动者被迫转岗，或者陷入失业的境地。在西方经济学和政治传统中，主张自由至上的一派对此毫无顾忌和担忧。例如，直到最近仍有作者引用 20 世纪 20 年代担任美国财政部长的安德鲁·梅隆的名言：清算工人、清算股票、清算农民、清算房地产。[①] 也就是，让人与物一起被市场无情地清算。

虽然拥抱创造性破坏意味着我们应该接受夕阳产业、传统技术、过剩产能、低效企业乃至过时岗位的退出，但是这些物质形态的产能、要素和主体绝不能与作为劳动要素载体的人相提并论。社会不应该听任任何个人或人口群体成为输家，基本生活受到不利的影响。而这种理念常常被低效企业和夕阳行业用作寻求保护的借口。

可见，在新发展阶段，在提高生产率的迫切要求与现实手段之间形成了某种两难抉择。一方面，直接针对经济活动的政府保护不可避免地造成低效市场主体继续生存，致使经济整体的生产率被稀释；另一方面，面对企业倒闭、职工失业的现象，宏观政策又不能听之任之、无所作为。这种两难现象不仅通常成为低效企业寻求保护的借口，也给了地方政府保护企业的动机。所以，打破生产率难以提高的索洛悖论，需要借鉴凯恩斯悖论的思路，

[①] Martin Wolf.The Battle over Monetary Policy[N]. Financial Times, 2022-7-30/31.

从生产率的分享着眼和入手，在生产率提高的同时，从社会层面保护好劳动者。

这就是说，通过以基本公共服务供给为主要手段进行的再分配，不仅不是非生产性的零和博弈，而且恰恰是可以兼顾公平与效率的重要制度。彻底放弃收入差距随着经济发展水平的提高可以在初次分配领域自然而然地缩小的幻想，在政策上就需要确保社会福利支出占经济总量比例的增长始终与整体生产率的提高保持同步。北欧模式的成功表明，把社会保护作为经济健康发展的手段和保障，福利型国家与竞争型国家不仅完全可以并行不悖，而且互为必要条件[①]，体现了把优胜劣汰与社会保护两种机制有机结合的理念和实践。

---

① 参见克劳斯·彼得森. 为福利而增长还是为增长而福利? 北欧国家经济发展和社会保障之间的动态关系 [M]// 郑功成, 沃尔夫冈·舒尔茨. 全球社会保障与经济发展关系: 回顾与展望. 北京: 中国劳动社会保障出版社, 2019: 230-238。

第十五章
把握正在发生的大趋势

在 2020 年这个标志性的年份,中国历史性地消除了农村绝对贫困现象,实现了全面建成小康社会的目标,同时开启了全面建成社会主义现代化强国的新征程。中国经济进入的这个崭新的发展阶段既处在重要的战略机遇期,也面临来自国内外的严峻挑战。未来是当下的继续,而当下连接着过去。在遭遇新冠疫情冲击之前,中国经济经历了人口红利开始消失的 10 年,完全做到了对经济发展新常态的认识、适应和引领。中国经济从新冠疫情冲击中复苏,也恰逢人口达到峰值继而开始负增长,因而经济增长面临供需两侧新挑战的关口。

认识这些变化和转折发生的必然性、相互间的同步性和后果的复杂性,是我们思考应对措施进而认识政府、企业和个人在未来发展中各自作用的必要出发点。中国经济社会所面临的这个大趋势也提出了关于发展本身的思维方式转变和研究范式转换的要求。本章结合此前各章的讨论,进一步提炼一些重要的特征化事实，强调在理论上进一步做足准备，在政策上进行相应的调整，在行动中做出积极的反应，着眼于近期复苏与长期发展的对接，对中国经济发展进行展望。

认识、适应和引领发展阶段

从人口负增长和日益加剧的老龄化这个背景出发，我们可以具体观察中国经济社会发展面临的挑战和机遇，有助于认识、适应和引领新的发展阶段。这里，"认识"不应该仅限于初步了解趋势的变化，还需要在理论上形成更透彻的洞察力，从方法论的角度形成辩证思维框架。唯其如此，才能使各种经济活动参与主体做到顺势而为，适应和引领新发展阶段，把握正在发生的大趋势。

基于此前章节的分析，我们可以做出这样的提炼，即在这个崭新的发展阶段，挑战和机遇已经不像传统二分法显示的那样泾渭分明，而是越来越具有你中有我、我中有你的关系特点，或者说迎接挑战和抓住机遇已经成为同一时刻的同一个过程。从这个辩证思维出发，深入分析中国面临的挑战和机遇，我们可以归纳出以下几个特征化事实。

首先，高质量发展往往形成于供给侧冲击导致经济增长减速的时期。在收获人口红利的发展阶段，生产要素的供给有较大的潜力，配置和重新配置有充分的空间。这方面的增长潜力尚未耗竭，尚有足够大的空间进行挖掘的条件下，以要素投入驱动经济、靠劳动力转移获得重新配置效率仍是占据主导地位的增长源泉。在发展阶段变化的情况下，一旦传统增长源泉开始式微并迅速消失，通过技术创新和制度创新提高劳动生产率，就应该逐渐成为占据主流地位的增长方式。同时，在生产率驱动型的增长模式下，也根据先后顺序区分为两个过程，起初劳动生产率的提高更多依靠资本对劳动的替代，而随着资本报酬递减现象出现且日益突出，全要素生产率变得越来越重要。

其次，破除社会总需求因素特别是消费制约的举措具有手段和目标相统一的特征。在人口负增长时代，社会总需求的扩大受到诸多抑制，从而日益成为经济增长的常态制约。缓解乃至破除这种需求侧制约，特别是扩大和强化居民消费的各项政策举措，包括在三个分配领域改善收入分配状况，提高基本公共服务供给水平和均等化程度，从相对脆弱同时规模庞大的群体（老年人、农民工和脱贫农户等群体）入手，培养和壮大中等收入群体，等等，既有利于扩大消费，挖掘超大规模市场，也达到提高人们生活品质和社会福利水平的效果，有利于实现全体人民共同富裕的目标。

最后，供给侧和需求侧的改革可以把创造和分享改革红利的过程毕其功于一役。供给侧改革的红利通常表现为潜在增长率的提高，需求侧改革的红利则表现在社会总需求对增长更有力的保障方面。总体来说，早期的改革具有较突出的帕累托改进性质，即任何参与方从改革中获益都不会以其他参与方的受损为代价。

在那个阶段，改革往往采取循序渐进的方式，遵循步步为营的原则，各参与方对改革的成本和收益往往是锱铢必较。

随着改革的深入，从改革的成本收益比较来看，低垂的果子已经被摘取殆尽，当前和今后的改革越来越需要付出更大的边际努力。因此，在更高的发展水平上和相对完善的体制条件下，推进改革需要有也可以有不尽相同的方式。一方面，既然改革红利仍然存在且显著，就意味着可以获得有利于经济增长的净收益；另一方面，改革成本的分担和收益的共享如今不再是一个自然而然的结果。

在新发展阶段，推进改革应该遵循卡尔多-希克斯改进原则，也就是说，在改革能够带来红利的前提下，应该把改革成本的分担和改革收益的分享，甚至把对某些既得利益群体的必要补偿，都纳入改革的顶层设计。在这种改革方式下，只要改革的方向正确、改革的决心坚定，就可以遏止既得利益的阻挠，克服出于成本收益考虑的犹豫彷徨，化解推进途中的种种风险，使改革在理论上不再具有零和博弈的性质，在实践中不会成为"深水"和"险滩"。

不确定性的经济学

中国在向市场经济转变的过程中，虽然经历过各种周期性的冲击，但总体上保持了宏观经济的稳定。无论是面临的国际政治和全球经济环境，还是国内经历的发展阶段变化，抑或气候变化带来的发展挑战，不仅具有周期性的表现，更意味着发展的不确定性的增强。承认不确定性的客观存在并不表明需要认同不可知论甚至宿命论，政府的政策制定也好，企业和个人的应对行动也好，都应该也能够对风险做出积极的反应，也完全可以驾驭这种不确定性。为了确保各种主体做出的反应是恰当、有效的，作为理论指导的经济学面临范式的转换。

市场经济的运行往往是在周期性地遭遇宏观经济波动中进行的，技术革命及其引领的产业革命不可避免地给经济增长带来长波周期，经济全球化和国际经贸环境总是经历着钟摆式的周而复始，气候变化既是一种长期的生存危机，也常常以突发的灾难性冲击表现出来。未来中国经济的增长必然面临所有这些风险挑战，遭遇周期性冲击也在所难免。

凡事预则立。作为一种思想准备，我们应该从以下几点做到未雨绸缪。首先，需要时时保持风险意识，积极防范各种"灰犀牛"和"黑天鹅"事件，不要心存侥幸。其次，一旦冲击不期而至，需要做出准确的判断和正确的应对。这里讲"准确"和"正确"，并不意味着苛求政策制定和实施必然弹无虚发、手到病除，但是随时总结经验、修正方向和调整措施就可以把误差控制在尽可能小的范围内。最后，我们还需要把传统经济学研究的周期视角扩展为与未来趋势更吻合的不确定性考量，这就要求实现思维方式的转变和研究范式的转换。

从政策角度来说，在遭遇冲击时，认清冲击的性质是基础的一步,是能够做出合理应对的认识论前提。既然经济增长总是要面对这样那样的冲击,经济理论的很多分支和流派都针对特定的冲击类型,分别具有解释力和启示意义;经济史也给我们留下了汗牛充栋的经验和教训,不无针对性和镜鉴意义。虽然没有人敢打包票,声称这些理论和经验中的任一部分能够为任何国家提供唯一正确的应对冲击之策,但是这些有益的知识财富毕竟可以帮助后来者尽可能避免重蹈覆辙或走弯路。

换句话说,各种理论模型、经验积累和政策工具共同打造了应对经济冲击的十八般兵器。一方面,这个兵器库越是丰盈和丰富,越有助于扩大关键时刻的政策选择空间。由于在不同的时间和不同的地点,事件发生的情形都会存在差异,既然各种备选方案之间不仅是择优汰劣的关系,而且可以交叉、融合和互补的方式展示它们的价值,我们可以预期的是,各种理论和政策储备都有机会因地、因时制宜地采用。另一方面,我们也应该根据变化了的实践及得到提升的知识主动寻求和推动理论范式的转换,对经验和教训进行重新叙事,指导未来的中国经济发展。

宏观经济学包括短期和长期两个视角,周期理论的研究涉及应对各种短期经济波动的政策工具及其有效性。其中,针对以1929—1933年大萧条为代表的经济危机原因的探讨,被视为宏观经济学的"圣杯"。这一领域的理论权威和实践者伯南克获得了2022年诺贝尔经济学奖。增长理论不仅探索国家兴衰之源,还从较长期的视角研究周期和波动问题。这方面的热点领域之一是对人口老龄化导致的"长期停滞"现象,以及与之相关的量化宽松政策取向的研究。从问题导向出发，既然中国面临的增长制约已经转到需求侧，用来分析中国经济的增长理论需要实现从关注供给侧到同时甚至更加关注需求侧的范式转换。

增长理论还热衷于探讨生产率提高的途径，因而也就要关注技术创新和科技革命等话题。虽然微观层面的创新是持续不断、层出不穷的，但是作为一种蜂拥现象的科技革命从来不是直线式一往无前的，因此这个领域也涉及周期、波动和不确定性问题。任何一个国家在遭遇冲击的情况下，伴随着经济增长的受损甚至中断，创新活动也可能受到损害。与此相关的产业政策研究常常会产生一个倾向，把占据科技革命先机作为一种国际竞争，在极端的情况下，也就是受到地缘政治的干扰，一些国家还会把技术脱钩作为打压他国的手段。

借助此前讨论过的熊彼特范式，我们可以知道，企业家的职能之一就在于在经济衰退的过程中重新组合生产要素，从微观层面获得企业盈利的同时，在整体经济层面促进全要素生产率的提高。既然冲击会以一种不以人的意志为转移的方式造成难得的创造性破坏结果，充分抓住和利用这个提高生产率的难得时机，就应该纳入思维方式和研究范式，并在政策和实践中予以妥善的应用。

国际经济学也需要与周期问题打交道，经济全球化一直具有起伏跌宕、盛衰交替的特征。从20世纪90年代开始的这一轮全球化高潮导致了各国经济增长的趋同、全球大规模的减贫和世界经济的多极化，这本来是经济全球化的预期效应，在以往的全球化高潮中从未达到过。然而，一些发达国家把自身无法解决的问题归咎于自由贸易、对外直接投资和产业外迁，纷纷诉诸体现民粹主义、民族主义、保护主义和单边主义思潮的逆全球化政策。在很大程度上，各种手段都以中国为竞争对手，极尽遏制和阻挠之事。新冠疫情期间，供应链的断裂也加剧了这一趋势。

面对这种大变局，经济研究中一种有代表性的回应是修改传统的比较优势理论，借助全球政治经济学的框架来认识大国博弈中的对抗倾向。[①]也就是说，政治家获得政治支持（即赢得所需选票）的动机最终会压过通过国际分工尽皆获益的经济学逻辑。也有一种观点认为，即便在政治考虑或者政治经济学考虑之外，也有足够多的理由，需要借助本土化创造产业韧性的优势，克服过度追求效率的全球化脆弱性。[②]

其实，这些观点旨在说明，经济固然可以全球化，政治终归是本土性的。这样的政治经济学范式虽然有助于人们从理论上认识逆全球化的趋势，抓住以中国为假想敌的对抗行动的根源，但是它无助于从政策上找到破解僵局的解决方案。按照这种范式的逻辑，逆全球化是一个可以得到确认的必然过程，因此，各国只能接受这个现实。

---

① 参见 Paul Samuelson. Where Ricardo and Mill Rebut and Confirm Arguments of Mainstream Economists Supporting Globalization[J]. Journal of Economic Perspectives, 2004,18 (3): 135-146；张宇燕、夏广涛即将发表的《技术、权力与福利：大国博弈的政治经济学分析》。

② Rana Foroohar.My Guide to a Deglobalising World[N]. Financial Times, 2022-10-22/23.

中国做出有利于自身发展的政策抉择的依据是全球化及世界经济自身的变化逻辑，而不是国际政治经济学，也不是基于他国情况的政治学逻辑。这包含三个方面的取向：第一，基于已取得的技术水平、得天独厚的规模经济、集聚效应和超大规模市场，获得新的比较优势和国际竞争力；第二，利用世界经济多元化、多样化和多极化的新格局，在更高水平上和更宽广的范围内继续开放；第三，通过中国式福利国家建设，更充分和广泛地分享发展成果，构建社会凝聚力和可持续发展韧性，实现公平与效率的有机统一。

不断完善的社会福利体系是应对各种风险和冲击因素的最后保障手段。经济学认识到社会保护的必要性，也着力于探索如何把握公平与效率之间的平衡，政策抉择中也尝试处理安全感与灵活性的相互促进关系。例如，致力于促进经济社会发展统一的联合国开发计划署就有计划地撰写了关注人类安全的三部曲，即2019年关注不平等、2020年讨论人类世风险及2022年以不确定时代和不稳定生活为主题的人类发展报告。[1]可见，在更高的发展水平上，面对更多的不确定性和不安定感，需要把认识向前推进一步，即福利经济学和社会哲学也面临范式的转换。

美国政治哲学家迈克尔·桑德尔列举出实现公平正义的三条

---

[1] 参见联合国副秘书长、联合国开发计划署署长阿奇姆·施泰纳为《人类发展报告2021/2022》撰写的序言。The United Nations Development Programme. Human Development Report 2021/2022: Uncertain Times, Unsettled Lives: Shaping our Future in a Transforming World[M]. New York: UNDP, 2022: iii.

可选路径：一是从功利主义出发，把公平正义视为一种福利最大化的算计；二是基于自由至上理念，认为公平正义就是给人们自由选择的权利；三是认为公平正义涉及尊重和认同德性和良善存在。他本人推崇的是第三条路径，认为公平正义是一种共识、定义和判断。[①] 人类发展史和思想史越来越清晰地表明，前两条路径未能导向正确定义下的公平正义。因此，根据时代要求、共同特征和中国国情确定公平正义要求，以制度建设的方式予以保障，应该是我们的路径选择。

既然人类的历史及人们对规律的认识是一个不断地从必然王国向自由王国发展的过程，对公平正义的认识及在社会实践中体现公平正义也是一个与时俱进的过程。对中国来说，经济社会发展的更高阶段要求一个关于公平正义的更高理念和境界与之匹配。在政策选择中，就意味着以符合社会必要水平的基本生活和公共服务为目标，以制度的确定性形式做出社会保障承诺。如同为 2020 年设定消除绝对贫困的目标一样，2035 年之前在中国建成福利国家正是当前应该做出的承诺。

政府政策、企业抉择和个人机会

把不确定性这个维度纳入经济学分析，有助于我们形成关于

[①] 迈克尔·桑德尔. 公正：该如何做是好？[M]. 朱慧玲，译. 北京：中信出版集团，2011.

未来中国经济发展大趋势的判断，以此为经济活动的参与主体提供基本指南，使其能够根据自身的职能性质和特点采取相应的行动。在这个背景下，政府的职能在于营造必要环境、基础信号和适当激励，使经济发展方向与大趋势保持一致；企业则需要把变化的趋势转化为投资方向、赢利机会和发展方式；至于家庭和个人，则应该做好充分的准备，借助这个发展大势，提高劳动收入、扩大财富积累、增强社会流动和实现个人发展。

值得特别强调的是，政府曾经是经济活动的参与主体。但从某种程度上说，在未来的中国经济发展中，政府在这个身份意义上的职能应该有所减弱才好。然而，这丝毫不意味着政府作用的降低。无论从哪个方面来看，例如，新冠疫情冲击中复苏的要求、一系列有着巨大外部性风险挑战的严峻性，以及基本实现现代化任务目标的紧迫感，都前所未有地需要政府居于更高的地位，更具引领性地发挥作用。

中国在建立和完善社会主义市场经济的整个过程中，改革的一个重要方面就是界定政府和市场的作用边界，处理好两者的关系。在新的发展阶段应对新的挑战，预期取得新的发展成果，政府也有一系列新的职能需要履行、新的作用需要发挥。众所周知，政府在经济发展中的主要职能是提供公共品。中外经济史上的经验和教训表明，与经济社会发展相关的公共政策制定就是一种对于发展成败至关重要的公共品。

针对美国广泛存在对政府职能的怀疑情绪，斯蒂格利茨指出，当出现疫情等具有明显负外部性现象的时候，任何国家的政府都应该发挥更积极的作用。[①] 对中国来说，更好地发挥政府作用的必要性是毋庸置疑的。面向中国未来的发展，深刻把握经济社会发展变化和范式转换趋势，无疑是一种重要的认识上的准备，可以帮助我们形成对应的理念。同时，也需要通过政策制定和实施，将新的理念转换成经济运行环境、社会福利制度框架、宏观经济政策工具储备、产品和要素市场的价格信号，以及针对各参与方的激励机制。

传统观念认为，企业只是出于实现自身赢利的目标被动接受市场价格和激励信号的微观主体。然而，以新发展理念来认识，企业既需要对更广泛的社会要求做出反应，也具有足够大的空间发挥主观能动性。也就是说，顺应发展大势和符合社会目标也应该被纳入企业的经营函数和发展目标。具体来说，企业的日常经营和长期发展都面临一系列需要做出的转变，包括摒弃一些负面的行为方式，更多地转向正面的发展取向。

如果列出一个负面清单的话，企业不应寄希望于从以下行为达到利润目标。例如，寻求额外的政府保护、创造和利用寻租机会、意图垄断市场、规避规制和监管、利用不对称地位侵害消费者权益，及至实施恶意助推等。从一个正面清单的角度来说，企业可以通过遵循一些新的理念，在激励充分且兼容的条件下，达到微观赢利与社会受益双重目标的统一。例如，通过把员工、客

---

① Joseph E. Stiglitz.The Proper Role of Government in the Market Economy: The Case of the Post-COVID Recovery[J]. Journal of Government and Economics, 2021, 1: 100004.

户、社区等相关方的利益,以及把环境、地球、气候和全球化新趋势等广泛的外部性纳入经营函数和发展目标,通过创新向善履行企业社会责任。

个人是经济活动和社会生活的微观主体,也是最活跃的生产要素——劳动力的载体。达到人人通过勤奋劳动实现自身发展的境界,既需要政府创造必要的社会环境、企业和社会提供良好的活动平台,也需要每个人做足准备、付出努力、施展身手。需要国家、社会、企业和个人共同创造的一个重要条件,就是通过教育、培训和干中学增进人力资本的积累。

应对新的风险挑战、因应高质量发展的要求,以及满足人民群众日益增长的需要,人力资本具有越来越多新的内涵,人力资本的培养方向和机制也需要做出相应的调整。首先,人力资本需要满足人类全面发展的要求。教育的发展也好,终身学习体系的完善也好,既是每个人获得发展能力的手段,也越来越成为值得追求的发展目标本身。因此,人力资本培养必须符合德、智、体、美、劳的全面要求。其次,科学能力和人文素养的培养必须并重。创新发展的高度、深度和可持续性最终不再取决于传统有形的生产要素,而取决于内生增长理论意义上的创意。正如学科交叉融合带来科技创新一样,人力资本素质的交叉融合也促进创意的产生。最后,重在软技能的培养,提高新一代劳动者的学习能力、就业和创业能力及劳动力市场适应能力。

短期与长期对接：如何回归常态轨道

2020年暴发的新冠疫情持续时间长、影响范围广，在世界范围内对人们的健康和社会经济造成巨大的冲击，中国经济增长也受到明显的冲击性影响。根据新冠病毒类型的变化，结合中国防控能力等情况的变化，党中央做出新的部署，更好统筹疫情防控和经济社会发展。可以预期，2023年将是中国经济增长回归常态轨道的关键一年。结合中国发生的新变化和面临的新挑战，分析经济增长回归常态的可能路径，政策方向应该着眼于尽可能取得成效显著的经济复苏，同时使这一复苏具有可持续性，与长期发展良好衔接。设想三种可能的情景，有助于我们做出恰当的政策选择。

第一种情景：受冲击产生的磁滞现象的影响，短期冲击造成的不利状态得以延续，成为一种新常态。也就是说，经济活动恢复之后，增长速度却降到较低的水平。在宏观经济研究中，人们越来越关注一个现象，即经济增长遭受的冲击足以使供需两侧受损，以致产生一个长期的"疤痕"，经济增长无法回归到冲击前的轨道。这种现象被称作"磁滞现象"（hysteresis）。[①] 2008年国际金融危机后，一些国家乃至世界经济整体的增长表现证明了这种现象已经成为现实。从新冠疫情后各国经济复苏的现状来看，

[①] Valerie Cerra, Antonio Fatás, Sweta C. Saxena.Hysteresis and Business Cycles[R]. IMF Working Paper No. 073, 2020.

人们也有足够的理由担心这种现象可能再次发生。

疫情对经济增长的冲击效应在中国的表现也十分显著：一方面，疫情在中国蔓延和持续的时间较长，对企业和家庭的资产负债表均造成损伤；另一方面，从疫情的暴发、蔓延、减弱、再起及将来终究转入常态的周期来看，中国与很多其他主要经济体不尽一致，因此，经济活动的受抑和恢复也同其他经济体产生错综复杂的时间差。这两个特征使得中国不仅损失了一定时期的增长速度，也造成诸多需要修复的疤痕，包括从供给侧对增长能力造成的损害，以及从需求侧对消费能力的损害。

首先，疫情及在一些国家滋长的供应链脱钩政策倾向对全球供应链造成了巨大的损害，有些甚至出现中短期乃至长期难以修复的断裂。无论是作为供应方还是作为购买方，中国都是世界经济分工的超大规模参与者。虽然由于疫情起伏和经济周期的时间差，中国一度从出口中获益，例如，2020 年和 2021 年，货物和服务净出口对 GDP 增长的贡献率分别达到 25.3% 和 20.9%，但是这个机会窗口终究要关闭，从整体和长期的视角来看，全球供应链的受损必然使中国深受其害。

其次，数量众多的市场主体，特别是那些依赖全球供应链的中小企业、生产经营活动不能须臾停止的小微企业、直接面对消费者的服务业企业，以及其他较为脆弱的市场主体，未能在较长的停工停产中存活下来。虽然在疫情期间也有新的市场主体出现，但是以市场主体的增量来衡量，倒闭、停业、退出或以其他方式不再经营的情形必然远远多于新成长的情形。由于受损的程度较大、时间较长，加上世界经济环境恶化，想要看到市场主体蜂拥而至、竞相成长的局面回归到以前的状态，显然需要一段时间。即使是那些仍处于经营状态的企业，供应链和资产负债表遭受的损伤也需要时间予以修复。

最后，较大比例的劳动者在较长时间处于失业状态，或者退出劳动力市场，使城乡居民收入增长受阻，家庭的消费能力被削弱，整体消费倾向有所降低。此外，服务业（特别是那些直接面对消费者的行业）在很长时间里也未能正常经营。2020—2022年，城镇调查失业率始终处于自然失业率水平之上，经济下行造成的周期性失业现象明显；农民工返乡规模前所未有，初次和再次外出的环境也始终不佳；劳动者工资和城乡居民收入的增长双双放缓。所有这些因素不仅使居民消费需求受到即期的抑制，例如社会商品零售总额多次出现负增长，而且可能在较长时间里造成消费乏力，放大社会总需求对经济增长的制约效应。

第二种情景：一经摆脱冲击进而走出低谷，经济增长即回到以前的运行轨道，如果不考虑在按下经济活动"暂停键"时期的损失，似乎所有事情都可以表现为一如既往。诚然，相比于经济活动恢复后，增长率却下降到一个较低的稳态上，能够回归常态轨道也属差强人意。但是，这种貌似什么都没发生的情景恰如经济学家常说的那样，不啻白白浪费了一次"难得的危机"。

2022年国务院政府工作报告预期全年经济增长达到5.5%，这也恰好是经济学家估算的潜在增长率，因而本来是一个合理和可行的预期。由于疫情反复对经济活动的干扰，2022年GDP

实际增长率仅为3.0%，比原来预期的速度低2.5个百分点，就意味着与潜在增长能力相比，全年经济总量少增长2.87万亿元。在付出如此高昂代价的情况下，只有从冲击造成的不良结果中找到"难得的"机遇，我们才能够说做到了化危为机。

第三种情景：充分利用冲击造成的创造性破坏结果，以"创造"的成果为"破坏"的损失买单，形成更具竞争性和韧性的增长格局。在整体经济遭遇冲击时，总是会有一部分经济活动通常因具有采用传统技术、依靠消失中的比较优势、产能已趋过剩、生产率低于平均水平等特征，陷于首当其冲的境地。这同时也形成一种效果：在常态增长时不情愿破坏的低效产能，此时被动地遭到淘汰，留下了生产率相对高的产能。也就是说，劫后余生的经济活动较之遭遇冲击前的情形，虽然在产能数量上有所损失，在发展质量上却有所提高。因此，在恢复经济增长能力的同时，保持这个发展质量上的新格局，意味着中国经济能够以更高的生产率回归增长常态轨道。

把这种创造性破坏的格局保持下去，与通过进一步改革和扩大开放推动经济高质量发展的方向也是高度吻合的。把短期举措与长期取向相对接，从供需两侧促进经济复苏和繁荣，亟待在以下几个方面取得成效。首先，按照中国比较优势变化的方向和参与全球化的新方式，扩大高水平对外开放，接续和修复原有的供应链，开拓形成新的供应链。其次，营造优胜劣汰的竞争环境，拆除市场主体进入和退出的体制性樊篱，形成资源重新配置从而提高生产率的有效机制。再次，以市场激励和政策扶助相互协调的方式，促进就业和创业，使劳动收入和居民消费进入一个恢复性加速增长期。最后，把家庭收入扶助与加快福利国家建设相衔接，补偿居民消费能力和消费意愿上遭受的损伤，促进居民消费回归正常，并且尽快迈上一个新台阶。